普通高等院校“十三五”规划教材
21世纪会计技能教学系列教材

会计信息化初级实务操作教程

T+ 版

卿笃炼 蒋建俊 张燕 陈国平／著

立信会计出版社
LIXIN ACCOUNTING PUBLISHING HOUSE

图书在版编目(CIP)数据

会计信息化初级实务操作教程：T+版 / 卿笃炼著. —上海：立信会计出版社，2020.6(2024.12 重印)

ISBN 978-7-5429-6503-5

Ⅰ.①会… Ⅱ.①卿… Ⅲ.①会计信息—财务管理系统—教材 Ⅳ.①F232

中国版本图书馆 CIP 数据核字(2020)第 088488 号

策划编辑　陈　旻
责任编辑　陈　旻
封面设计　南房间

会计信息化初级实务操作教程(T+版)

KUAIJI XINXIHUA CHUJI SHIWU CAOZUO JIAOCHENG

出版发行	立信会计出版社		
地　　址	上海市中山西路 2230 号	邮政编码	200235
电　　话	(021)64411389	传　　真	(021)64411325
网　　址	www.lixinaph.com	电子邮箱	lixinaph2019@126.com
网上书店	http://lixin.jd.com		http://lxkjcbs.tmall.com
经　　销	各地新华书店		

印　　刷	苏州市古得堡数码印刷有限公司		
开　　本	787 毫米×1092 毫米	1/16	
印　　张	12		
字　　数	307 千字		
版　　次	2020 年 6 月第 1 版		
印　　次	2024 年 12 月第 8 次		
书　　号	ISBN 978-7-5429-6503-5/F		
定　　价	36.00 元		

前言 Foreword

会计信息化实务操作是目前我国会计实务工作的主要内容，也是会计专业技能教学的核心内容。但是，目前我国会计信息化教学还停留在以功能模块为主导的内容体系上，一般设置“会计信息化”和“财务软件应用”两门课程，这种会计信息化教学的内容体系存在着明显的缺陷，一是忽视了各种不同经济业务在信息化软件系统中的具体操作流程和操作技巧；二是不能完全满足会计实际工作的需要。目前，我国会计实际工作状况是会计信息化已经普及，手工账务处理基本消失，学校以功能模块为主导的教学内容过于粗糙，必然导致学生学得没有深度和精度，踏上工作岗位后满足不了实际工作的需要。为此，我们认为，应重新构建以功能模块为基础、经济业务为导向的会计信息化课程体系，具体可设置五门课程，即“会计信息化基础”“会计信息化初级实务操作教程”“会计信息化中级实务操作教程”“会计信息化高级实务操作教程”和“会计信息化综合模拟实验”。

《会计信息化初级实务操作教程(T+版)》是普通高等院校“十三五”规划教材 21 世纪会计技能教学系列教材之一，它主要依托畅捷通 T+云平台，围绕企业最基本的经济业务，重点讲解信息化实务操作的初始设置、总账模块、固定资产模块、工资模块和会计报表模块。本教材具有以下几个特点：一是以经济业务为导向，详细讲解了每一笔经济业务在系统中的具体操作流程和操作技巧。二是内容完全符合实际，全书以一个新设企业连续 2 个月的经济业务为例，涉及的会计工作环境、会计操作流程较完整、真实，基本经济业务较系统全面。

本教材由江苏理工学院商学院卿笃炼、蒋建俊、张燕和陈国平同志撰写完成，在撰写过程中，得到了费金华和胡群英等老师的大力支持，在此表示衷心的感谢！由于编者水平有限，书中难免有疏漏之处，恳请广大读者和专家批评指正。

著　者

目录 Contents

第一部分

企业基本信息会计信息化处理

企业基本信息是会计信息化处理的重要组成部分，其主要内容包括新建账套、用户授权设置、部门设置、员工设置、往来单位设置、计量单位设置、存货设置、物料清单设置、仓库设置和项目设置等。本教材以新设的江苏雨堰股份有限公司为例，依托畅捷通版财务软件(版本号为13)，对其基本信息的会计信息化处理进行讲解。

一、公司简介

江苏雨堰股份有限公司成立于2020年11月2日，是由江苏天华股份有限公司和江苏甜岚股份有限公司分别出资640万元和160万元投资组建而成的，是一家集X，Y产品的开发、生产和销售服务为一体的公司，不属于可以享受固定资产加速折旧所得税优惠政策的行业。该公司位于江苏省常州市新北工业园区内，园区为吸引投资，给予入驻公司免3年房屋租金的优惠政策。

该公司的基本信息如下：

公司社会信用代码:913204116047842554

公司地址:江苏省常州市新北工业园区1008号(邮编:88528852)

公司法定代表人(主管会计工作负责人):闫瑞

联系电话、传真:0519-88528852

邮编:213017

公司账户：

建行常州分行	基本结算账户	41622124827545
	保证金账户	41654279860084
中行常州分行	一般结算户	41235716888264

根据上述资料，该公司新建账套，具体操作步骤如下：

(1) 以“系统管理员”身份，单击“登录”按钮，进入系统管理界面，如图1-1和图1-2所示。

图1-1 系统管理员系统登录界面

(2) 单击“新建账套”按钮，打开“新建账套”对话框，输入数据。账套名称“江苏雨堰”，单位全称“江苏雨堰股份有限公司”，单位简称“江苏雨堰”，所属行业“制造业”，商品分类“电工电气/照明电子”，行政区“江苏省常州市新北区”，单位地址“江苏省常州市新北工业园区1008号”，纳税性质“一般纳税人”，税率

图 1-2　账套管理/运行账套界面

“13%”。法人代表“闫瑞”，邮政编码“213017”，联系电话“0519-88528852”，传真“0519-88528852”，开户银行“建行常州分行”，税号“913204116047842554”，如图 1-3 所示。需要说明的是，账套已经建完，如果基本信息录入错误或不完整，可以以“账套主管”的身份登入账套，进入“系统管理——基本设置——基本信息”中进行修改，但是“账套编码”和“账套路径”两个内容是不能修改的。此外，建账套时一般不勾选“开通云应用”；如果勾选，在没有连通网络时，新建账套无法完成。

图 1-3　设置账套信息界面

(3) 单击“下一步”按钮，输入数据。启用年度“2020”，启用期间“11”，期间个数“12”，年度开始日期“2020-01-01”，年度截止日期“2020-12-31”，如图 1-4 所示。需要说明的是，账套已经建完，如果设置出现错误，操作员可以以“账套主管”的身份登入账套，进入“系统管理——基本设置——会计期间”中进行修改，但是，由于账套已经设置完毕，相应功能系统已经启用，业务流程也已经设置好，修改的难度较大，所以，在设置启用期间时，一定要谨慎不要出错。

图 1-4　设置账套期间界面

(4) 单击“下一步”按钮，输入数据。启用“库存核算、购销管理、往来现金、总账、T-UFO、资产管理”等功能，如图 1-5 所示。需要说明的是，账套已经建完，如果功能系统启用有错误，操作员可以以“账套主管”的身份登入账套，进入“系统管理——基本设置——功能启用”中进行修改，可以启用建立账套时未启用的功能系统，也可以关闭建立账套时已经启用的功能系统。

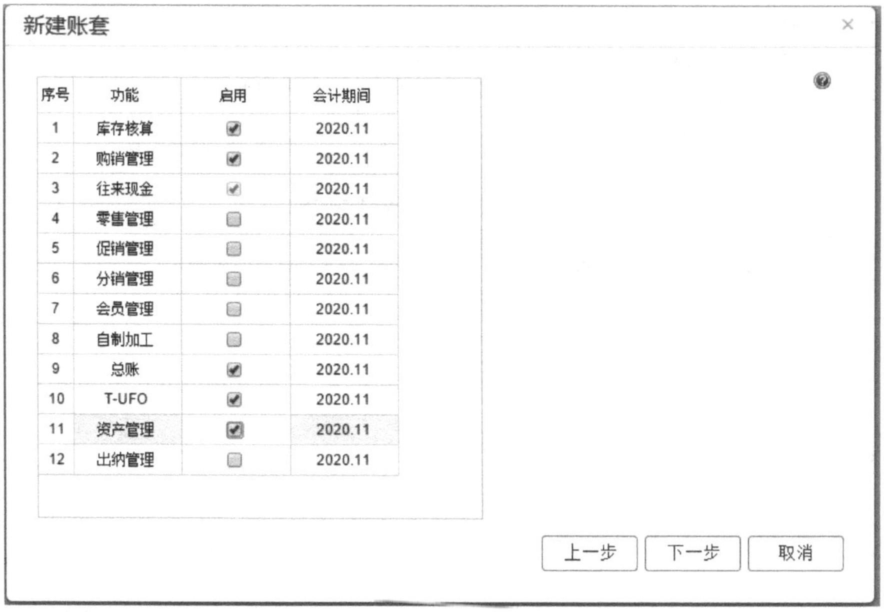

图 1-5　设置功能启用界面

(5) 单击"下一步"按钮,输入数据。计价模式选择"按存货",如图1-6所示。

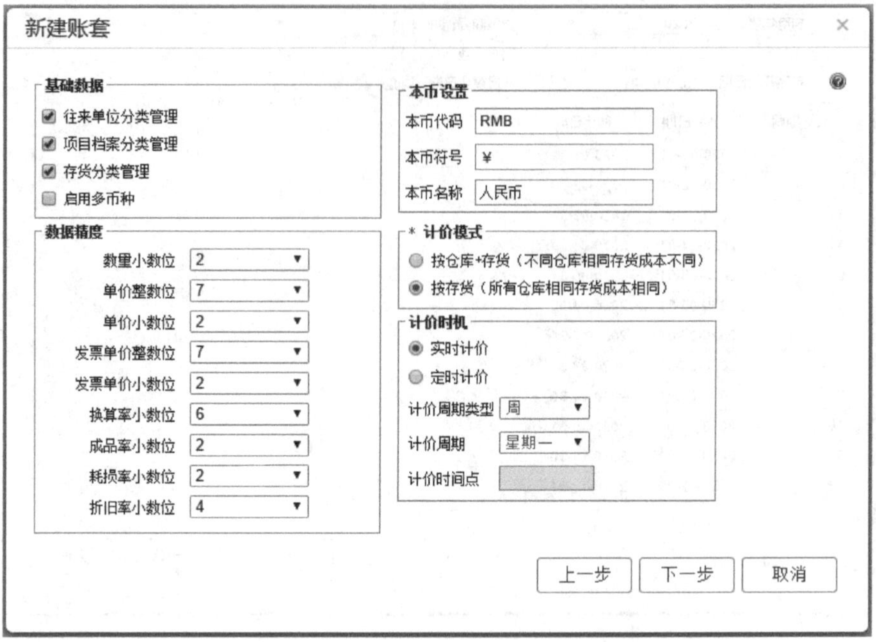

图1-6　设置本币/计价模式界面

(6) 单击"下一步"按钮,输入数据。行业性质"2007年新会计准则(企业)",凭证类别"记账凭证",科目编码级次设置"4-2-2-2",如图1-7所示。

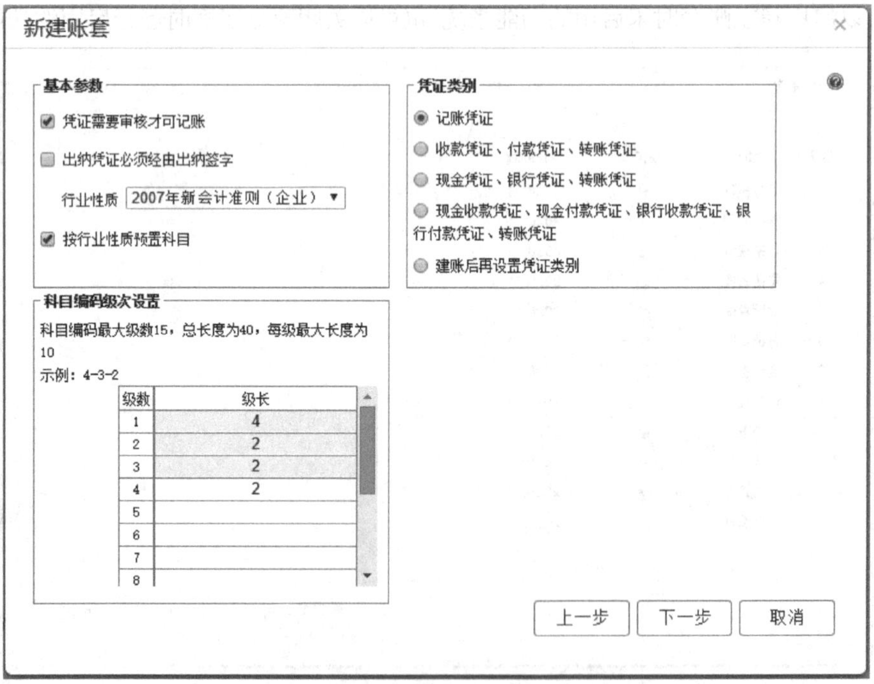

图1-7　设置行业性质/凭证类型界面

需要说明的是，账套已经建完，步骤(5)和步骤(6)中的相关参数如果需要修改，操作员可以以“账套主管”的身份登入账套，进入“系统管理——基本设置——选项设置”中进行修改，系统选项也称系统参数、业务处理控制参数，是指在公司业务处理过程中所使用的各种控制参数，系统参数的设置将决定用户使用系统的业务流程、业务模式和数据流向。用户在进行选项设置之前，一定要详细了解选项开关对业务处理流程的影响，并结合公司的实际业务需要进行设置。由于有些选项在日常业务开始后不能随意更改，用户最好在业务开始前进行全盘考虑，尤其对产品全局有影响的选项设置更要考虑清楚。选项设置包括公共、采购、往来、销售、库存、核算、财务和凭证接口。但是，在“财务”参数中，“凭证类别”和“行业性质”是不可以修改的，如果在建账套中出错，只能重新建立账套。

(7) 单击“下一步”按钮，销售立账方式选择“销售发票立账”，采购立账方式选择“采购发票立账”，如图 1-8 所示。需要说明的是，业务流程的设置有多种选择，有发票立账，仓库与业务分开；货单立账，仓库与业务分开；货单立账，仓库与业务合并等方式。由于本书业务处理不涉及流程，所以，在此不再赘述。另外，如果需要修改的话，可以以“账套主管”的身份登入账套，进入“系统管理——基本设置——业务流程”中进行修改。

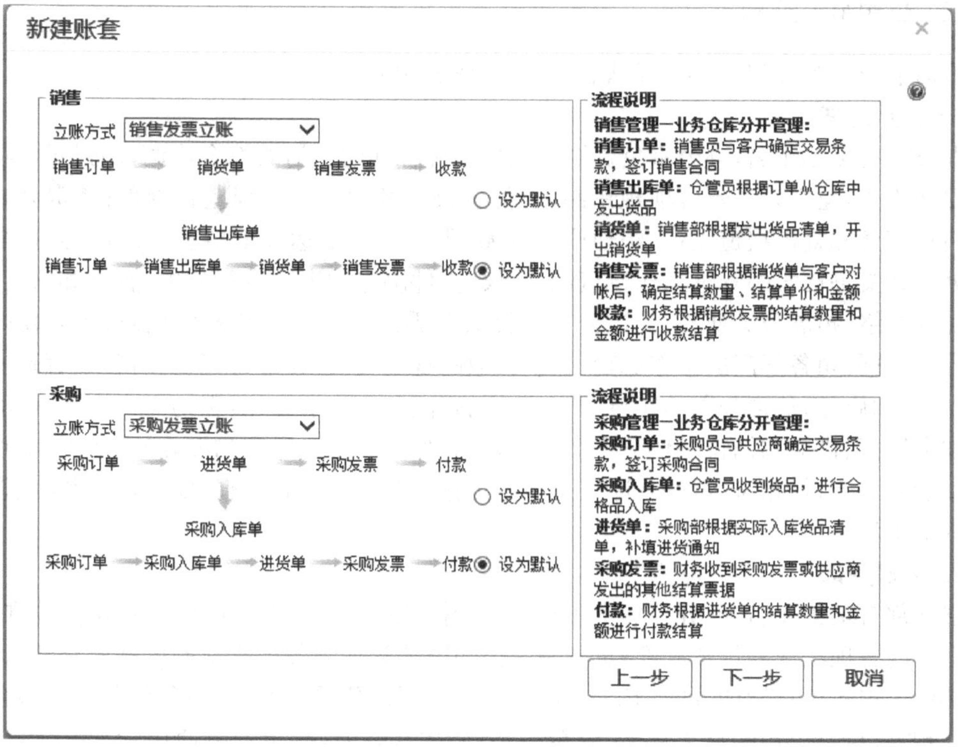

图 1-8　设置立账方式界面

(8) 单击“下一步”按钮，输入数据。账套主管账号“01”，账套主管姓名“王颖宏”，如图 1-9 所示。

(9) 单击“完成”按钮，系统自动生成并保存账套信息，完成账套的建立。

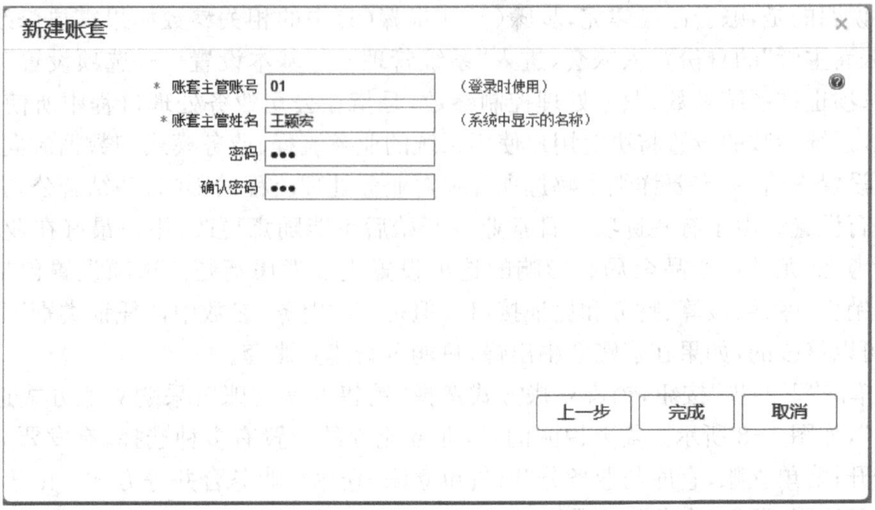

图 1-9　设置账套主管界面

二、公司组织结构

公司下设五个部门,各个部门职责和员工情况如下所述。

(一) 办公室

办公室有员工 4 名,办公室负责协助领导搞好各部门之间的综合协调,加强对各项工作的督促和检查,建立并完善各项规章制度,促进公司各项工作的规范化管理;负责公司的公文、资料、信息和宣传报道工作,沟通内外联系,保证上情下达和下情上报;负责公司来往文电的处理和文书档案的管理工作;负责对会议、文件决定的事项进行催办、查办和落实;负责加强对外联络,拓展公关业务,促进公司与社会各界的广泛合作和友好往来,树立良好的公司形象;负责公司各部门的工作职责、编制人数的规划、研讨和修订;负责对各项管理制度的建议、推行和修订;负责公司的印章、营业执照、合同和法律事务;负责物资出库和入库工作,并使物资储存、供应和销售各环节平衡衔接,及时如实登记仓库实物账,经常清查、盘点库存物资,做到账、卡、物相符,做好仓库安全保卫工作,确保仓库和物资的安全;负责完成领导交办的其他工作。

(二) 财务部

财务部有员工 4 名,财务部负责贯彻执行《中华人民共和国会计法》《企业会计准则》及国家有关的各项法规和规章制度;负责制定公司财务管理的各项规章制度并监督执行;负责配合协助公司年度目标任务的制定与分解,编制并下达公司的财务计划,编制并上报公司年度财务预算;负责公司的财务管理、资金筹集、调拨和融通,制定资金使用管理办法,合理控制使用资金;负责成本核算管理工作,建立成本核算管理体制,制定成本管理和考核办法,探索降低目标成本的途径和方法;负责公司网上银行的安全与正常运营;负责公司的资产管理、债权债务的管理工作,参与公司的各项投资管理;负责公司年度财务决算工作,审核、编制有关财务报表,并进行综合分析;负责公司的会计信息化管理工作,制定相关规章制度,保证会计信息真实、准确和完整;负责公司的纳税管理,运用税收政策,依法纳税并进行税收筹划;负责财务会计凭证、账簿和报表等财务档案的分类、整理和移交。

财务部用户权限表，如表 1-1 所示。

表 1-1　　财务部用户权限表

用户账号	姓名	组别	权　限
01	王颖宏	账套主管组	拥有软件操作和管理的所有权限，主要进行初始设置、审核凭证、记账、结账和编制报表
02	朱胜利	会计组	拥有总账（除出纳签字外）的全部权限、资产管理的全部权限
03	刘　宁	财务组	拥有总账中出纳签字权限、往来现金的全部权限，主要工作是在往来现金中进行收付款及录入工作并对凭证进行出纳签字
04	苏建朝	供应链组	拥有采购管理、销售、库存核算的所有功能权限及往来现金中填制往来单位费用单的权限，主要工作是进行购销存业务的流程处理

根据上述资料，公司进行增加用户设置及用户授权设置，具体操作步骤如下所述。

（1）以账套主管 01 王颖宏身份登录，如图 1-10 所示。

（2）“系统管理”→“用户权限”，进入用户权限设置界面。

（3）点击“会计组”，再单击“维护用户”下面的“新增”按钮，打开“用户管理”对话框，输入数据。用户账号“02”，用户姓名“朱胜利”，所属用户组“会计组”。单击“保存”按钮，完成增加操作员设置，如图 1-11 所示。

（4）同理，增加财务组用户刘宁的信息，如图 1-12 所示。

图 1-10　账套主管登录界面

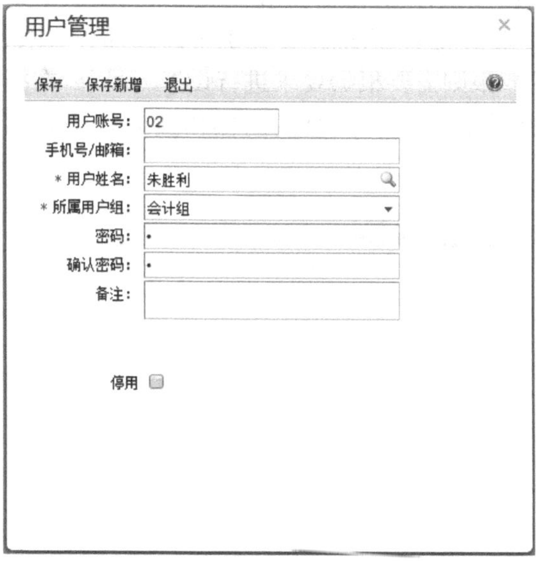

图 1-11　新增用户“朱胜利”界面

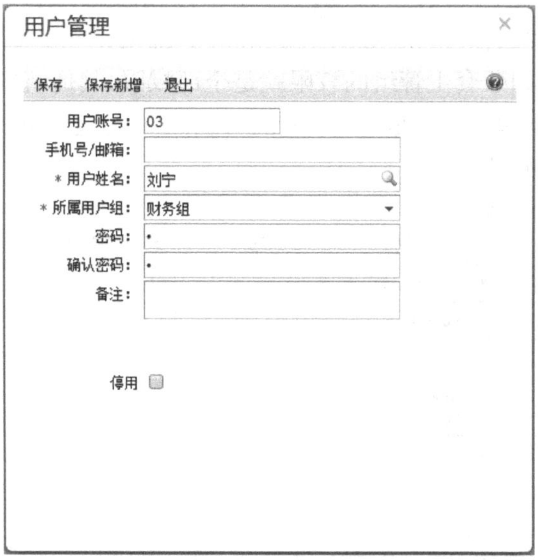

图 1-12　新增用户“刘宁”界面

(5) 单击“维护用户组”下面的“新增”按钮,打开用户组管理对话框,输入数据。用户组名称“供应链组”。单击“保存”按钮,完成增加用户组操作,如图 1-13 所示。需要说明的是,只有账套主管组的用户才能进行用户权限管理。权限管理主要包含维护用户组/用户和进行权限设置两个部分。在用户没有使用前,可以对用户进行“删除”或“修改”操作。

(6) 同步骤(3),增加供应链组用户苏建朝的信息,如图 1-14 所示。

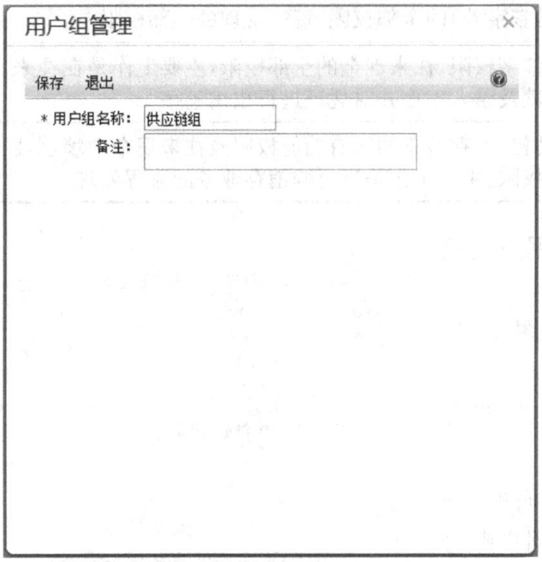

图 1-13 新增用户组“供应链组”界面

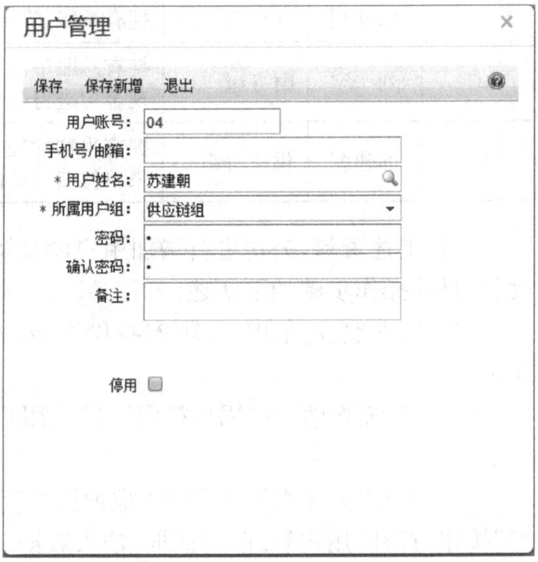

图 1-14 新增用户“苏建朝”界面

(7) 点击“会计组”,单击“维护用户”下面的“授权”按钮,进入授权操作界面,对会计组用户进行授权操作。点击“总账”,在“授权详情”里取消“出纳签字”栏下面方框里的勾,单击“保存”按钮,如图 1-15 所示;点击“资产管理”,在“授权详情”里面把所有权限都勾上。单击“保存”按钮,如图 1-16 所示。需要说明的是,一般情况下,系统预置组别全部或部分权限,如账套主管组的权限就是全部权限,其他组别的权限则需要根据要求进行设置。另外,在授权时,注意是选择“组别”进行,不是选择单个操作员进行。同组别的操作员其权限是相同的。

授权详情

功能点名称	打印	发送邮件	核销	操作	新增	修改	插入	编辑	删除	查看	打印模板设置	审核	弃审	出纳签字	作废	设置	导出	附件
填制凭证					☑	☑	☑		☑	☑		☑	☑	☐	☑	☑	☑	
凭证整理				☑														
凭证打印				☑														
凭证单据对照表	☑	☑								☑							☑	
记账				☑														
现金流量录入								☑		☑								
往来核销	☑		☑							☑	☑						☑	
自定义结转				☑	☑	☑			☑	☑								
期间损益结转				☑														
科目总账	☑	☑								☑							☑	
科目明细账	☑	☑								☑							☑	
科目日记账	☑	☑								☑							☑	
科目多栏账	☑	☑								☑							☑	
科目日报表	☑	☑								☑							☑	
科目余额表	☑	☑								☑							☑	
科目汇总表	☑	☑								☑							☑	
辅助总账	☑	☑								☑							☑	

图 1-15 用户授权界面

授权详情

☑	功能点名称	查看☑	新增☑	修改☑	删除☑	打印☑	发送邮件☑	设置☑	导出☑	附件查看☑	附件编辑☑	附件变更☑
☑	资产卡片	☑	☑	☑	☑	☑			☑	☑	☑	☑
☑	资产变动	☑	☑	☑	☑	☑		☑	☑			
☑	资产拆分	☑	☑	☑	☑	☑		☑	☑			
☑	资产处置	☑	☑	☑	☑	☑		☑	☑			
☑	资产盘点	☑	☑	☑	☑	☑		☑	☑			
☑	折旧/摊销清单	☑	☑	☑	☑	☑		☑	☑			
☑	工作量统计	☑	☑	☑	☑	☑		☑	☑			
☑	与总账对账	☑				☑	☑		☑			
☑	卡片明细表	☑				☑	☑		☑			
☑	附属设备明细表	☑				☑	☑		☑			
☑	维护明细表	☑				☑	☑		☑			
☑	增减统计表	☑				☑	☑		☑			
☑	折旧/摊销统计表	☑				☑	☑		☑			
☑	役龄/役龄分析表	☑				☑	☑		☑			

图 1-16　用户授权界面

(8) 同理，对用户刘宁、苏建朝的权限进行设置。

(三) 采购部

采购部有员工 2 名，采购部负责贯彻执行公司制定的各项战略、方针、规划、政策及综合性计划；负责公司采购业务方面的管理，完成采购指标及业务目标；负责建立完整、严密的采购管理制度，规范采购工作流程、工作规范及各项采购业务标准，并监督检查执行情况；负责协助公司制订本部门的阶段工作计划及各个专项工作计划并组织实施；负责年度采购指标的分解并组织实施日常采购工作；负责与供应商的日常事务联络及相关问题的处理；负责定期召开部门例会，检查督促各岗位工作职责的执行情况及工作计划的完成情况；负责定期评估考核本部门人员业绩及业务素质，定期安排有关采购业务及采购管理技能等方面的培训；负责公司各项采购成本及本部门办公费用的控制；负责进行本部门各项业务数据及相关资料的统计分析及维护，定期向相关部门及人员提供统计分析结果；负责各类采购协议、合同及供应商资料等采购业务方面的档案管理。

(四) 销售门市部

销售门市部有员工 2 名，销售门市部负责编制年度、季度、月度产品销售计划，并按时交计划给生产部门、财务部门，便于统一平衡，合理下达计划，组织生产作业，及时回笼资金，随时关注生产计划完成进度和监督产品质量问题；负责产品入库、出库核对工作，进出库产品必须手续完整齐全，验收及时，标明型号、规格和数量等，出入库单据妥善保管，严格执行公司物资管理制度，认真办理产品出入库手续；负责编制销售统计报表，做好销售统计核算基础管理工作，建立健全各种原始记录、统计台账，及时汇总填报年度、季度、月度销售统计报表；负责及时汇总编制产品需求量计划，合理平衡产品供货计划，组织产品的运输、调配，完善发运过程的交接手续；负责积极开展市场调查、分析和预测，做好市场信息的收集、整理和反馈，掌握市场动态，积极适时、合理、有效地开辟新的经销网点，努力拓宽业务渠道，不断扩大公司产品的市场占有率；负责对本部门人、财、物和业务工作管理、监督、协调和考核等工作；负责做好产品的售后服务工作，经常走访用户，及时处理好用户投诉，保证客户满意，提高公司信誉;负责拟订本部门工作目标,抓好本部门人员的考核、考评与管理教育工作;负责做好广告宣传,正确编制年度销售费用及广告费用计划。

(五)生产车间

生产车间有员工17名,生产车间负责贯彻执行公司方针、政策和规章制度,制定和实施车间生产安全管理制度,车间定额管理制度;负责及时提交材料采购申请,合理安排员工每天的生产任务,车间作业现场的整顿,生产设备的维护与管理,确保正常生产;负责产品质量和技术工艺标准的监督,加强原材料检验,加强生产过程工序、质控点的巡查和互检工作,严格控制不合格品的产生;负责编制并执行公司生产工艺流程、工艺技术标准和工艺文件,严肃车间工艺纪律,认真开展工艺纪律检查,坚持"按标准、按工艺、按图纸"组织生产,做好新技术、新产品和新工艺的引进,提高工艺创新能力,提高生产效率;负责严格贯彻执行国家有关安全生产和劳动保护的方针政策,遵守公司安全生产规章制度和设备操作流程,做好员工安全教育,杜绝安全事故发生;负责车间生产成本统计分析,加强对车间生产产量、质量、员工工时、效率进度、产品合格率和材料损耗率等生产成本的资料统计分析并形成报表;负责车间员工工作业绩的考核与奖惩,开展"比、学、赶、帮、超"员工技能竞赛,激发员工工作的积极性和创造性。

公司各部门编码、属性、名称表,如表1-2所示。

表1-2　公司各部门编码、属性、名称表

编码	部门属性	部门	
		编码	部门名称
1	管理部门	101	办公室
		102	财务部
		103	采购部
		104	销售门市部
2	生产部门	201	生产车间

公司员工名单表,如表1-3所示。

表1-3　公司员工名单表

员工编码	员工姓名	所属部门	职务
10101	闫　瑞	办公室	法定代表人
10102	李连仲	办公室	主任
10103	李　杰	办公室	办事员
10104	曹建国	办公室	仓管员
10201	王颖宏	财务部	财务经理
10202	朱胜利	财务部	总账会计
10203	刘　宁	财务部	出纳

（续表）

员工编码	员工姓名	所属部门	职务
10204	苏建朝	财务部	业务会计
10301	王群忠	采购部	采购经理
10302	李　津	采购部	采购员
10401	钟国钊	销售门市部	销售经理
10402	赵爱东	销售门市部	销售员
20101	吴鹏英	生产车间	车间主任
20102	伊　翔	生产车间	车间副主任
20103	姜志忠	生产车间	质检
20104	刘泽军	生产车间	设计
20105	刘建国	生产车间	生产人员
20106	宣祥顺	生产车间	生产人员
20107	吴晓珺	生产车间	生产人员
20108	晁国忠	生产车间	生产人员
20109	张志峰	生产车间	生产人员
20110	刘永强	生产车间	生产人员
20111	王贺喜	生产车间	生产人员
20112	邓　亮	生产车间	生产人员
20113	褚信飞	生产车间	生产人员
20114	刘培霞	生产车间	生产人员
20115	金廖祥	生产车间	生产人员
20116	夏少斌	生产车间	生产人员
20117	霍廷茂	生产车间	生产人员

根据上述资料，公司进行部门和员工信息设置，具体操作步骤如下：

（1）以账套主管 01 王颖宏身份登录。“基础设置”→“基础信息”，点击“部门”，进入“部门设置”界面。

（2）单击“新增”按钮，打开“部门”对话框，输入数据。部门编码“1”，部门名称“管理部门”，单击“保存”按钮，如图 1-17 所示。

（3）同理，增加生产部门的档案信息。

（4）单击“新增”按钮，打开“部门”对话框，输入数据。部门编码“101”，部门名称“办公室”，上级部门“管理部门”，单击“保存”按钮，如图 1-18 所示。

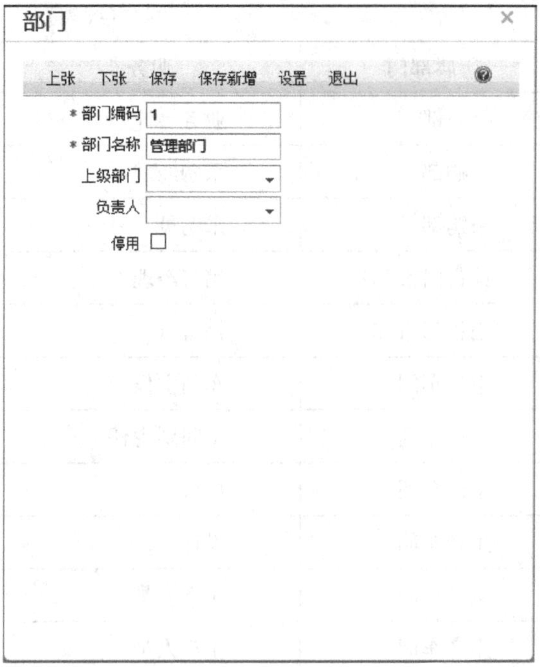

图 1-17　新增 1 级部门“管理部门”档案界面

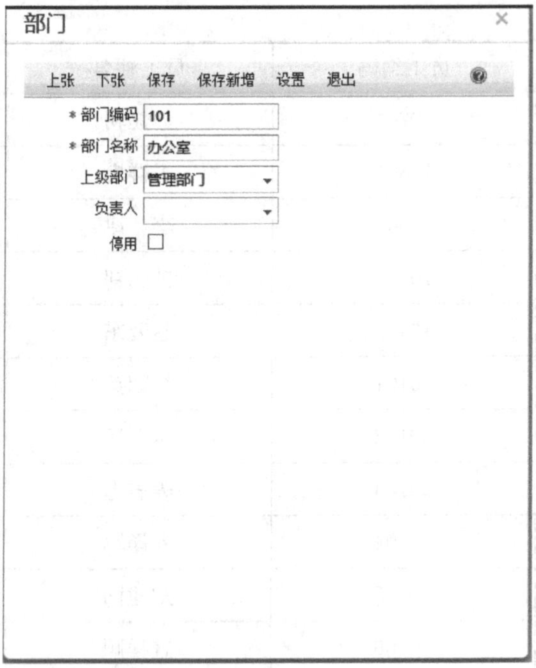

图 1-18　新增 2 级部门“办公室”档案界面

(5) 同理，增加财务部、采购部、销售门市部和生产车间的档案信息。

需要说明的是，每个公司都会根据自身的实际情况划分组织架构，可以依据职能、核算单位和管理范畴等进行划分。这个架构中的结点可以是并行的，也可以具有上下级的管理关系。并行表示平级单位，上下级则表示具有隶属关系。此外，在各种档案设置页面中，除“新增”按钮外，还有“修改”“删除”按钮，如果需要修改或删除操作，勾选后就可进行，如果要删除某一档案，该档案必须未曾使用或自动设置过，否则无法删除。

(6) “基础设置”→“基础信息”，点击“员工”，进入“员工设置”对话框。

(7) 单击“新增”按钮，打开“员工”对话框，输入数据。员工编码“10101”，员工名称“闫瑞”，所属部门为“办公室”，职务为“法定代表人”，单击“保存”按钮，如图 1-19 所示。

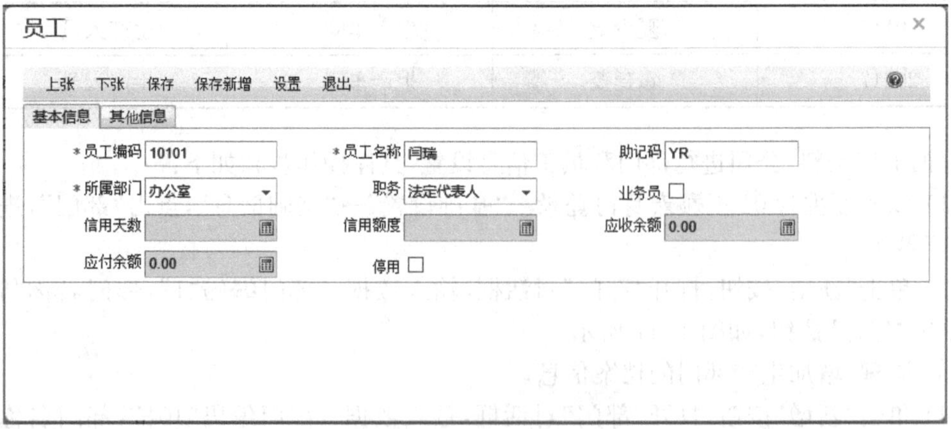

图 1-19　新增职员档案界面

（8）同理，增加其他员工的档案信息。需要说明的是，如果启用了购销存系统，那么对于购销存系统中的业务员，在建立其档案时，必须在员工档案中勾选“业务员”，否则在购销存系统中无法选择该员工。对于公司的业务人员，可设定相关的信用指标，同时，能够查询到业务人员的应收应付余额，便于进行信用方面的管控。

三、公司的资产

（一）存货

公司存货分为原材料、包装物、低值易耗品、在产品和库存商品等。公司共有 3 个仓库，分别为原材料库、周转材料库和产成品库。其中，原材料库中有原材料甲和乙，周转材料库中有低值易耗品（手套）和包装物（包装箱），产成品库中有 X 产品和 Y 产品。

公司所生产 X 产品和 Y 产品消耗的原材料为甲材料和乙材料，其中，单件 X 产品消耗甲材料量为 0.4 千克，乙材料量为 0.75 千克，实际消耗率为 100%，无损耗；单件 Y 产品消耗甲材料量为 0.3 千克，乙材料量为 0.5 千克，实际消耗率为 100%，无损耗。

存货分类及其档案表，如表 1-4 所示。

表 1-4　　　　存货分类及其档案表

存货分类				存货档案			
存货类别编号	存货类别名称	二级类别编号	存货类别名称	具体存货编号	具体存货名称	存货属性	计量单位
01	原材料			0101	甲	外购、销售、生产耗用，税率 13%	千克
				0102	乙	外购、销售、生产耗用，税率 13%	千克
02	周转材料	0201	低值易耗品	020101	手套	外购、生产耗用，税率 13%	副
		0202	包装物	020201	包装箱	外购、销售、生产耗用，税率 13%	只
03	库存商品			0301	X 产品	销售、自制，税率 13%	件
				0302	Y 产品	销售、自制，税率 13%	件

1. 仓库分类设置

根据上述资料，公司进行仓库分类设置，具体操作步骤如下：

（1）以账套主管 01 王颖宏身份登录。“基础设置”→“基础信息”，点击“仓库”，进入“仓库设置”界面。

（2）单击“新增”按钮，打开“仓库”对话框，输入数据。仓库编码“01”，仓库名称“原材料库”，单击“保存”按钮，如图 1-20 所示。

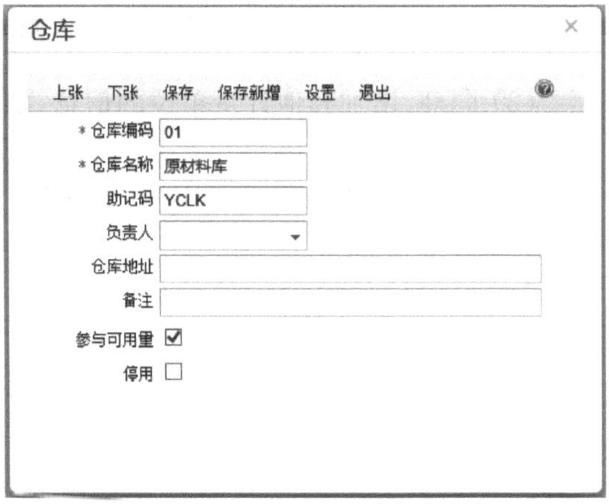

图 1-20　新增存货分类中“原材料库”界面

（3）同理，增加周转材料库和产成品库两个仓库的信息，如图 1-21 所示。

需要说明的是，存货一般是用仓库来保

新增 修改 删除 栏目 打印 退出

序号	□	仓库编码	仓库名称	仓库地址	负责人	参与可用量	备注	停用
1	□	01	原材料库			是		否
2	□	02	周转材料库			是		否
3	□	03	产成品库			是		否

图 1-21　存货分类设置完成后界面

管的，对存货进行核算管理，应先对仓库进行管理，因此，进行仓库设置是供销链管理系统的重要基础准备工作之一。第一次使用本系统时，应先将本单位使用的仓库，预先输入系统中。注意，设置的仓库可以是现实中存在的实际仓库，也可以是虚拟仓库，如果某些生产企业为废品建立一个虚拟仓库，每次做废品入库时，入到废品仓库中。

2. 计量单位设置

根据上述资料，公司进行计量单位设置，具体操作步骤如下：

(1) 以账套主管 01 王颖宏身份登录。“基础设置”→“基础信息”，点击“计量单位”，进入“计量单位”设置界面。

(2) 点击“单计量”，单击“新增”按钮，打开“计量单位”对话框，输入数据。计量单位名称“千克”，单击“保存”按钮，如图 1-22 所示。

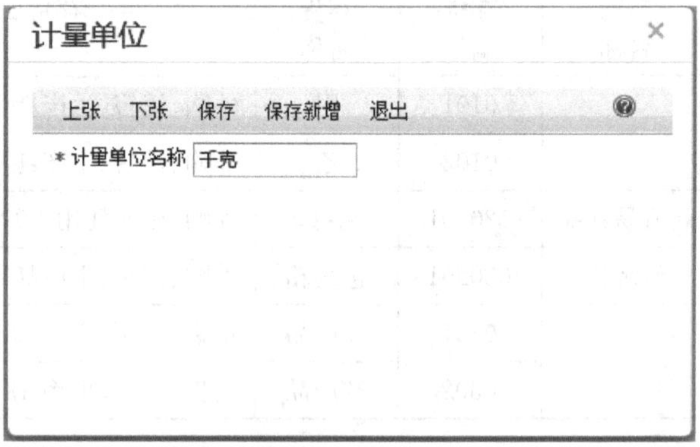

图 1-22　新增计量单位中“千克”界面

(3) 同理，增加其他计量单位的信息，如图 1-23 所示。

序号	□	计量单位编码	计量单位名称
1	□	2	副
2	□	3	件
3	□	6	辆
4	□	1	千克
5	□	5	台
6	□	4	只

图 1-23　计量单位设置完成后界面

需要说明的是，公司中流转的存货众多，进行订货、出入库时会根据实际选择相应的单位，这就需要建立计量单位档案。有些存货只具有一种计量单位，称为“单计量”；还有些存货的计量单位多样，称为“多计量”，不同的计量单位之间可能存在换算关系，也可能没有。在多计量的管理方式下，对于组下计量单位存在换算关系的称为固定换算率，对于没有换算关系的称为浮动换算率。对于档案中的多计量单位的换算率，只作为存货的默认换算率，可以随时修改，而业务中使用的换算率都以存货的换算率为准。

图 1-24　新增存货分类 1 级中“原材料”界面

3. 存货资料设置

根据上述资料，公司进行存货资料设置，具体操作步骤如下：

(1) 以账套主管 01 王颖宏身份登录。“基础设置”→“基础信息”，点击“存货”，进入“存货设置”界面。

(2) 单击“增加分类”按钮，打开“存货分类”对话框，输入数据。分类编码“01”，分类名称“原材料”。单击“保存”按钮，如图 1-24 所示。

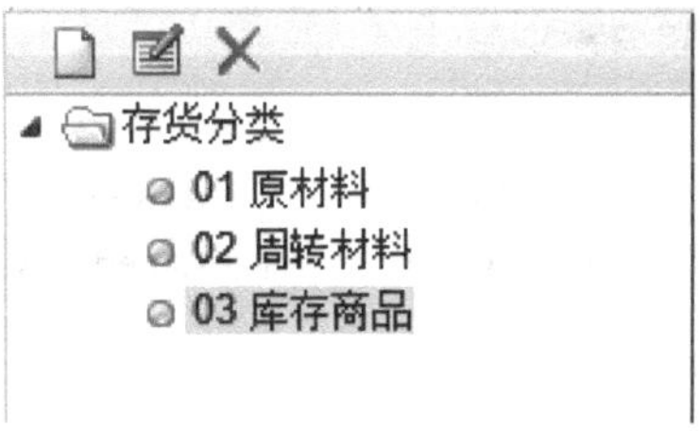

图 1-25　存货分类设置完成后界面

(3) 同理，增加周转材料、库存商品的分类信息，如图 1-25 所示。

(4) 点击“周转材料”，单击“增加分类”按钮，按上述步骤完成对周转材料的进一步分类，如图 1-26 和图 1-27 所示。

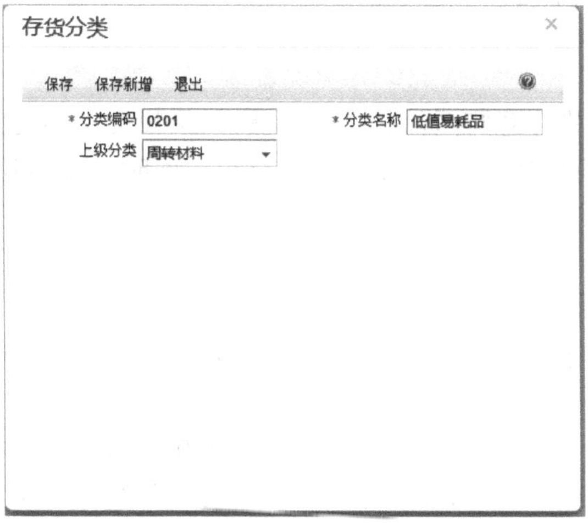

图 1-26　新增存货分类 2 级中“低值易耗品”界面

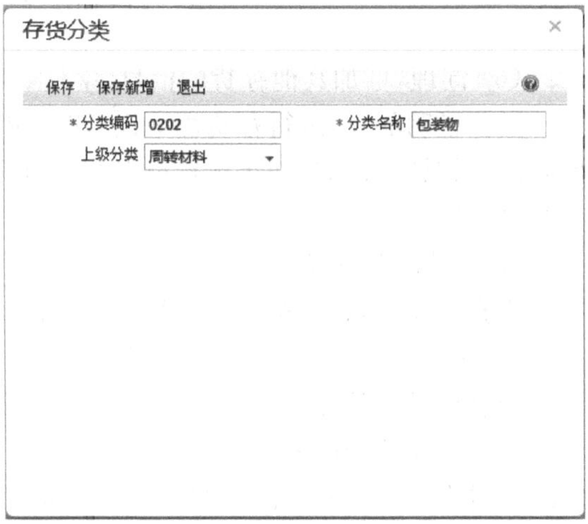

图 1-27　新增存货分类 2 级中“包装物”界面

(5) 单击“新增”按钮，打开“存货”对话框，输入数据。存货编码“0101”，存货名称“甲”，计价方式“全月平均”，所属类别“原材料”，税率“13%”，计量方式“单计量”，计量单位“千克”，存货属性“外购、销售、生产耗用”。单击“保存”按钮，如图 1-28 所示。

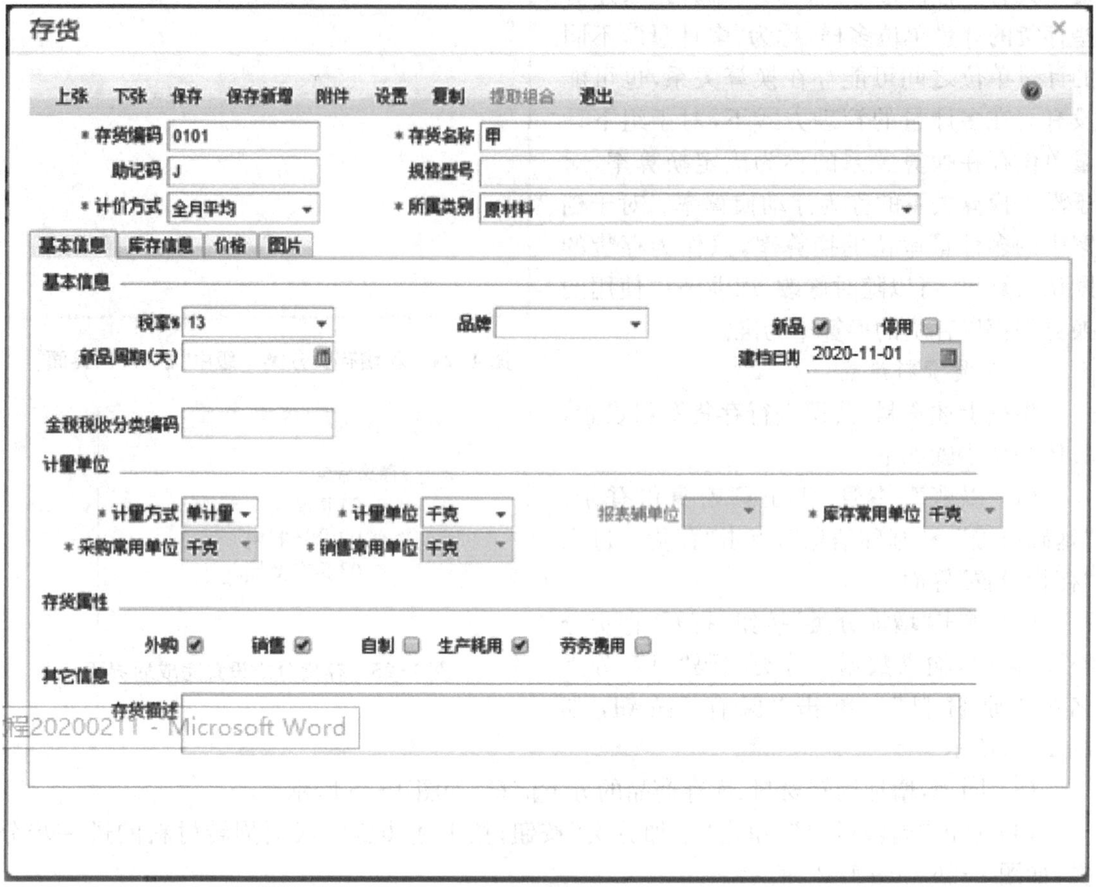

图 1-28　新增存货“原材料甲”档案界面

(6) 同理，增加其他存货的信息。

需要说明的是，进行存货档案设置时，应特别注意“存货属性”的设置，如果设置有误，会影响后期核算。例如，如果设置材料档案时没有勾选“生产耗用”，则在材料出库时是看不到该材料档案的。

4. 物料清单设置

根据上述资料，公司进行物料清单设置，具体操作步骤如下：

(1) 以账套主管 01 王颖宏身份登录。“基础设置”→“基础信息”，点击“物料清单”，进入“物料清单设置”界面。

(2) 单击“新增”按钮，打开物料清单对话框，输入数据。父件编码“0301”，父件名称“X”，版本号“01”，计量单位“件”，生产数量“1.00”，生产车间“生产车间”，预入仓库“产成品库”，成品率“100%”，子件编码分别为“0101”和“0102”，子件名称分别为“甲”和“乙”，计量单位“千克”，需要数量分别为“0.40”和“0.75”，损耗率“0.00%”，预出仓库“原材料库”。单击

“保存”按钮，如图 1-29 所示。

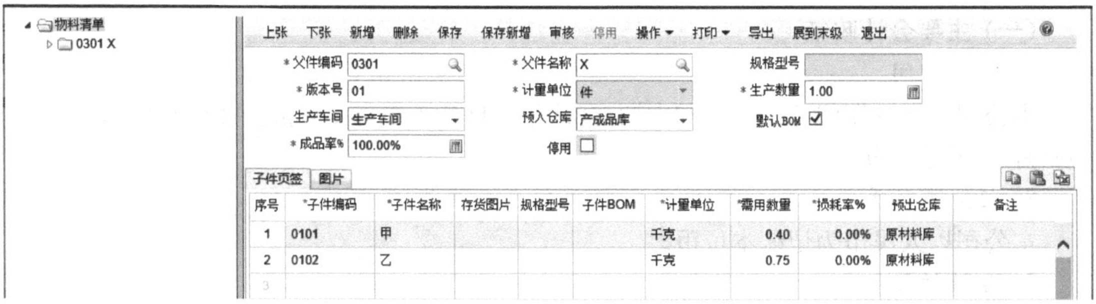

图 1-29　新增物料清单 0301X 界面

（3）同理，输入物料清单 0302Y 的信息，如图 1-30 所示。

图 1-30　新增物料清单 0302Y 界面

（4）选中 0301 和 0302 左边的复选框，单击“审核”按钮，完成审核工作，如图 1-31 所示。

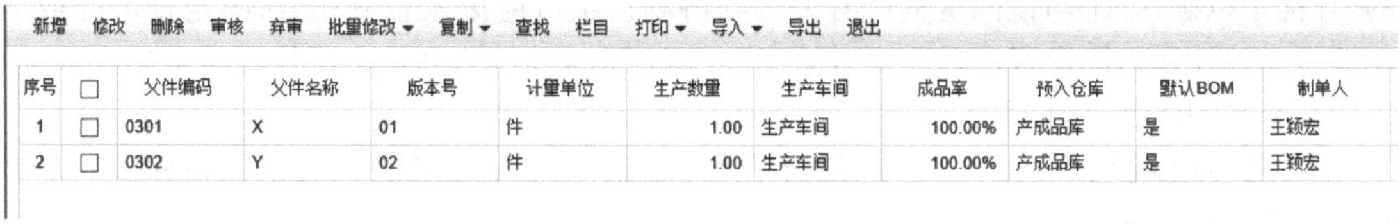

图 1-31　物料清单设置完成后界面

需要说明的是，物料清单（bill of material，简称 BOM）是指产品的组成成分及其数量，即公司生产的产品由哪些材料组成。定义了物料清单，才可以根据 BOM 的组成进行配比采购和配比出库。正确使用与维护 BOM 是系统运行期间十分重要的工作，对 BOM 的准确性要求也很高，公司必须对此足够重视。

（二）固定资产

公司的办公楼和厂房采用租赁方式，享受工业园区给予入驻公司免 3 年房屋租金的优惠政策；公司的生产设备包括机器设备 W3 台、机器设备 P2 台；公司的运输工具为本田小汽车 1 辆；公司的电子设备包括 HP 电脑 10 台。公司固定资产中无研发固定资产。

四、公司会计政策说明

(一) 主要会计政策

1. 会计期间

本公司的会计期间分为年度和中期,会计年度自公历1月1日起至12月31日止,中期包括月度、季度和年度。

2. 记账本位币

本公司以人民币为记账本位币。

3. 会计核算

本公司以权责发生制为记账基础,以历史成本为计价原则。

4. 存货

(1) 存货分类。公司存货分为原材料、包装物、低值易耗品、在产品和库存商品等。

(2) 存货成本计算。存货按实际成本核算,其中:①材料采购发生的共同采购费用按照材料重量比例进行分配,材料发出采用月末一次加权平均法。②完工产品成本的计算采用品种法,设置直接材料、直接人工和制造费用三个成本项目;生产费用在完工产品与在产品之间的分配采用约当产量法(材料在生产开始时一次投入),分配率保留2位小数,如有尾差计入月末在产品成本。③工资、"五险一金"承担和计提比例如下:企业承担部分为养老保险金16%,医疗保险金9%,失业保险金0.5%,工伤保险金1%,住房公积金10%;个人承担部分为养老保险金8%,医疗保险金2%,失业保险金0.5%,住房公积金10%。④制造费用按照生产工时比例在各产品之间进行分配,分配率保留2位小数,如有尾差计入Y产品成本。

(3) 存货的盘存制度。存货的盘存采用永续盘存制。

5. 固定资产

(1) 固定资产确认条件。固定资产是指为生产商品、提供劳务、出租或经营管理而持有的,使用寿命超过一个会计年度,单位价值较高的有形资产。固定资产同时满足下列条件的,才能予以确认:①与该固定资产有关的经济利益很可能流入企业;②该固定资产的成本能够可靠地计量。固定资产以取得时的实际成本入账,并从达到预定可使用状态的次月起,采用年限平均法计提折旧。

(2) 各类固定资产的折旧年限、残值率及年折旧率表(计算折旧时月折旧率保留4位小数),如表1-5所示。

表1-5　　固定资产折旧年限、残值率及年折旧率表

固定资产类别	折旧年限	残值率	年折旧率
房屋及建筑物	20	4%	4.8%
机器设备	10	4%	9.6%
运输工具	4	4%	24%
电子设备	3	4%	32%

6. 收入

公司执行新的收入准则,其中,销售本企业产品执行预计退货政策,预计退货率为5%,

预计退货期为2个月。当公司与客户之间的合同同时满足下列条件时,公司应当在客户取得相关商品控制权时,确认收入:①合同各方已批准该合同并承诺将履行各自义务;②该合同明确了合同各方与所转让商品或提供劳务(以下简称“转让商品”)相关的权利和义务;③该合同有明确的与所转让商品相关的支付条款;④该合同具有商业实质,即履行该合同将改变公司未来现金流量的风险、时间分布或金额;⑤公司因向客户转让商品而有权取得的对价很可能收回。

7. 所得税费用

本公司所得税费用的会计处理采用应付税款法。

8. 盈余公积的计提

公司年末按净利润的10%和5%分别计提法定盈余公积和任意盈余公积。

(二) 主要税费

(1) 增值税:按照产品、原材料等销售收入的13%计缴,按月申报。

(2) 城市维护建设税:按流转税额的7%计缴,按月申报。

(3) 教育费附加:按流转税额的5%计缴,其中,3%为教育费附加,2%为地方教育费附加,按月申报。

(4) 企业所得税:适用税率为25%,根据实际利润额按月预缴,年度汇算清缴。

(三) 其他说明事项

(1) 公司2020年度发生的交易均为非关联方交易。

(2) 公司每月计算提取贷款的利息支出;银行于每月20日收取其发放贷款的利息,于每季20日支付其存款利息。

(3) 凡能作为进项税额抵扣的增值税专用发票抵扣联在取得当日在增值税专用发票选择确认平台办妥勾选确认。

(4) 公司信息化系统采用畅捷通T+云平台。本教材根据教学需要,只使用总账、资产管理和报表系统对经济业务进行信息化处理。

第二部分

企业基本经济业务会计信息化处理（一）

在第一部分的基础上，以江苏雨堰股份有限公司设立当月（11 月）发生的基本经济业务为例，对其会计信息化处理进行讲解。

【业务 2-1】（共 2 张原始凭证，于 11 月 01 日取得）

表 2-1-1

中国建设银行客户专用回单

币别：人民币　　　　2020　年 11　月 01　日　　　　流水号 320420027J0500810019

付款人	全称	江苏天华股份有限公司	收款人	全称	江苏雨堰股份有限公司
	账号	41622124372225		账号	41622124827545
	开户行	中国建设银行常州市新北区支行		开户行	中国建设银行常州市新北区支行
金额		（大写）人民币 陆佰肆拾万元整		（小写）	￥6400000.00
凭证种类		电汇凭证	凭证号码		
结算方式		电子汇划汇入	用途		投资款
			打印柜员：320425584257 打印机构：中国建设银行常州市新北区支行 打印卡号：41622124827545		中国建设银行 电子回单 专用章

第二联 贷方（回单）

打印时间：2020-11-01　　交易柜员：320425584268　　交易机构：320456125

表 2-1-2

中国建设银行客户专用回单

币别：人民币　　　　2020　年 11　月 01　日　　　　流水号 320420027J0500810095

付款人	全称	江苏甜岚股份有限公司	收款人	全称	江苏雨堰股份有限公司
	账号	41924996488437		账号	41622124827545
	开户行	交通银行常州市新北区支行		开户行	中国建设银行常州市新北区支行
金额		（大写）人民币 壹佰陆拾万元整		（小写）	￥1600000.00
凭证种类		电汇凭证	凭证号码		
结算方式		电子汇划汇入	用途		投资款
汇划日期：2020-11-01 报文顺序号：54506272 汇出行行名：交通银行常州市新北区支行 业务类型：0060 原凭证种类：0703 附言：		汇划款项编号：30501201 汇出行行号：301001313762 原凭证金额：1600000.00 原凭证号码：	打印柜员：320425584257 打印机构：中国建设银行常州市新北区支行 打印卡号：41622124827545		中国建设银行 电子回单 专用章

第二联 贷方（回单）

打印时间：2020-11-01　　交易柜员：320425584268　　交易机构：320467957

表 2-1-1 是中国建设银行客户专用回单的第二联贷方回单联，此联应作为收款方收到款项的记账依据。该原始凭证注明，“付款人”是江苏天华股份有限公司，“收款人”是本公司，“账号”为 41622124827545，这表明江苏天华股份有限公司通过电子汇款方式向本公司账号为 41622124827545 的基本户划入了款项。进行会计核算时，应记入“银行存款——建行(41622124827545)”科目的借方；同时，该原始凭证注明的其他内容表明，江苏天华股份有限公司支付的款项是对本公司的投资款，进行会计核算时，应记入“股本——江苏天华股份有限公司”科目的贷方。

表 2-1-2 是中国建设银行客户专用回单的第二联贷方回单联，此联应作为收款方收到款项的记账依据。该原始凭证注明，“付款人”是江苏甜岚股份有限公司，“收款人”是本公司，“账号”为 41622124827545，这表明江苏甜岚股份有限公司通过电子汇款方式向本公司账号为 41622124827545 的基本户划入了款项。进行会计核算时，应记入“银行存款——建行(41622124827545)”科目的借方；同时，该原始凭证注明的其他内容表明，江苏甜岚股份有限公司支付的款项是对本公司的投资款，进行会计核算时，应记入“股本——江苏甜岚股份有限公司”科目的贷方。

因此，该笔业务在畅捷通 T＋系统中的操作流程如下：

(1) 以 02 会计朱胜利的身份登录。“总账”→“日常业务”，单击“填制凭证”，打开记账凭证编制界面。

(2) 单击“新增”按钮，输入数据。凭证类型“记账凭证”，凭证编号“0001”，制单日期“2020-11-01”，附单据数“2”。

(3) 输入摘要“接受投资”。

(4) 新增并输入借方科目名称，点击“科目名称”栏右边的放大镜，打开科目新增对话框，如图 2-1 所示。单击“新增”按钮，打开对话框，输入数据。科目编码“100201”，科目名称

图 2-1　会计科目界面

“建行(41622124827545)”。单击“保存”按钮,点击“退出”按钮,如图 2-2 所示。点击选中“100201”科目,单击“确定”按钮,如图 2-3 所示,完成会计科目的新增和输入。输入借方金额“8 000 000.00”。

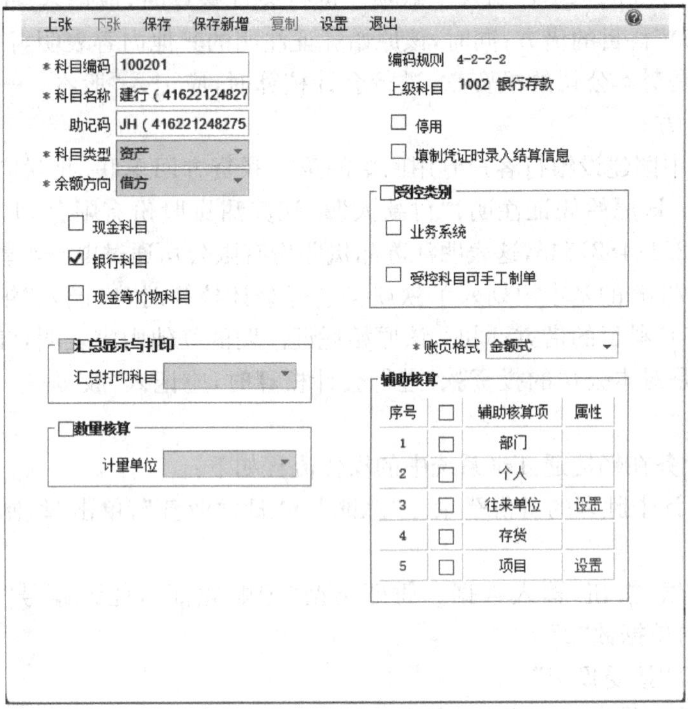

图 2-2 新增会计科目界面

图 2-3 新增会计科目完成后界面

(5) 同理,分别新增并输入贷方科目名称“股本——江苏天华股份有限公司”和“股本——江苏甜岚股份有限公司”,分别输入贷方金额“6 400 000.00”和“1 600 000.00”。

(6) 单击“保存”按钮,如图 2-4 所示。

记账凭证

* 凭证类别 记账凭证　　* 凭证编号 0001　　* 制单日期 2020-11-01　　附单据数 2

明细　汇总

序号	*摘要	*科目名称	辅助项	借方（亿千百十万千百十元角分）	贷方（亿千百十万千百十元角分）
1	接受投资	银行存款-建行（41622124827545）		800000000	
2	接受投资	股本——江苏天华股份有限公司			640000000
3	接受投资	股本——江苏甜岚股份有限公司			160000000
4					
5					
6					
7					
合计	大写合计	捌佰万元整		800000000	800000000

记账人　　审核人　　出纳　　* 制单人 朱胜利

图 2-4　记账凭证界面

需要说明的是,新增会计科目,还可以进入“基础设置——财务信息”中进行,点击“新增”按钮后,打开的界面和图 2-2 一样,输入如下:①科目编码:必须唯一,且必须按其级次的先后次序建立。②科目名称:输入该科目名称。③助记码:用于帮助记忆科目,一般可用科目名称中各个汉字拼音的头一个字母组成。例如,“管理费用”的助记码可设为管理费用名字拼音的头一个字母,即“GLFY”,这样,在制单或查账中须录管理费用时,可录其助记码“GLFY”,而不用录汉字“管理费用”,这样可加快录入速度,也可减少汉字录入的工作量。在需要录入科目的地方输入助记码,系统可自动将助记码转换成科目名称。④科目类型和余额方向:科目类型分为资产类、负债类、共同类、所有者权益类、成本类和损益类。根据科目类型系统自动设置对应的方向。只能在一级科目设置科目类型,下级科目的类型与其一级科目的类型相同。已有数据的科目不能再修改科目类型。⑤其他核算:用于说明本科目是否有其他核算要求,如现金科目、银行科目、现金等价物科目。一般情况下,“库存现金”科目要设置为现金科目;“银行存款”科目要设置为银行科目;“其他货币资金”科目设置为银行科目。⑥汇总显示与打印:同一张凭证中当某科目或有同一上级科目的末级科目有多笔同方向的分录时,如果希望将这些分录按科目汇总成一笔打印,则需要将该科目设置汇总打印,汇总到的科目设置成该科目的本身或其上级科目。⑦数量核算:用于设定该科目是否有数量核算,以及数量计量单位。计量单位可以是任何汉字或字符,如千克、件、台等。⑧受控类别:为了加强各系统间的相互联系与控制,在定义会计科目时引入受控系统概念。即设置某科目为受控科目,受控于某一系统,则自动生成凭证时只能使用受控科目。例如,“应收账款”是应收系统的受控科目,则应收系统只能使用应收账款科日制单。勾选可手工制单,则受控科目可直接在总账模块手工填制凭证。⑨账页格式:定义该科目在账簿打印时的打印格式。系统提供了金额式、外币式、数量式和数外式四种账页格式供选择。⑩辅助核算：用于说明本科目是否有其他核算要求，系统除完成一般的总账和明细账核算外，还提供部门核算、个人核算、往来核算、存货核算和项目核算等辅助核算功能供用户选用。在增加会计科目时，还应注意：①增加的会计科目编码长度及每段位数要符合编码规则；②科目一经使用，就不能再增设下级科目，只能增加同级科目；③增加明细科目时，系统默认其类型与上级保持一致；④由于建立会计科目的内容较多，很多辅助核算内容对后面凭证输入操作产生影响，因此，在建立会计科目时，要小心并反复检查。

需要说明的是，通过该路径和界面，也可以进行会计科目的修改和删除。在修改会计科目时，应注意：①已经使用过的末级会计科目不能再修改；②非末级会计科目的编码不能修改或删除；③已有数据的会计科目，应先将该科目及其下级科目余额清零后，再修改或删除；④被封存的科目在制单时不可以使用；⑤只有处于修改状态才能设置汇总打印和封存。在删除会计科目时，应注意：①如果科目已录入期初余额或已制单，则不能删除；②非末级会计科目不能删除。

【业务 2-2】（共 3 张原始凭证，于 11 月 02 日取得）

表 2-2-1

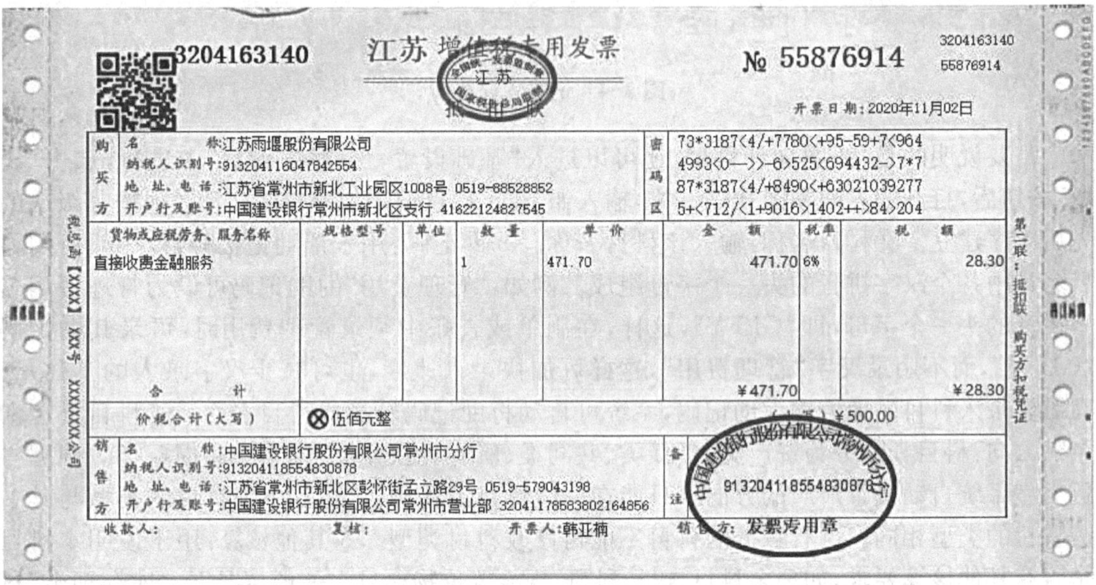
3204163140　江苏增值税专用发票　№ 55876914　3204163140　55876914

抵扣联　开票日期：2020年11月02日

购买方	名称：江苏雨堰股份有限公司 纳税人识别号：913204116047842554 地址、电话：江苏省常州市新北工业园区1008号 0519-88528852 开户行及账号：中国建设银行常州市新北区支行 41622124827545				密码区	73*3187<4/+7780<+95-59+7<964 4993<0—>>-6>525<694432->7*7 87*3187<4/+8490<+63021039277 5+<712/<1+9016>1402++>84>204	
货物或应税劳务、服务名称	规格型号	单位	数量	单价	金额	税率	税额
直接收费金融服务			1	471.70	471.70	6%	28.30
合计					¥471.70		¥28.30
价税合计（大写）	⊗伍佰元整				（小写）¥500.00		
销售方	名称：中国建设银行股份有限公司常州市分行 纳税人识别号：913204118554830878 地址、电话：江苏省常州市新北区彭怀街孟立路29号 0519-579043198 开户行及账号：中国建设银行股份有限公司常州市营业部 32041178583802164856				备注	913204118554830878	

收款人：　复核：　开票人：韩亚楠　销售方：（章）

第二联：抵扣联　购买方扣税凭证

表 2-2-1 是江苏增值税专用发票的第二联抵扣联，此联应作为购买方抵扣进项税额的依据。该抵扣联不能作为记账凭证的附件，专门用于在规定期限内到税务机关办理认证或在平台办理勾选确认，并在认证通过或勾选确认的次月申报期内，向主管税务机关申报抵扣进项税额。

表 2-2-2 是江苏增值税专用发票的第三联发票联，此联应作为购买方的记账依据，该原始凭证注明，"购买方"是本公司，"销售方"是中国建设银行股份有限公司常州分行，"货物或应税劳务、服务名称"是直接收费金融服务，这表明本公司取得了中国建设银行股份有限公司常州分行的金融服务。进行会计核算时，"金额"应记入"财务费用——工本及手续费"科目的借方，"税额"应记入"应交税费——应交增值税——进项税额"科目的借方。

表 2-2-2

3204163140　　江苏增值税专用发票　　№ 55876914　　3204163140　55876914

发票联

开票日期：2020年11月02日

购买方	名称：江苏雨堰股份有限公司 纳税人识别号：913204116047842554 地址、电话：江苏省常州市新北工业园区1008号 0519-88528852 开户行及账号：中国建设银行常州市新北区支行 41622124827545	密码区	73*3187<4/+7780<+95-59+7<964 4993<0—>>-6>525<694432->7*7 87*3187<4/+8490<+63021039277 5+<712/<1+9016>1402++>84>204

货物或应税劳务、服务名称	规格型号	单位	数量	单价	金额	税率	税额
直接收费金融服务			1	471.70	471.70	6%	28.30
合计					¥471.70		¥28.30
价税合计（大写）	⊗伍佰元整				（小写）¥500.00		

销售方	名称：中国建设银行股份有限公司常州市分行 纳税人识别号：913204118554830878 地址、电话：江苏省常州市新北区彭怀街孟立路29号 0519-579043198 开户行及账号：中国建设银行股份有限公司常州市营业部 32041178583802164856	备注	中国建设银行股份有限公司常州市分行 913204118554830878 发票专用章

收款人：　　复核：　　开票人：韩亚楠　　销售方：（章）

税总函【XXXX】XXX号 XXXXXXXX公司

第三联：发票联　购买方记账凭证

表 2-2-3

中国建设银行　　业务收费凭证

币别：人民币　　2020 年 11 月 02 日　　流水号：3204420J050886

付款人江苏雨堰股份有限公司			账号 41622124827545		
项目名称	工本费	手续费	电子汇划费	邮电费	金额
现金支票	250.00		0.00	0.00	250.00
转账支票	250.00		0.00	0.00	250.00
金额（大写）伍佰元整					¥500.00
付款方式	银行转账				

中国建设银行 常州市新北区支行 2020-11-02 办讫 (01)

会计主管　　授权　　复核　　录入张君维

第二联　客户回单

表 2-2-3 是中国建设银行业务收费凭证的第二联客户回单联，此联应作为付款方支付款项的记账依据。该原始凭证注明，“付款人”是本公司，“账号”为 41622124827545，“项目名称”是现金支票和转账支票，“金额”分别为 250 元，这表明本公司从账号为 41622124827545 的基本户支付了款项。进行会计核算时，应分别记入“银行存款——建行(41622124827545)”科目的贷方。

因此，该笔业务在 T+系统中的操作流程如下：

(1) 以 02 会计朱胜利的身份登录。“总账”→“日常业务”，单击“填制凭证”，打开记账

凭证编制界面。

(2) 单击“新增”按钮,输入数据。凭证类别“记账凭证”,凭证编号“0002”,制单日期“2020-11-02”,附单据数“2”。

(3) 输入摘要“购买空白支票”。

(4) 新增并输入借方科目名称“财务费用——工本及手续费”,输入借方金额“471.70”。

新增并输入借方科目名称“应交税费——应交增值税——进项税额”,输入借方金额“28.30”。

(5) 分两行输入贷方科目名称“银行存款——建行(41622124827545)”,分别输入贷方金额“250.00”和“250.00”。

(6) 单击“保存”按钮,如图 2-5 所示。

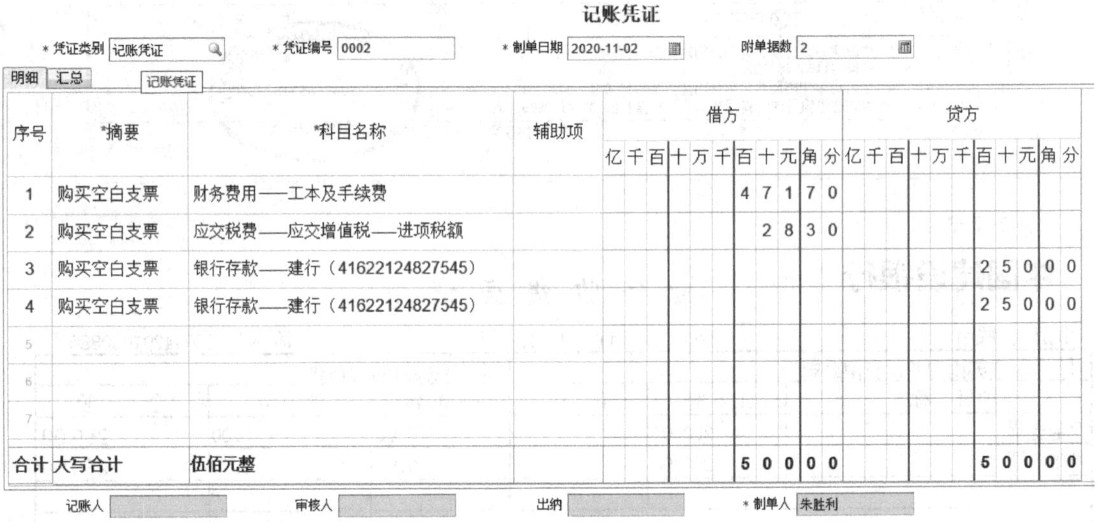
记账凭证

* 凭证类别 记账凭证　* 凭证编号 0002　* 制单日期 2020-11-02　附单据数 2

明细　汇总　记账凭证

序号	*摘要	*科目名称	辅助项	借方											贷方										
				亿	千	百	十	万	千	百	十	元	角	分	亿	千	百	十	万	千	百	十	元	角	分
1	购买空白支票	财务费用——工本及手续费								4	7	1	7	0											
2	购买空白支票	应交税费——应交增值税——进项税额									2	8	3	0											
3	购买空白支票	银行存款——建行(41622124827545)																			2	5	0	0	0
4	购买空白支票	银行存款——建行(41622124827545)																			2	5	0	0	0
5																									
6																									
7																									
合计	大写合计	伍佰元整								5	0	0	0	0							5	0	0	0	0

记账人　审核人　出纳　* 制单人 朱胜利

图 2-5　记账凭证界面

【业务 2-3】 (共 1 张原始凭证,于 11 月 02 日取得)

表 2-3-1

中国建设银行
现金支票存根
10503215
00026001
附加信息 付款行账号:
41622124827545
出票日期 2020 年 11 月 02 日
收款人: 江苏雨堰股份有限公司
金 额: ¥5500.00
用 途: 备用金
单位主管　会计

表 2-3-1 是中国建设银行现金支票存根，应作为付款方支付款项的记账依据。该原始凭证注明，“付款行账号”为 41622124827545，这表明本公司已将款项从账号为 41622124827545 的基本户上划出，进行会计核算时，应记入“银行存款——建行(41622124827545)”科目的贷方；同时，“收款人”为本公司，“用途”是备用金，这表明本公司提取了现金，进行会计核算时，应记入“库存现金”科目的借方。

因此，该笔业务在 T＋系统中的操作流程如下：

(1) 以 02 会计朱胜利的身份登录。“总账”→“日常业务”，单击“填制凭证”，打开记账凭证编制界面。

(2) 单击“新增”按钮，输入数据。凭证类别“记账凭证”，凭证编号“0003”，制单日期“2020-11-02”，附单据数“1”。

(3) 输入摘要“提取现金”。

(4) 输入借方科目名称“库存现金”，输入借方金额“5 500.00”。

(5) 输入贷方科目名称“银行存款——建行(41622124827545)”，输入贷方金额“5 500.00”。

(6) 单击“保存”按钮，如图 2-6 所示。

已分配

记账凭证

* 凭证类别 记账凭证　* 凭证编号 0003　* 制单日期 2020-11-02　附单据数 1

明细 | 汇总

序号	*摘要	*科目名称	辅助项	借方										贷方									
				亿	千	百	十	万	千	百	十	元	角	分	亿	千	百	十	万	千	百	十	元	角	分
1	提取现金	库存现金							5	5	0	0	0	0											
2	提取现金	银行存款—— 建行（41622124827545）																		5	5	0	0	0	0
3																									
4																									
5																									
6																									
合计	大写合计	伍仟伍佰元整							5	5	0	0	0	0						5	5	0	0	0	0

记账人　审核人　出纳　* 制单人 朱胜利

图 2-6　记账凭证界面

【业务 2-4】 (共 3 张原始凭证，于 11 月 02 日取得)

表 2-4-1 是江苏增值税专用发票的第二联抵扣联，此联应作为购买方抵扣进项税额的依据。该抵扣联不能作为记账凭证的附件，专门用于在规定期限内到税务机关办理认证或在平台办理勾选确认，并在认证通过或勾选确认的次月申报期内，向主管税务机关申报抵扣进项税额。

表 2-4-2 是江苏增值税专用发票的第三联发票联，此联应作为购买方的记账依据。该原始凭证注明，“购买方”是本公司，“销售方”是常州创印有限公司，“货物或应税劳务、服务名称”是印章雕刻费，这表明常州创印有限公司为本公司提供了雕刻印章服务。进行会计核算时，“金额”应记入“管理费用——开办费”科目的借方，“税额”应记入“应交税费——应交增值税——进项税额”科目的借方。

表 2-4-1

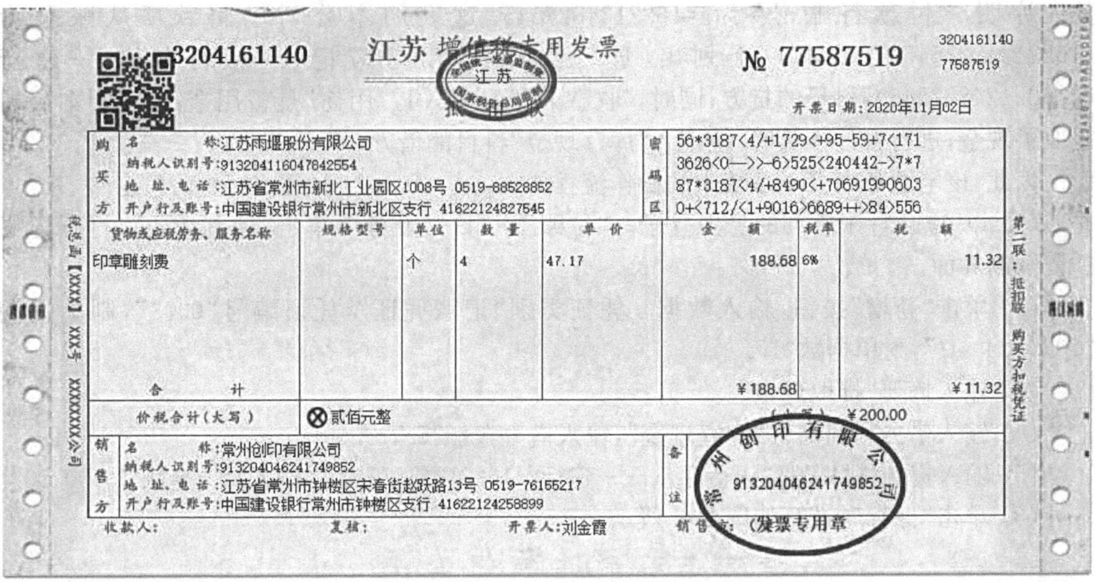

3204161140 江苏增值税专用发票 № 77587519

3204161140
77587519

抵扣联

开票日期：2020年11月02日

购买方	名称：江苏雨堰股份有限公司 纳税人识别号：913204116047842554 地址、电话：江苏省常州市新北工业园区1008号 0519-68528852 开户行及账号：中国建设银行常州市新北区支行 41622124827545			密码区	56*3187<4/+1729<+95-59+7<171 3626<0—>>-6>525<240442->7*7 87*3187<4/+8490<+70691990603 0+<712/<1+9016>6689++>84>556		
货物或应税劳务、服务名称	规格型号	单位	数量	单价	金额	税率	税额
印章雕刻费		个	4	47.17	188.68	6%	11.32
合计					¥188.68		¥11.32
价税合计(大写)	⊗贰佰元整				(小写) ¥200.00		
销售方	名称：常州创印有限公司 纳税人识别号：913204046241749852 地址、电话：江苏省常州市钟楼区宋春街赵跃路13号 0519-76155217 开户行及账号：中国建设银行常州市钟楼区支行 41622124258899			备注	常州创印有限公司 913204046241749852 发票专用章		

收款人：　复核：　开票人：刘金霞　销售方：(章)

税总函【XXXX】XXX号 XXXXXXXX公司

第二联：抵扣联 购买方扣税凭证

表 2-4-2

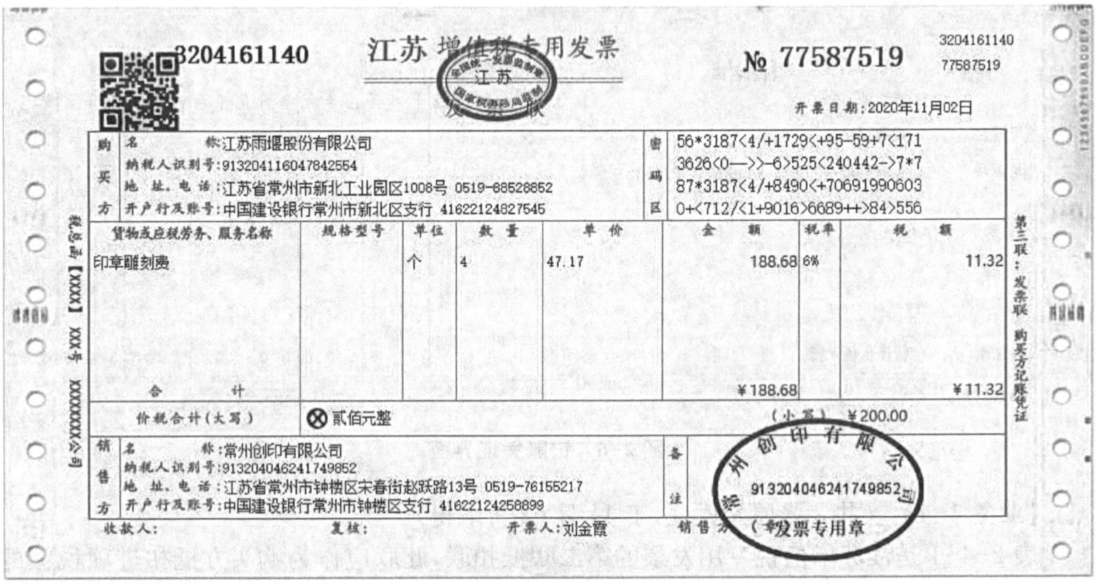

3204161140 江苏增值税专用发票 № 77587519

3204161140
77587519

发票联

开票日期：2020年11月02日

购买方	名称：江苏雨堰股份有限公司 纳税人识别号：913204116047842554 地址、电话：江苏省常州市新北工业园区1008号 0519-68528852 开户行及账号：中国建设银行常州市新北区支行 41622124827545			密码区	56*3187<4/+1729<+95-59+7<171 3626<0—>>-6>525<240442->7*7 87*3187<4/+8490<+70691990603 0+<712/<1+9016>6689++>84>556		
货物或应税劳务、服务名称	规格型号	单位	数量	单价	金额	税率	税额
印章雕刻费		个	4	47.17	188.68	6%	11.32
合计					¥188.68		¥11.32
价税合计(大写)	⊗贰佰元整				(小写) ¥200.00		
销售方	名称：常州创印有限公司 纳税人识别号：913204046241749852 地址、电话：江苏省常州市钟楼区宋春街赵跃路13号 0519-76155217 开户行及账号：中国建设银行常州市钟楼区支行 41622124258899			备注	常州创印有限公司 913204046241749852 发票专用章		

收款人：　复核：　开票人：刘金霞　销售方：(章)

税总函【XXXX】XXX号 XXXXXXXX公司

第三联：发票联 购买方记账凭证

表 2-4-3 是中国建设银行客户专用回单的第一联借方回单联，此联应作为付款方支付款项的记账依据。该原始凭证注明，"付款人"是本公司，"账号"为 41622124827545，"收款人"是常州创印有限公司，这表明本公司从账号为 41622124827545 的基本户向常州创印有限公司通过网银转账方式支付了款项。进行会计核算时，应记入"银行存款——建行(41622124827545)"科目的贷方。

因此，该笔业务在 T＋系统中的操作流程如下：

(1) 以 02 会计朱胜利的身份登录。"总账"→"日常业务"，单击"填制凭证"，打开记账凭证编制界面。

表 2-4-3

中国建设银行客户专用回单

币别：人民币　　　　2020　年 11　月 02　日　　　流水号 320420027J0500810021

付款人	全称	江苏雨堰股份有限公司	收款人	全称	常州创印有限公司
	账号	41622124827545		账号	41622124258899
	开户行	中国建设银行常州市新北区支行		开户行	中国建设银行常州市钟楼区支行
金额		（大写）人民币 贰佰元整		（小写）¥200.00	
凭证种类		网银	凭证号码		
结算方式		转账	用途		印章雕刻费
			打印柜员：320425584257 打印机构：中国建设银行常州市新北区支行 打印卡号：41622124827545		

第一联借方（回单）

中国建设银行 电子回单 专用章

打印时间：2020-11-02　　交易柜员：320425584268　　交易机构：320410553

（2）单击“新增”按钮，输入数据。凭证类别“记账凭证”，凭证编号“0004”，制单日期“2020-11-02”，附单据数“2”。

（3）输入摘要“支付印章雕刻费”。

（4）新增并输入借方科目名称“管理费用——开办费”，输入借方金额“188.68”；输入借方科目名称“应交税费——应交增值税——进项税额”，输入借方金额“11.32”。

（5）输入贷方科目名称“银行存款——建行（41622124827545）”，输入贷方金额“200.00”。

（6）单击“保存”按钮，如图 2-7 所示。

记账凭证

* 凭证类别 记账凭证　　* 凭证编号 0004　　* 制单日期 2020-11-02　　附单据数 2

明细　汇总

序号	*摘要	*科目名称	辅助项	借方											贷方										
				亿	千	百	十	万	千	百	十	元	角	分	亿	千	百	十	万	千	百	十	元	角	分
1	支付印章雕刻费	管理费用——开办费								1	8	8	6	8											
2	支付印章雕刻费	应交税费——应交增值税——进项税额									1	1	3	2											
3	支付印章雕刻费	银行存款——建行（41622124827545）																			2	0	0	0	0
4																									
5																									
6																									
7																									
合计	大写合计	贰佰元整								2	0	0	0	0							2	0	0	0	0

记账人　　审核人　　出纳　　* 制单人 朱胜利

图 2-7　记账凭证界面

【业务 2-5】（共 4 张原始凭证，于 11 月 02 日取得）

表 2-5-1

3201161140　江苏增值税专用发票　№ 53245055　3201161140　53245055

抵扣联　开票日期：2020年11月02日

购买方	名　称：江苏雨堰股份有限公司 纳税人识别号：913204116047842554 地址、电话：江苏省常州市新北工业园区1008号　0519-88528852 开户行及账号：中国建设银行常州市新北区支行　41622124827545	密码区	63*3187<4/+0303<+95-59+7<280 1710<0—>>-6>525<355103->7*7 87*3187<4/+8490<+60913137643 7+<712/<1+9016>0640++>84>042

货物或应税劳务、服务名称	规格型号	单位	数量	单价	金额	税率	税额
W		台	3	200000	600000.00	13%	78000.00
合　计					¥600000.00		¥78000.00
价税合计（大写）	⊗陆拾柒万捌仟元整				（小写）¥678000.00		

销售方	名　称：南京通联有限公司 纳税人识别号：913201049304885771 地址、电话：江苏省南京市秦淮区郭淑街何彦路72号　025-66051137 开户行及账号：中国建设银行南京市秦淮区支行　41622124899244	备注	

收款人：　复核：　开票人：金启旺　销售方：（章）

第二联：抵扣联　购买方扣税凭证

表 2-5-2

3201161140　江苏增值税专用发票　№ 53245055　3201161140　53245055

发票联　开票日期：2020年11月02日

购买方	名　称：江苏雨堰股份有限公司 纳税人识别号：913204116047842554 地址、电话：江苏省常州市新北工业园区1008号　0519-88528852 开户行及账号：中国建设银行常州市新北区支行　41622124827545	密码区	63*3187<4/+0303<+95-59+7<280 1710<0—>>-6>525<355103->7*7 87*3187<4/+8490<+60913137643 7+<712/<1+9016>0640++>84>042

货物或应税劳务、服务名称	规格型号	单位	数量	单价	金额	税率	税额
W		台	3	200000	600000.00	13%	78000.00
合　计					¥600000.00		¥78000.00
价税合计（大写）	⊗陆拾柒万捌仟元整				（小写）¥678000.00		

销售方	名　称：南京通联有限公司 纳税人识别号：913201049304885771 地址、电话：江苏省南京市秦淮区郭淑街何彦路72号　025-66051137 开户行及账号：中国建设银行南京市秦淮区支行　41622124899244	备注	

收款人：　复核：　开票人：金启旺　销售方：（章）

第三联：发票联　购买方记账凭证

表 2-5-3

新增固定资产登记表

2020 年 11 月 02 日

资产名称	种类	单位	数量	购入日期	投入使用日期	使用部门
W	生产设备	台	3	2020-11-02	2020-11-02	生产车间

制表人：朱胜利　　复核人：王颖宏

表 2-5-4

中国建设银行客户专用回单

币别：人民币　　2020 年 11 月 02 日　　流水号 320420027J0500810019

付款人	全称	江苏雨堰股份有限公司	收款人	全称	南京通联有限公司
	账号	41622124827545		账号	41622124899244
	开户行	中国建设银行常州市新北区支行		开户行	中国建设银行南京市秦淮区支行
金额		(大写) 人民币 陆拾柒万捌仟元整		(小写)	￥678000.00
凭证种类		网银	凭证号码		
结算方式		转账	用途		支付设备款
			打印柜员：320425584257 打印机构：中国建设银行常州市新北区支行 打印卡号：105170379215		中国建设银行 电子回单 专用章

第一联借方(回单)

打印时间：2020-11-02　　交易柜员：320425584268　　交易机构：320410500541133425

表 2-5-1 是江苏增值税专用发票的第二联抵扣联，此联应作为购买方抵扣进项税额的依据。该抵扣联不能作为记账凭证的附件，专门用于在规定期限内到税务机关办理认证或在平台办理勾选确认，并在认证通过或勾选确认的次月申报期内，向主管税务机关申报抵扣进项税额。

表 2-5-2 是江苏增值税专用发票的第三联发票联，此联应作为购买方的记账依据。该原始凭证注明，“购买方”是本公司，“销售方”是南京通联有限公司，“货物或应税劳务、服务名称”是 W，这表明本公司从南京通联有限公司购买了生产设备 W。

表 2-5-3 是新增固定资产登记表，此表应作为固定资产增加的记账依据。该原始凭证注明，“资产名称”是 W，“种类”是生产设备，“使用部门”是生产车间，“购入日期”与“投入使用日期”均为 2020 年 11 月 02 日，这表明本公司的生产车间投入使用 3 台不需要安装的生产设备 W。根据表 2-5-2 和表 2-5-3，进行会计核算时，“金额”应记入“固定资产”科目的借方，“税额”应记入“应交税费——应交增值税——进项税额”科目的借方。

表 2-5-4 是中国建设银行客户专用回单的第一联借方回单联，此联应作为付款方支付款项的记账依据。该原始凭证注明，“付款人”是本公司，“账号”为 41622124827545，“收款人”是南京通联有限公司，这表明本公司从账号为 41622124827545 的基本户向南京通联有限公司通过网银转账方式支付了款项。进行会计核算时，应记入“银行存款——建行(41622124827545)”科目的贷方。

因此，该笔业务在 T+系统中的操作流程如下：

(1) 以 02 会计朱胜利的身份登录。“资产管理”→“业务处理”，点击“新增资产”，单击“生产设备”按钮，进入资产卡片录入界面。

(2) 单击“新增”按钮，输入数据。卡片日期“2020-11-02”，资产编码“01-02-0001”，资产名称“设备 W”，资产分类编码“02”，资产分类名称“生产设备”，资产属性“固定资产”，数量“3”，计量单位“台”，使用状况“在用”，使用部门“生产车间”，增加方式“购入”，入账日期“2020-11-02”，入账期间“2020.11”，预计使用年限“10”，原值“600 000”，税率“13%”，进项税额“78 000”，净值“600 000”，预计净残值率“4”，预计净残值“24 000”，折旧方法“年限平均法”。单击“保存”按钮,如图 2-8 所示。

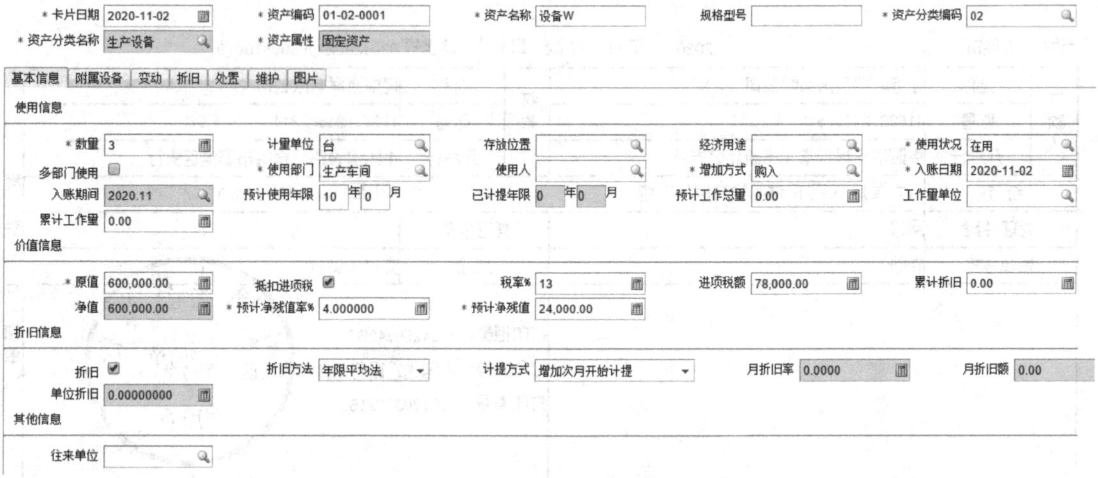

图 2-8　固定资产卡片完成后界面

(3)“总账”→“日常业务”,点击“科目设置”,进入“科目设置”界面。点击“资产对方科目”右边的“设置”按钮,打开“资产对方科目扩展设置”对话框,把“增减方式”为“购入”所对应的“科目名称”修改为“银行存款——建行(41622124827545)”。单击“保存”按钮,点击“退出”按钮,如图 2-9 所示。回到“科目设置”界面,再单击“退出”按钮。

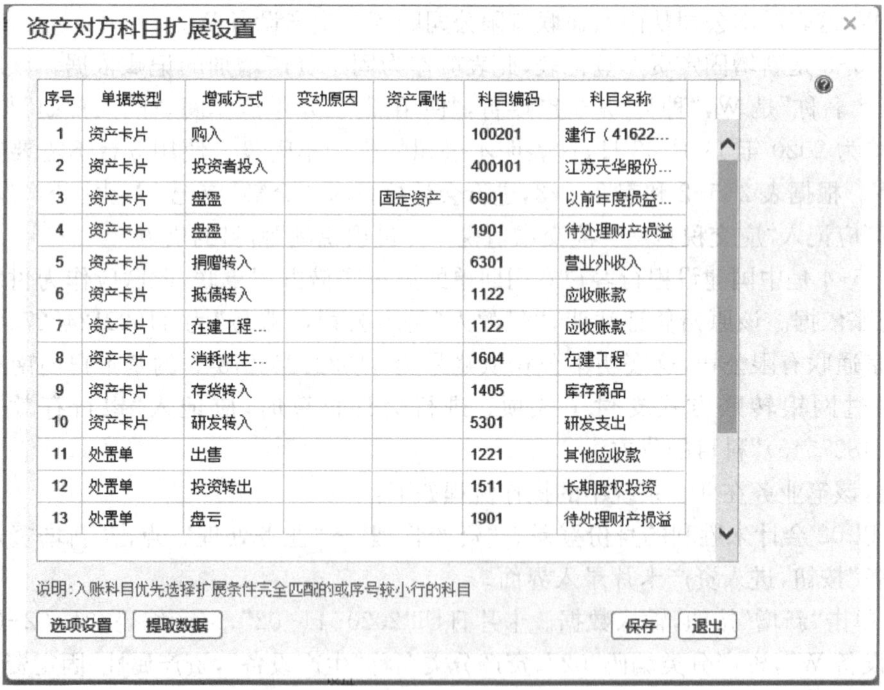
资产对方科目扩展设置

序号	单据类型	增减方式	变动原因	资产属性	科目编码	科目名称
1	资产卡片	购入			100201	建行（41622...
2	资产卡片	投资者投入			400101	江苏天华股份...
3	资产卡片	盘盈		固定资产	6901	以前年度损益...
4	资产卡片	盘盈			1901	待处理财产损溢
5	资产卡片	捐赠转入			6301	营业外收入
6	资产卡片	抵债转入			1122	应收账款
7	资产卡片	在建工程...			1122	应收账款
8	资产卡片	消耗性生...			1604	在建工程
9	资产卡片	存货转入			1405	库存商品
10	资产卡片	研发转入			5301	研发支出
11	处置单	出售			1221	其他应收款
12	处置单	投资转出			1511	长期股权投资
13	处置单	盘亏			1901	待处理财产损溢

说明:入账科目优先选择扩展条件完全匹配的或序号较小行的科目

选项设置　提取数据　保存　退出

图 2-9　资产对方科目扩展设置界面

需要说明的是,科目设置是用来设置单据生成凭证的入账科目。入账科目相对唯一时,建议在基础设置中设置入账科目；反之，建议在扩展设置中设置入账科目。比如，销项税科目，通常情况下，入账科目只有“应交税费——应交增值税——销项税额”，则建议在基础设置中选择入账科目。又如，存货类科目，通常情况下，原材料类存货的入账科目是“原材料”科目，产成品类存货的入账科目是“库存商品”科目，即入账科目受存货分类影响，需要选择不同科目，则建议在扩展设置中选择入账科目。

（4）“总账”→“日常业务”，点击“单据生凭证”，进入单据生凭证界面。选择“资产卡片”前面的复选框，点击“下一步”按钮，再点击“下一步”按钮，点击“生成凭证”按钮，生成记账凭证。输入附单据数“3”，摘要改为“购入设备 W”。

（5）单击“保存”按钮，如图 2-10 所示。

已生成

记账凭证

* 凭证类别 记账凭证　* 凭证编号 0005　* 制单日期 2020-11-02　附单据数 3

明细　汇总

序号	*摘要	*科目名称	辅助项	借方（亿千百十万千百十元角分）	贷方（亿千百十万千百十元角分）
1	购入设备W	固定资产		60000000	
2	购入设备W	应交税费——应交增值税——进项税额		7800000	
3	购入设备W	银行存款——建行（41622124827545）			67800000
4					
5					
6					
合计	大写合计	陆拾柒万捌仟元整		67800000	67800000

记账人　审核人　出纳　* 制单人 朱胜利

图 2-10　记账凭证界面

【业务 2-6】（共 4 张原始凭证，于 11 月 02 日取得）

表 2-6-1

3206161140　江苏增值税专用发票　№ 22727554　3206161140　22727554

抵扣联

开票日期：2020年11月02日

购买方　名　　称：江苏雨堰股份有限公司
纳税人识别号：913204116047842554
地 址、电 话：江苏省常州市新北工业园区1008号　0519-88528852
开户行及账号：中国建设银行常州市新北区支行　41622124827545

密码区　71*3187<4/+8771<+95-59+7<526
9627<0—>>-6>525<157949->7*7
87*3187<4/+8490<+8686386730\7
0+<712/<1+9016>2938++>84>694

货物或应税劳务、服务名称	规格型号	单位	数量	单价	金额	税率	税额
P		台	2	150000	300000.00	13%	39000.00
合　　计					¥300000.00		¥39000.00
价税合计（大写）	⊗叁拾叁万玖仟元整				（小写）¥339000.00		

销售方　名　　称：南通光华有限公司
纳税人识别号：913206029017531683
地 址、电 话：江苏省南通市崇川区20街74路37号　0513-21220836
开户行及账号：中国建设银行南通市崇川区支行　41622124305870

备注　南通光华有限公司　913206029017531683　发票专用章

收款人：　复核：　开票人：柳玉军　销售方：（章）

第二联：抵扣联　购买方扣税凭证

税总函【XXXX】XXX号　XXXXXXXX公司

表 2-6-2

3206161140　　江苏增值税专用发票　　№ 22727554　　3206161140　22727554

发票联

开票日期：2020年11月02日

购买方	名　　称：江苏雨堰股份有限公司 纳税人识别号：913204116047842554 地 址、电 话：江苏省常州市新北工业园区1008号　0519-88528852 开户行及账号：中国建设银行常州市新北区支行　41622124827545			密码区	71*3187<4/+8771<+95-59+7<526 9627<0—>>-6>525<157949->7*7 87*3187<4/+8490<+86863867307 0+<712/<1+9016>2938++>84>694		
货物或应税劳务、服务名称	规格型号	单位	数量	单价	金额	税率	税额
P		台	2	150000	300000.00	13%	39000.00
合　　计					￥300000.00		￥39000.00
价税合计（大写）	⊗叁拾叁万玖仟元整				（小写）￥339000.00		
销售方	名　　称：南通光华有限公司 纳税人识别号：913206029017531683 地 址、电 话：江苏省南通市崇川区26街74路37号　0513-21220836 开户行及账号：中国建设银行南通市崇川区支行　41622124305870			备注	南通光华有限公司 913206029017531683 发票专用章		

收款人：　　复核：　　开票人：柳玉军　　销售方：（章）

税总函【XXXX】XXX号 XXXXXXXX公司

第三联：发票联　购买方记账凭证

表 2-6-3

新增固定资产登记表

2020 年 11 月 02 日

资产名称	种类	单位	数量	购入日期	投入使用日期	使用部门
P	生产设备	台	3	2020-11-02	2020-11-02	生产车间

制表人：朱胜利　　　　复核人：王颖宏

表 2-6-4

中国建设银行
电汇凭证

币别：人民币　　2020 年 11 月 02 日　　流水号：320420027J0500810064

汇款方式	☑普通　□加急				
汇款人	全　称	江苏雨堰股份有限公司	收款人	全　称	南通光华有限公司
	账　号	41622124827545		账　号	41622124305870
	汇出地点	江苏 省 常州 市/县		汇入地点	江苏 省 南通 市/县
汇出行名称		中国建设银行常州市新北区支行	汇入行名称		中国建设银行南通市崇川区支行
金额	（大写）叁拾叁万玖仟元整				亿 千 百 十 万 千 百 十 元 角 分 ¥ 3 3 9 0 0 0 0 0

中国建设银行 常州市新北区支行 2020-11-02 办讫 (01)

支付密码 3674-0351-1525-6747

附加信息及用途：支付设备款

江苏雨堰股份有限公司 财务专用章　闫瑞

客户签章

会计主管　　授权　　复核　　录入

第二联 客户回单

表 2-6-1 是江苏增值税专用发票的第二联抵扣联,此联应作为购买方抵扣进项税额的依据。该抵扣联不能作为记账凭证的附件,专门用于在规定期限内到税务机关办理认证或在平台办理勾选确认,并在认证通过或勾选确认的次月申报期内,向主管税务机关申报抵扣进项税额。

表 2-6-2 是江苏增值税专用发票的第三联发票联,此联应作为购买方的记账依据。该原始凭证注明,“购买方”是本公司,“销售方”是南通光华有限公司,“货物或应税劳务、服务名称”是 P,这表明本公司从南通光华有限公司购买了 P 生产设备。

表 2-6-3 是新增固定资产登记表,此表应作为固定资产增加的记账依据。该原始凭证注明,“资产名称”是 P,“种类”是生产设备,“使用部门”是生产车间,“购入日期”与“投入使用日期”均为 2020 年 11 月 02 日,这表明本公司的生产车间投入使用 2 台不需要安装的生产设备 P。根据表 2-6-2 和表 2-6-3,进行会计核算时,“金额”应记入“固定资产”科目的借方,“税额”应记入“应交税费——应交增值税——进项税额”科目的借方。

表 2-6-4 是中国建设银行电汇凭证的第二联客户回单,此联应作为汇款人支付款项的记账依据。该原始凭证注明,汇款人“全称”是本公司,“账号”为 41622124827545,“附加信息及用途”是支付设备款,这表明本公司已将款项从账号为 41622124827545 的基本户转出。进行会计核算时,应记入“银行存款——建行(41622124827545)”科目的贷方。

因此,该笔业务在 T+系统中的操作流程如下:

(1) 以 02 会计朱胜利的身份登录。“资产管理”→“业务处理”,点击“新增资产”,单击“生产设备”按钮,进入资产卡片录入界面。

(2) 单击“新增”按钮,输入数据。卡片日期“2020-11-02”,资产编码“01-02-0002”,资产名称“设备 P”,资产分类编码“02”,资产分类名称“生产设备”,资产属性“固定资产”,数量“2”,计量单位“台”,使用状况“在用”,使用部门“生产车间”,增加方式“购入”,入账日期“2020-11-02”,入账期间“2020.11”,预计使用年限“10”,原值“300 000”,税率“13%”,进项税额“39 000”,净值“300 000”,预计净残值率“4”,预计净残值“12 000”,折旧方法“年限平均法”。单击“保存”按钮,如图 2-11 所示。

(3) “总账”→“日常业务”,点击“单据生凭证”,进入“单据生成凭证”界面。选择“资产

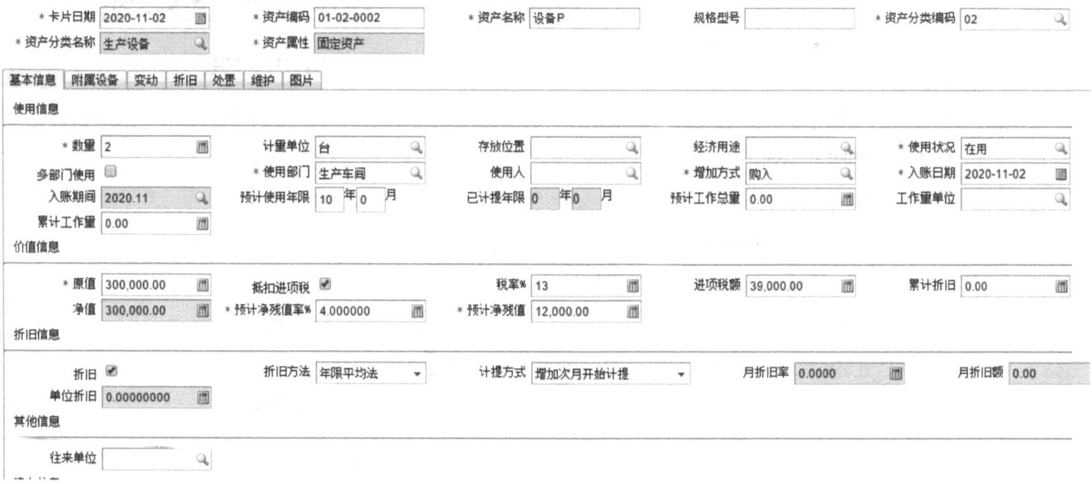

图 2-11　固定资产卡片完成后界面

卡片”前面的复选框,点击“下一步”按钮,再点击“下一步”按钮,点击“生成凭证”按钮,生成记账凭证。输入附单据数“3”,摘要改为“购入设备 P”。

(4) 单击“保存”按钮,如图 2-12 所示。

已生成

记账凭证

* 凭证类别 记账凭证　　* 凭证编号 0006　　* 制单日期 2020-11-02　　附单据数 3

明细 | 汇总

序号	*摘要	*科目名称	辅助项	借方 亿千百十万千百十元角分	贷方 亿千百十万千百十元角分
1	购入设备P	固定资产		30000000	
2	购入设备P	应交税费——应交增值税——进项税额		3900000	
3	购入设备P	银行存款——建行（41622124827545）			33900000
4					
5					
6					
合计	大写合计	叁拾叁万玖仟元整		33900000	33900000

记账人　　审核人　　出纳　　* 制单人 朱胜利

图 2-12　记账凭证界面

【业务 2-7】(共 10 张原始凭证,于 11 月 02 日取得)

表 2-7-1

机动车销售统一发票

发 票 联

发票代码 132042020002
发票号码 06691030

开票日期 2020年11月02日

机打代码	132042020002	税控码				
机打号码	06691030					
机器编号						
购买方名称及身份证号码/组织机构代码	江苏雨堰股份有限公司	纳税人识别号	913204116047842554			
车辆类型	小汽车	厂牌型号		产地	常州市	
合格证号	GWD013111066286	进口证明书号		商检单号		
发动机号码	P450785	车辆识别代号/车架号码	LVGBM51K6FG630031			
价税合计	⊗贰拾贰万陆仟元整		小写 ¥226000.00			
销货单位名称	江苏常州本田4S店汽车销售有限公司	电话	0519-43021404			
纳税人识别号	913204026648142625	帐号	41622124702001			
地址	江苏省常州市天宁区王军街王群路53号	开户银行	中国建设银行常州市天宁区支行			
增值税税率或征收率	13%	增值税税额	¥26000.00	主管税务机关及代码	常州市天宁区国家税务局 1320402	
不含税价	小写 ¥200000.00	完税凭证号码		吨位	0	限乘人数 5

销货单位盖章　　开票人 周瑞芳　　备注：一车一票

第一联 发票联（购货单位付款凭证）（手开无效）

表 2-7-2

机动车销售统一发票

抵扣联

发票代码132042020002
发票号码06691030

开票日期 2020年11月02日

机打代码	132042020002	税控码			
机打号码	06691030				
机器编号					
购买方名称及身份证号码/组织机构代码	江苏雨堰股份有限公司	纳税人识别号	913204116047842554		
车辆类型	小汽车	厂牌型号		产地	常州市
合格证号	GWD013111066286	进口证明书号		商检单号	
发动机号码	P450785	车辆识别代号/车架号码	LVGBM51K6FG630031		
价税合计	⊗贰拾贰万陆仟元整			小写	¥226000.00
销货单位名称	江苏常州本田4S店汽车销售有限公司	电话	0519-43021404		
纳税人识别号	913204026648142625	账号	41622124702001		
地址	江苏省常州市天宁区王军街王群路53号	开户银行	中国建设银行常州市天宁区支行		
增值税税率或征收率	13%	增值税税额	¥26000.00	主管税务机关及代码	常州市天宁区国家税务局 1320402
不含税价	小写 ¥200000.00	完税凭证号码		吨位 0	限乘人数 5

销货单位盖章　　开票人 周瑞芳　　备注：一车一票

第二联 抵扣联（购货单位扣税凭证）（手开无效）

表 2-7-3

常州市政府非税收入一般缴款书

财准印 2020 号　　No 20623454

执收单位代码：043157

执收单位名称：常州市公安局交通巡逻警察支队　　收款日期2020 年11 月02 日

缴款人	全称	江苏雨堰股份有限公司	收款人	全称	常州市政府非税收入专户
	账号	41622124827545		账号	41001432100111
	开户银行	中国建设银行常州市新北区支行		开户银行	中国建设银行常州市新北区支行
流水号	00002101				
代理银行网点代码		开票方式		缴款方式	

项目执行码	收费项目名称	单位	标准	数量	金额（小写）	
0675	机动车号牌工本费		汽车号牌（反光）100.00元	1	100.00	复核
0677	机动车行驶证工本费		机动车行驶证15.00元	1	15.00	记账
0684	机动车登记证书工本费		机动车证书工本费10.00元	1	10.00	开户行签章
合计人民币（大写）	壹佰贰拾伍元整				¥125.00	
备注:						

执收单位（盖章）：　　经办人：肖昆

常州市非税收入管理中心监制

第二联 收据联

表 2-7-4

中华人民共和国
税收通用缴款书

纳税人编码：604784255　　校验码：0037685
隶属关系：区　　征税缴电：№57092458
注册类型：有限责任公司　　填发日期：2020 年11 月02 日　　征收机关：国家税务总局常州市新北区税务局车辆购置税征收管理分局

缴款单位（人）	代码	913204116047842554	预算科目	编码	1011601
	全称	江苏雨堰股份有限公司		名称	车辆购置税
	开户银行	中国建设银行常州市新北区支行		级次	中央100%
	账号	41622124827545	收款国库		国家金库常州市新北区支库

税款所属时期 2020年11月02日 至 2020年11月30日　税款限缴时期 2021年 01月 01日

品目名称	课税数量	计税金额或销售收人	税率或单位税额	已缴或扣除额	实缴金额
车辆购置税		200000.00	10%		20000.00
金额合计	（大写）人民币贰万元整				¥20000.00
缴款单位（人）（盖章）经办人（章）	税务机关（盖章）填票人（章）	上列款项已收妥并划转收款单位账户。国库（银行）盖章 年 月 日			备注

无银行收讫章无效

第一联（收据）国库（经收处）收款盖章后退缴款单位（人）作完税凭证

逾期不缴按说法规定加收滞纳金。

（印章：常州市新北区国家税务局 征税专用章）
（印章：中国建设银行常州市新北区支行 2020-11-02 办讫（01））

表 2-7-5

3204161140　**江苏增值税专用发票**　№ 13463862
3204161140
13463862

抵扣联

开票日期：2020年11月02日

购买方	名　　称：江苏雨堰股份有限公司 纳税人识别号：913204116047842554 地址、电话：江苏省常州市新北工业园区1008号 0519-88528852 开户行及账号：中国建设银行常州市新北区支行 41622124827545	密码区	02*3187<4/+4393<+95-59+7<082 1537<0—>>-6>525<918980->7*7 87*3187<4/+8490<+67763949246 1+<712/<1+9016>0890++>84>277

货物或应税劳务、服务名称	规格型号	单位	数量	单价	金额	税率	税额
交强险		年	1	900.00	900.00	6%	54.00
合计					¥900.00		¥54.00
价税合计（大写）	⊗玖佰伍拾肆元整				（小写）¥954.00		

销售方	名　　称：江苏平安保险股份有限公司 纳税人识别号：913204111449279991 地址、电话：江苏省常州市新北区李博街王军路37号 0519-89234[illegible] 开户行及账号：中国建设银行江苏省常州市新北区支行 41671222228773	备注	保单号：6[illegible]275870351202049413 车牌号：苏[illegible] 车船税：240.00 受益期限：2020年01月01日至2020年12月31日

收款人：　　复核：　　开票人：袁海洲　　销售方：（章）

第二联：抵扣联　购买方扣税凭证

（印章：江苏平安保险股份有限公司 913204111449279991 发票专用章）

表 2-7-6

3204161140　　江苏增值税专用发票　　№ 13463862

3204161140
13463862

开票日期：2020年11月02日

购买方	名　　称：江苏雨堰股份有限公司 纳税人识别号：913204116047842554 地 址、电 话：江苏省常州市新北工业园区1008号 0519-68528852 开户行及账号：中国建设银行常州市新北区支行 41622124827545			密码区	02*3187<4/+4393<+95-59+7<082 1537<0—>>-6>525<918980->7*7 87*3187<4/+8490<+67763949246 1+<712/<1+9016>0890++>84>277		
货物或应税劳务、服务名称	规格型号	单位	数量	单价	金额	税率	税额
交强险		年	1	900.00	900.00	6%	54.00
合　　计					¥900.00		¥54.00
价税合计（大写）	⊗玖佰伍拾肆元整				（小写）¥954.00		
销售方	名　　称：江苏平安保险股份有限公司 纳税人识别号：913204111449279991 地 址、电 话：江苏省常州市新北区李博街王军路37号 0519-89234561 开户行及账号：中国建设银行江苏省常州市新北区支行 41671222228773			备注	保单号：6872215870351202049413 车牌号：苏074145 车船税：240.00 受益期限：2020年01月01日至2020年12月31日		

收款人：　　复核：　　开票人：袁海州　　销售方：（章）

第三联：发票联　购买方记账凭证

表 2-7-7

3204161140　　江苏增值税专用发票　　№ 13463863

3204161140
13463863

开票日期：2020年11月02日

购买方	名　　称：江苏雨堰股份有限公司 纳税人识别号：913204116047842554 地 址、电 话：江苏省常州市新北工业园区1008号 0519-68528852 开户行及账号：中国建设银行常州市新北区支行 41622124827545			密码区	61*3187<4/+1119<+95-59+7<416 5088<0—>>-6>525<164227->7*7 87*3187<4/+8490<+36206337246 7+<712/<1+9016>4080++>84>299		
货物或应税劳务、服务名称	规格型号	单位	数量	单价	金额	税率	税额
机动车辆综合险		年	1	4500.00	4500.00	6%	270.00
合　　计					¥4500.00		¥270.00
价税合计（大写）	⊗肆仟柒佰柒拾元整				（小写）¥4770.00		
销售方	名　　称：江苏平安保险股份有限公司 纳税人识别号：913204111449279991 地 址、电 话：江苏省常州市新北区李博街王军路37号 0519-89234561 开户行及账号：中国建设银行江苏省常州市新北区支行 41671222228773			备注			

收款人：　　复核：　　开票人：孙志华　　销售方：（章）

第二联：抵扣联　购买方扣税凭证

表 2-7-1 是机动车销售统一发票的第一联发票联，此联应作为购买方的记账依据。该原始凭证注明，“购买方名称及身份证号码/组织机构代码”是本公司，“销货单位名称”是江苏常州本田 4S 店汽车销售有限公司，“车辆类型”是小汽车，这表明本公司从江苏常州本田 4S 店汽车销售有限公司购买了本田小汽车 1 辆。

表 2-7-2 是机动车销售统一发票的第二联抵扣联，此联应作为购买方抵扣进项税额的依据。该抵扣联不能作为记账凭证的附件，专门用于在规定期限内到税务机关办理认证或在平台办理勾选确认，并在认证通过或勾选确认的次月申报期内，向主管税务机关申报抵扣进项税额。

表 2-7-8

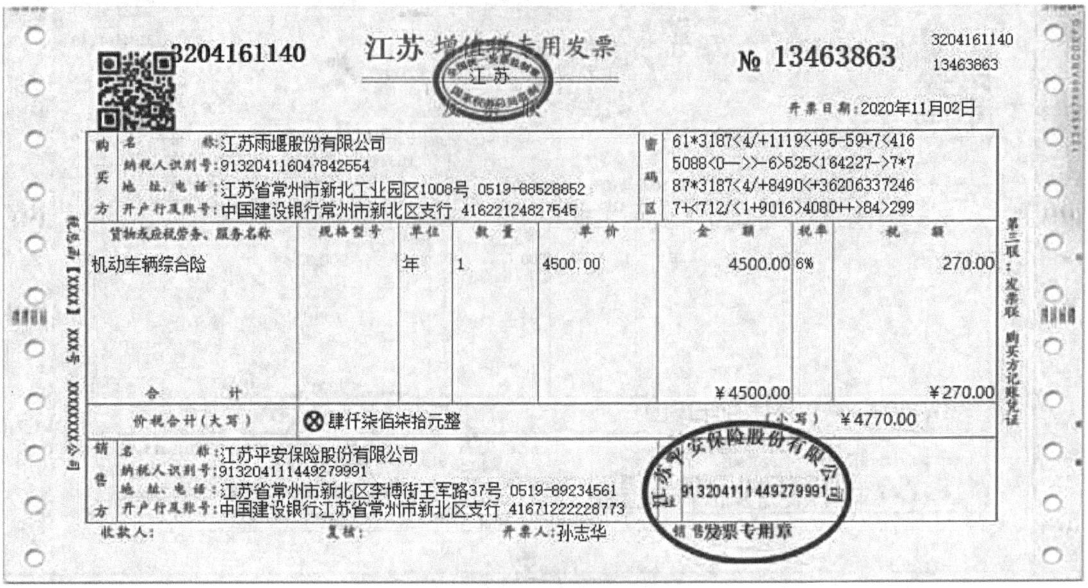

3204161140 江苏增值税专用发票 № 13463863 3204161140 13463863

开票日期:2020年11月02日

购买方	名称:江苏雨堰股份有限公司 纳税人识别号:913204116047842554 地址、电话:江苏省常州市新北工业园区1008号 0519-88528852 开户行及账号:中国建设银行常州市新北区支行 41622124827545				密码区	61*3187<4/+1119<+95-59+7<416 5088<0—>>—6>525<164227->7*7 87*3187<4/+8490<+36206337246 7+<712/<1+9016>4080++>84>299	
货物或应税劳务、服务名称	规格型号	单位	数量	单价	金额	税率	税额
机动车辆综合险		年	1	4500.00	4500.00	6%	270.00
合计					¥4500.00		¥270.00
价税合计(大写)	⊗肆仟柒佰柒拾元整				(小写) ¥4770.00		
销售方	名称:江苏平安保险股份有限公司 纳税人识别号:913204111449279991 地址、电话:江苏省常州市新北区李博街王军路37号 0519-89234561 开户行及账号:中国建设银行江苏省常州市新北区支行 41671222228773				备注	江苏平安保险股份有限公司 913204111449279991 发票专用章	

收款人: 复核: 开票人:孙志华 销售方:(章)

第三联:发票联 购买方记账凭证

表 2-7-9 新增固定资产登记表

2020 年 11 月 02 日

资产名称	种类	单位	数量	购入日期	投入使用日期	使用部门
本田小汽车	运输工具	辆	1	2020-11-02	2020-11-02	办公室

制表人:朱胜利　　　　复核人:王颖宏

表 2-7-10

中国建设银行
转账支票存根
10503226
00001707

附加信息 付款行账号:
41622124827545

出票日期 2020 年 11 月 02 日

收款人:江苏常州本田4S店汽车销售有限公司
金额:¥252089.00
用途:支付购车相关款项

单位主管 会计

表 2-7-3 是常州市政府非税收入一般缴款书的第二联收据联,此联应作为核算固定资产的记账依据。该原始凭证注明,缴款人"全称"是本公司,收款人"全称"是常州市政府非税

收入专户，“收费项目名称”是机动车号牌工本费、机动车行驶证工本费和机动车登记证书工本费，这表明本公司购买小汽车时发生上述三项费用。

表 2-7-4 是中华人民共和国税收通用缴款书的第一联收据联，此联应作为缴款单位的完税依据。该原始凭证注明，“缴款单位(人)”是本公司，“品目名称”是车辆购置税，这表明本公司购买小汽车时发生了车辆购置税。

表 2-7-5 是江苏增值税专用发票的第二联抵扣联，此联应作为购买方抵扣进项税额的依据。该抵扣联不能作为记账凭证的附件，专门用于在规定期限内到税务机关办理认证或在平台办理勾选确认，并在认证通过或勾选确认的次月申报期内，向主管税务机关申报抵扣进项税额。

表 2-7-6 是江苏增值税专用发票的第三联发票联，此联应作为购买方的记账依据。该原始凭证注明，“购买方”是本公司，“销售方”是江苏平安保险股份有限公司，“货物或应税劳务、服务名称”是交强险，这表明本公司从江苏平安保险股份有限公司购买了小汽车的交强险。备注栏中注明“车船税”是 240 元，这表明本公司购买了小汽车的车船税。

表 2-7-7 是江苏增值税专用发票的第二联抵扣联，此联应作为购买方抵扣进项税额的依据。该抵扣联不能作为记账凭证的附件，专门用于在规定期限内到税务机关办理认证或在平台办理勾选确认，并在认证通过或勾选确认的次月申报期内，向主管税务机关申报抵扣进项税额。

表 2-7-8 是江苏增值税专用发票的第三联发票联，此联应作为购买方的记账依据。该原始凭证注明，“购买方”是本公司，“销售方”是江苏平安保险股份有限公司，“货物或应税劳务、服务名称”是机动车辆综合险，这表明本公司从江苏平安保险股份有限公司购买了小汽车的机动车辆综合险。

表 2-7-9 是新增固定资产登记表，此表作为固定资产增加的记账依据。该原始凭证注明，“资产名称”是本田小汽车，“种类”是运输工具，“使用部门”是办公室，“购入日期”与“投入使用日期”均为 2020 年 11 月 02 日，这表明本公司的办公室投入使用 1 辆小汽车。进行会计核算时，根据表 2-7-1，“不含税价”应记入“固定资产”科目的借方，“税额”应记入“应交税费——应交增值税——进项税额”科目的借方；根据表 2-7-3，机动车号牌工本费、机动车行驶证工本费和机动车登记证书工本费应记入“固定资产”科目的借方；根据表 2-7-4，车辆购置税应记入“固定资产”科目的借方；根据表 2-7-6，由于交强险的收益期间为一个年度，故“金额”应记入“预付账款——汽车保险费”科目的借方，“税额”应记入“应交税费——应交增值税——进项税额”科目的借方，“车船税”应记入“税金及附加——车船税”科目的借方；根据表 2-7-8，由于机动车辆综合险的收益期间为一个年度，故“金额”应记入“预付账款——汽车保险费”科目的借方，“税额”应记入“应交税费——应交增值税——进项税额”科目的借方。

表 2-7-10 是中国建设银行转账支票存根，应作为付款方支付款项的记账依据。该原始凭证注明，“收款人”是江苏常州本田 4S 店汽车销售有限公司，“用途”是支付购车相关款项，“付款行账号”为 41622124827545，这表明本公司已将款项从账号为 41622124827545 的基本户转出。进行会计核算时，应记入“银行存款——建行(41622124827545)”科目的贷方。

因此，该笔业务在 T+系统中的操作流程如下：

(1) 以 02 会计朱胜利的身份登录。“资产管理”→“业务处理”，单击“新增资产”，点击“运输工具”，进入“资产卡片录入”界面。

(2) 单击“新增”按钮，输入数据。卡片日期“2020-11-02”，资产编码“01-04-0001”，资产名称“本田小汽车”，资产分类编码“04”，资产分类名称“运输工具”，资产属性“固定资产”，数量“1”，计量单位“辆”，使用状况“在用”，使用部门“办公室”，增加方式“购入”，入账日期“2020-11-02”，入账期间“2020.11”，预计使用年限“4”，原值“220 125”，税率“13%”，进项税额“26 324”，净值“220 125”，预计净残值率“4”，预计净残值“8 805”，折旧方法“年限平均法”。单击“保存”按钮，如图 2-13 所示。

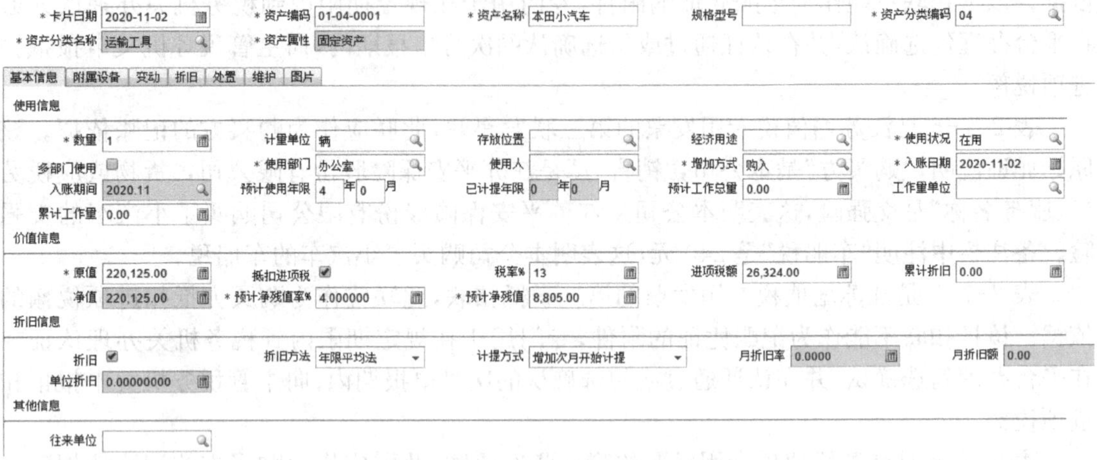

图 2-13 固定资产卡片完成后界面

(3) “总账”→“日常业务”，点击“单据生凭证”，进入“单据生成凭证”界面。选择“资产卡片”前面的复选框，点击“下一步”按钮，再点击“下一步”按钮，点击“生成凭证”按钮，生成记账凭证。

(4) 修改记账凭证，在“应交税费——应交增值税——进项税额”科目行下方插入两行，分别新增并输入科目“税金及附加——车船税”和“预付账款——汽车保险费”，分别输入借方金额“240.00”和“5 400.00”；将科目“银行存款——建行(41622124827545)”的贷方金额修改为“252 089.00”；输入附单据数“7”，摘要改为“购入本田小汽车”。

(5) 单击“保存”按钮，如图 2-14 所示。

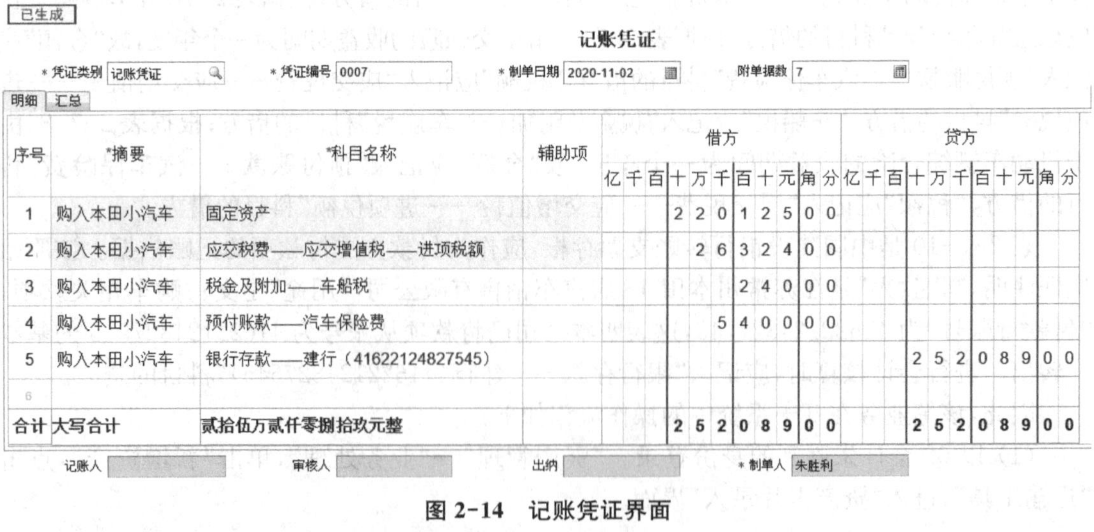

序号	*摘要	*科目名称	辅助项	借方	贷方
1	购入本田小汽车	固定资产		22012500	
2	购入本田小汽车	应交税费——应交增值税——进项税额		2632400	
3	购入本田小汽车	税金及附加——车船税		24000	
4	购入本田小汽车	预付账款——汽车保险费		540000	
5	购入本田小汽车	银行存款——建行（41622124827545）			25208900
6					
合计	大写合计	贰拾伍万贰仟零捌拾玖元整		25208900	25208900

图 2-14 记账凭证界面

【业务 2-8】（共 4 张原始凭证，于 11 月 02 日取得）

表 2-8-1

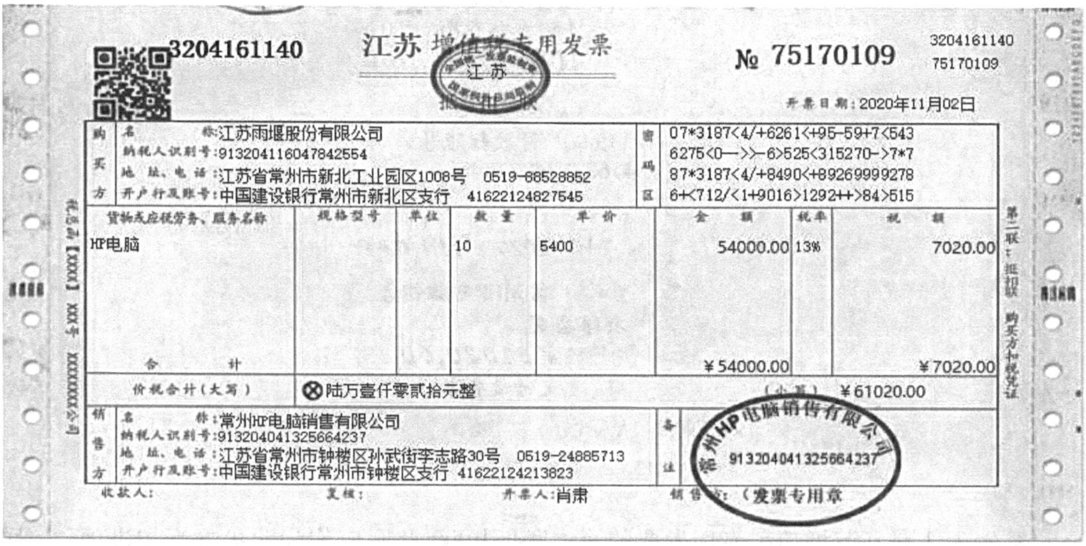

3204161140 江苏增值税专用发票 № 75170109

3204161140
75170109

抵扣联

开票日期：2020年11月02日

购买方	名称：江苏雨堰股份有限公司 纳税人识别号：913204116047842554 地址、电话：江苏省常州市新北工业园区1008号 0519-88528852 开户行及账号：中国建设银行常州市新北区支行 41622124827545	密码区	07*3187<4/+6261<+95-59+7<543 6275<0—>>-6>525<315270->7*7 87*3187<4/+8490<+89269999278 6+<712/<1+9016>1292++>84>515

货物或应税劳务、服务名称	规格型号	单位	数量	单价	金额	税率	税额
HP电脑			10	5400	54000.00	13%	7020.00
合计					¥54000.00		¥7020.00
价税合计（大写）	⊗陆万壹仟零贰拾元整				（小写）¥61020.00		

销售方	名称：常州HP电脑销售有限公司 纳税人识别号：913204041325664237 地址、电话：江苏省常州市钟楼区孙武街李志路30号 0519-24885713 开户行及账号：中国建设银行常州市钟楼区支行 41622124213823	备注	常州HP电脑销售有限公司 913204041325664237 发票专用章

收款人： 复核： 开票人：肖肃 销售方：（章）

第二联：抵扣联 购买方扣税凭证

税总函【XXXX】XXX号 XXXXXXXX公司

表 2-8-2

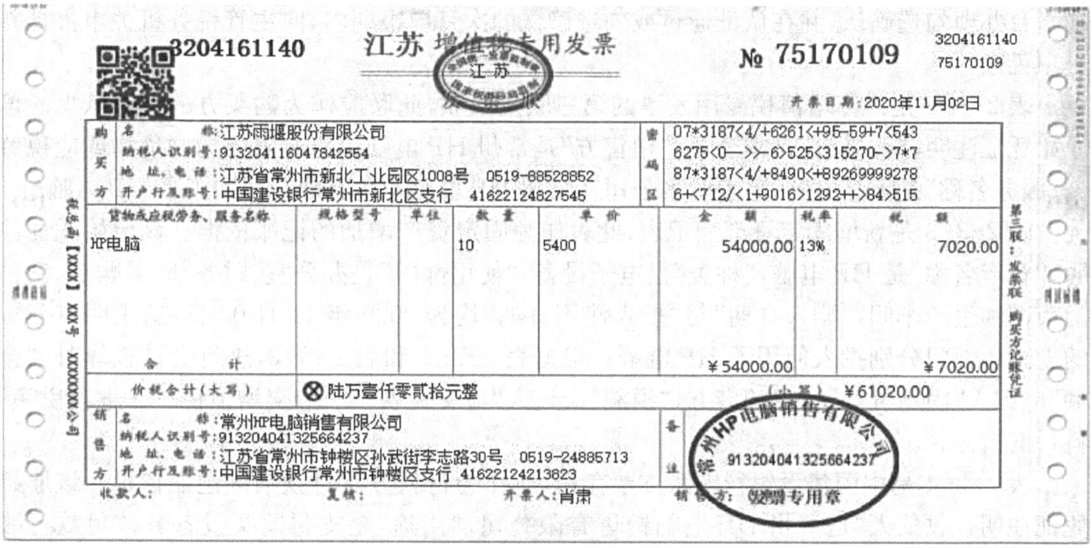

3204161140 江苏增值税专用发票 № 75170109

3204161140
75170109

开票日期：2020年11月02日

购买方	名称：江苏雨堰股份有限公司 纳税人识别号：913204116047842554 地址、电话：江苏省常州市新北工业园区1008号 0519-88528852 开户行及账号：中国建设银行常州市新北区支行 41622124827545	密码区	07*3187<4/+6261<+95-59+7<543 6275<0—>>-6>525<315270->7*7 87*3187<4/+8490<+89269999278 6+<712/<1+9016>1292++>84>515

货物或应税劳务、服务名称	规格型号	单位	数量	单价	金额	税率	税额
HP电脑			10	5400	54000.00	13%	7020.00
合计					¥54000.00		¥7020.00
价税合计（大写）	⊗陆万壹仟零贰拾元整				（小写）¥61020.00		

销售方	名称：常州HP电脑销售有限公司 纳税人识别号：913204041325664237 地址、电话：江苏省常州市钟楼区孙武街李志路30号 0519-24885713 开户行及账号：中国建设银行常州市钟楼区支行 41622124213823	备注	常州HP电脑销售有限公司 913204041325664237 发票专用章

收款人： 复核： 开票人：肖肃 销售方：（章）

第三联：发票联 购买方记账凭证

税总函【XXXX】XXX号 XXXXXXXX公司

表 2-8-3 新增固定资产登记表

2020 年 11 月 02 日

资产名称	种类	单位	数量	购入日期	投入使用日期	使用部门
HP 电脑	电子设备	台	2	2020-11-02	2020-11-02	办公室
HP 电脑	电子设备	台	2	2020-11-02	2020-11-02	财务部
HP 电脑	电子设备	台	2	2020-11-02	2020-11-02	采购部
HP 电脑	电子设备	台	2	2020-11-02	2020-11-02	销售门市部
HP 电脑	电子设备	台	2	2020-11-02	2020-11-02	生产车间

制表：朱胜利 审核：王颖宏

表 2-8-4

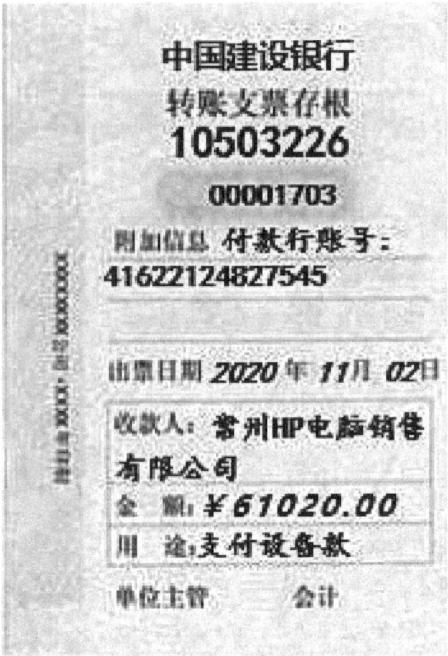
中国建设银行
转账支票存根
10503226
00001703
附加信息 付款行账号：
41622124827545
出票日期 2020 年 11 月 02 日
收款人：常州HP电脑销售有限公司
金　额：¥61020.00
用　途：支付设备款
单位主管　　会计

表 2-8-1 是江苏增值税专用发票的第二联抵扣联，此联应作为购买方抵扣进项税额的依据。该抵扣联不能作为记账凭证的附件，专门用于在规定期限内到税务机关办理认证或在平台办理勾选确认，并在认证通过或勾选确认的次月申报期内，向主管税务机关申报抵扣进项税额。

表 2-8-2 是江苏增值税专用发票的第三联发票联，此联应作为购买方的记账依据。该原始凭证注明，“购买方”是本公司，“销售方”是常州 HP 电脑销售有限公司，“货物或应税劳务、服务名称”是 HP 电脑，这表明本公司从常州 HP 电脑销售有限公司购买了 HP 电脑。

表 2-8-3 是新增固定资产登记表，此表作为固定资产增加的记账依据。该原始凭证注明，“资产名称”是 HP 电脑，“种类”是电子设备，“使用部门”是办公室、财务部、采购部、销售门市部和生产车间，“购入日期”与“投入使用日期”均为 2020 年 11 月 02 日，这表明本公司的上述各部门分别投入使用了 HP 电脑。根据表 2-8-2 和表 2-8-3，进行会计核算时，“金额”应记入“固定资产”科目的借方，“税额”应记入“应交税费——应交增值税——进项税额”科目的借方。

表 2-8-4 是中国建设银行转账支票存根，应作为付款方支付款项的记账依据。该原始凭证注明，“收款人”是常州 HP 电脑销售有限公司，“用途”是支付购买设备款，“付款行账号”为 41622124827545，这表明本公司已将款项从账号为 41622124827545 的基本户转出。进行会计核算时，应记入“银行存款——建行(41622124827545)”科目的贷方。

因此，该笔业务在 T+系统中的操作流程如下：

(1) 以 02 会计朱胜利的身份登录。“资产管理”→“业务处理”，单击“新增资产”，点击“电子设备”，进入“资产卡片录入”界面。

(2) 单击“新增”按钮，输入数据。卡片日期“2020-11-02”，资产编码“01-05-0001”，资产名称“HP 电脑”，资产分类编码“05”，资产分类名称“电子设备”，资产属性“固定资产”，数量“10”，计量单位“台”，使用状况“在用”，点击“多部门使用”前面的复选框，点击“使用部门”旁边的输入按钮，弹出“使用部门明细”对话框，分别输入“部门”和“比例”“办公室、0.2；财务部、0.2；采购部、0.2；销售门市部、0.2；生产车间、0.2”，单击“确定”按钮，如图 2-15 所示。增加方式“购入”，入账日期“2020-11-02”，入账期间“2020.11”，预计使用年限“3”，原值“54 000”，税率“13%”，进项税额“7 020”，净值“54 000”，预计净残值率“4”，预计净残值“2 160”，折旧方法“年限平均法”。单击“保存”按钮，如图 2-16 所示。

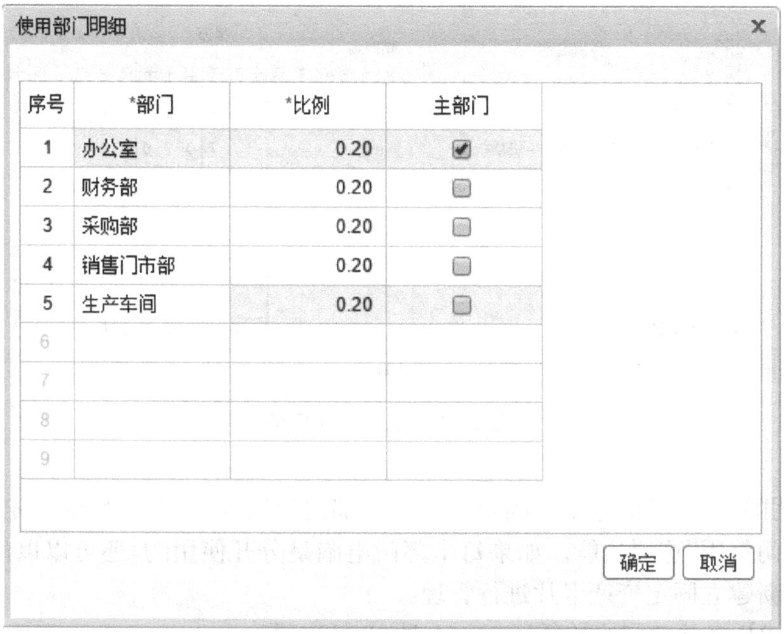

图 2-15　固定资产使用部门明细设置界面

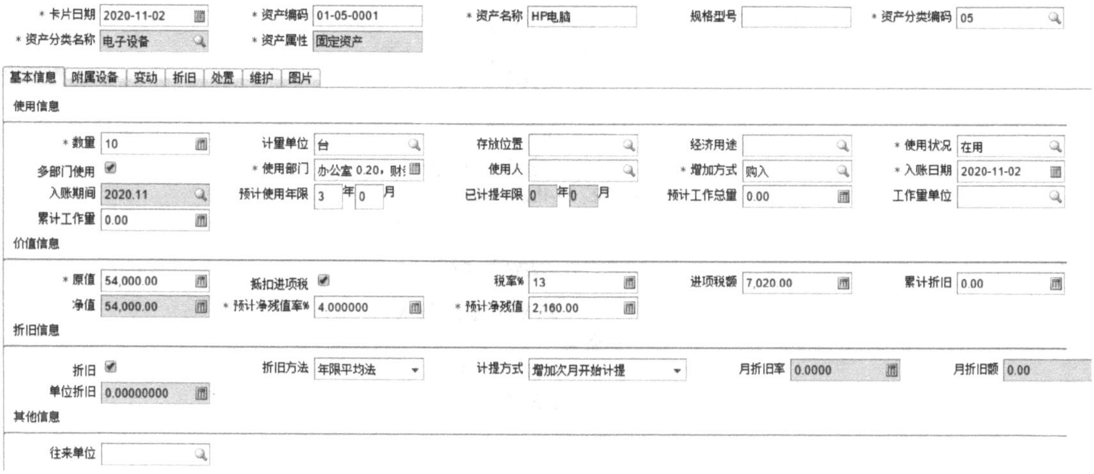

图 2-16　固定资产卡片完成后界面

(3)“总账”→“日常业务”，点击“单据生凭证”，进入“单据生成凭证”界面。选择“资产卡片”前面的复选框，点击“下一步”按钮，再点击“下一步”按钮，点击“生成凭证”按钮，生成记账凭证。输入附单据数“3”，摘要改为“购入 HP 电脑”。

(4) 单击"保存"按钮,如图 2-17 所示。

已生成

记账凭证

* 凭证类别 记账凭证　　* 凭证编号 0008　　* 制单日期 2020-11-02　　附单据数 3

明细 | 汇总

序号	*摘要	*科目名称	辅助项	借方											贷方										
				亿	千	百	十	万	千	百	十	元	角	分	亿	千	百	十	万	千	百	十	元	角	分
1	购入HP电脑	固定资产						5	4	0	0	0	0	0											
2	购入HP电脑	应交税费——应交增值税——进项税额							7	0	2	0	0	0											
3	购入HP电脑	银行存款——建行(41622124827545)																	6	1	0	2	0	0	0
4																									
5																									
6																									
合计	大写合计	陆万壹仟零贰拾元整						6	1	0	2	0	0	0					6	1	0	2	0	0	0

记账人　　审核人　　出纳　　* 制单人 朱胜利

图 2-17　记账凭证界面

需要说明的是,该笔业务中的固定资产是多部门使用,所以在新增的固定资产卡片中,使用了"多部门使用"这项功能。如果每个部门电脑是分开使用的,还可以以使用部门为单一部门,分别新建立固定资产卡片进行管理。

【业务 2-9】 (共 3 张原始凭证,于 11 月 03 日取得)

表 2-9-1

中国建设银行
转账支票存根
10503226
00001711
附加信息 付款行账号:
41622124827545

出票日期 2020 年 11 月 03 日
收款人: 江苏雨堰股份有限公司
金　额: ¥819250.00
用　途: 支付承兑保证金
单位主管　　会计

表 2-9-1 是中国建设银行转账支票存根,应作为付款方支付款项的记账依据。该原始凭证注明,"收款人"是本公司,"用途"是支付承兑保证金,"付款行账号"为 41622124827545,这表明本公司已将款项从账号为 41622124827545 的基本户转出。

表 2-9-2

中国建设银行 (回单) **1**

2020 年 11月 03日

出票人	全　称	江苏雨堰股份有限公司	收款人	全　称	江苏雨堰股份有限公司
	账　号	41622124827545		账　号	41654279860084
	开户银行	中国建设银行常州市新北区支行		开户银行	中国建设银行常州市新北区支行
金额	人民币（大写）捌拾壹万玖仟贰佰伍拾元整			亿千百十万千百十元角分	¥81925000
票据种类	转账支票	票据张数	1		
票据号码	105032260001711				
	复核　记账			开户银行签章	

中国建设银行 常州市新北区支行 2020-11-03 转讫 (01)

此联是开户银行交给持(出)票人的回单

表 2-9-3

中国建设银行 (收账通知) **3**

2020 年 11月 03日

出票人	全　称	江苏雨堰股份有限公司	收款人	全　称	江苏雨堰股份有限公司
	账　号	41622124827545		账　号	41654279860084
	开户银行	中国建设银行常州市新北区支行		开户银行	中国建设银行常州市新北区支行
金额	人民币（大写）捌拾壹万玖仟贰佰伍拾元整			亿千百十万千百十元角分	¥81925000
票据种类	转账支票	票据张数	1		
票据号码	105032260001711				
	复核　记账			开户银行签章	

中国建设银行 常州市新北区支行 2020-11-03 转讫 (01)

此联是收款人开户银行交给收款人的收账通知

表 2-9-2 是中国建设银行进账单的回单联，此联也应作为付款方支付款项的记账依据。该原始凭证注明，“出票人”和“收款人”均为本公司，“出票人账号”为 41622124827545，这表明本公司已将款项从账号为 41622124827545 的基本户划出。根据表 2-9-1 和表 2-9-2，进行会计核算时，应记入“银行存款——建行(41622124827545)”科目的贷方。

表 2-9-3 是中国建设银行进账单的收款通知联，此联应作为收款人收到款项的记账依据。该原始凭证注明，“出票人”和“收款人”均为本公司，“收款人账号”为 41654279860084，这表明本公司账号为 41654279860084 的银行承兑保证金户上已收到从账户为 41622124827545 的基本户上划转的款项。进行会计核算时，应记入“其他货币资金——承兑保证金(建行 41654279860084)”科目的借方。

因此，该笔业务在 T+系统中的操作流程如下：

(1) 以 02 会计朱胜利的身份登录。“总账”→“日常业务”，单击“填制凭证”，打开记账

凭证编制界面。

(2) 单击“新增”按钮,输入数据。凭证类别“记账凭证”,凭证编号“0009”,制单日期“2020-11-03”,附单据数“3”。

(3) 输入摘要“申请银行承兑汇票”。

(4) 新增并输入借方科目名称“其他货币资金——承兑保证金(建行41654279860084)”,输入借方金额“819 250.00”。

(5) 输入贷方科目名称“银行存款——建行(41622124827545)”,输入贷方金额“819 250.00”。

(6) 单击“保存”按钮,如图 2-18 所示。

已分配

记账凭证

*凭证类别 记账凭证　　*凭证编号 0009　　*制单日期 2020-11-03　　附单据数 3

明细　汇总

序号	*摘要	*科目名称	辅助项	借方											贷方										
				亿	千	百	十	万	千	百	十	元	角	分	亿	千	百	十	万	千	百	十	元	角	分
1	申请银行承兑汇票	其他货币资金——承兑保证金(建行41654279860084)					8	1	9	2	5	0	0	0											
2	申请银行承兑汇票	银行存款——建行(41622124827545)																8	1	9	2	5	0	0	0
3																									
4																									
5																									
6																									
合计	大写合计	捌拾壹万玖仟贰佰伍拾元整					8	1	9	2	5	0	0	0				8	1	9	2	5	0	0	0

记账人　　审核人　　出纳　　*制单人 朱胜利

图 2-18　记账凭证界面

【业务 2-10】(共 4 张原始凭证,于 11 月 03 日取得)

表 2-10-1

3202161140　江苏增值税专用发票　№ 11796542　3202161140 11796542

抵扣联

开票日期:2020年11月03日

购买方	名称:江苏雨堰股份有限公司 纳税人识别号:913204116047842554 地址、电话:江苏省常州市新北工业园区1008号 0519-68528852 开户行及账号:中国建设银行常州市新北区支行 41622124827545				密码区	30*3187<4/+9700<+95-59+7<500 5552<0—>>-6>525<090674->7*7 87*3187<4/+8490<+19588992836 7+<712/<1+9016>3743++>84>283	
货物或应税劳务、服务名称	规格型号	单位	数量	单价	金额	税率	税额
甲		千克	15000	15.00	225000.00	13%	29250.00
乙		千克	25000	20.00	500000.00	13%	65000.00
合计					¥725000.00		¥94250.00
价税合计(大写)	⊗捌拾壹万玖仟贰佰伍拾元整				(小写) ¥819250.00		
销售方	名称:江苏芜霖股份有限公司 纳税人识别号:913202034315028996 地址、电话:江苏省无锡市南长区岳剑街孙岩路05号 0510-69705637 开户行及账号:中国建设银行无锡市南长区支行 41622124527607				备注	江苏芜霖股份有限公司 913202034315028996 发票专用章	

收款人:　　复核:　　开票人:周建中　　销售方:

第二联:抵扣联　购买方扣税凭证

税总函【XXXX】XXX号 XXXXXXXX公司

表 2-10-2

3202161140　　江苏增值税专用发票　　№ 11796542　　3202161140　11796542

开票日期:2020年11月03日

购买方	名　　称:江苏雨堰股份有限公司 纳税人识别号:913204116047842554 地址、电话:江苏省常州市新北工业园区1008号　0519-88528852 开户行及账号:中国建设银行常州市新北区支行　41622124827545	密码区	30*3187<4/+9700<+95-59+7<500 5552<0—>>-6>525<090674->7*7 87*3187<4/+8490<+19588992836 7+<712/<1+9016>3743++>84>283

货物或应税劳务、服务名称	规格型号	单位	数量	单价	金额	税率	税额
甲		千克	15000	15.00	225000.00	13%	29250.00
乙		千克	25000	20.00	500000.00	13%	65000.00
合　计					¥725000.00		¥94250.00
价税合计(大写)	⊗捌拾壹万玖仟贰佰伍拾元整				(小写) ¥819250.00		

销售方	名　　称:江苏芜霖股份有限公司 纳税人识别号:913202034315028996 地址、电话:江苏省无锡市南长区岳剑街孙岩路05号　0510-69705637 开户行及账号:中国建设银行无锡市南长区支行　41622124527607	备注	江苏芜霖股份有限公司 913202034315028996 发票专用章

收款人:　　复核:　　开票人:周建中　　销售方:(章)

第三联:发票联　购买方记账凭证

表 2-10-3

收　料　单

供应单位:江苏芜霖股份有限公司　　2020 年 11 月 03 日　　编号 SL067

材料编号	名　称	单位	规　格	数　量		实际成本			
				应　收	实　收	单　价	发票价格	运杂费	总价
	甲	千克		15 000	15 000				
	乙	千克		25 000	25 000				
备注:									

第二联　记账联

收料人:曹国建　　　　交料人:康振国

表 2-10-4

银行承兑汇票(存根)　　3　　10503251　75494404

出票日期(大写)　贰零贰零　年　壹拾壹月　零叁　日

出票人全称	江苏雨堰股份有限公司	收款人	全　称	江苏芜霖股份有限公司
出票人账号	41622124827545		账　号	41622124527607
付款行名称	中国建设银行常州市新北区支行		开户银行	中国建设银行无锡市南长区支行
出票金额	人民币(大写)　捌拾壹万玖仟贰佰伍拾元整		亿千百十万千百十元角分	¥ 8 1 9 2 5 0 0 0
汇票到期日(大写)	贰零贰壹年零贰月零叁日	付款行	行号	105005411334
承兑协议编号	YHCD0752		地址	江苏省常州市新北区彭怀街孟立路29号
		备注:	密押	复核　　经办

此联由出票人存查

表 2-10-1 是江苏增值税专用发票的第二联抵扣联,此联应作为购买方抵扣进项税额的依据。该抵扣联不能作为记账凭证的附件,专门用于在规定期限内到税务机关办理认证或在平台办理勾选确认,并在认证通过或勾选确认的次月申报期内,向主管税务机关申报抵扣进项税额。

表 2-10-2 是江苏增值税专用发票的第三联发票联,此联应作为购买方的记账依据。该原始凭证注明,“购买方”是本公司,“销售方”是江苏芜霖股份有限公司,“货物或应税劳务、服务名称”是甲和乙,这表明本公司从江苏芜霖股份有限公司购买了原材料甲和乙。

表 2-10-3 是收料单的第二联记账联,此联应作为收到材料的记账依据。该原始凭证注明,“供应单位”是江苏芜霖股份有限公司,“名称”是甲和乙,“数量”分别为 15 000 千克和 25 000 千克,这表明本公司向江苏芜霖股份有限公司购买的原材料甲和乙已经全部验收入库。根据表 2-10-2 和表 2-10-3,进行会计核算时,“金额”应分别记入“原材料——甲”和“原材料——乙”科目的借方,“税额”应记入“应交税费——应交增值税——进项税额”科目的借方。

表 2-10-4 是银行承兑汇票存根联,此联应作为付款方结算货款的记账依据。该原始凭证的内容表明,“出票人全称”是本公司,“收款人”是江苏芜霖股份有限公司,“出票日期”是贰零贰零年壹拾壹月零叁日,“汇票到期日”是贰零贰壹年零贰月零叁日,“出票金额”是 819 250 元,这表明本公司开出了一张期限为 3 个月、金额为 819 250 元的银行承兑汇票用于支付货款。进行会计核算时,应记入“应付票据——江苏芜霖股份有限公司”科目的贷方。

因此,该笔业务在 T+系统中的操作流程如下:

(1) 以 02 会计朱胜利的身份登录。“总账”→“日常业务”,单击“填制凭证”,打开“记账凭证”编制界面。

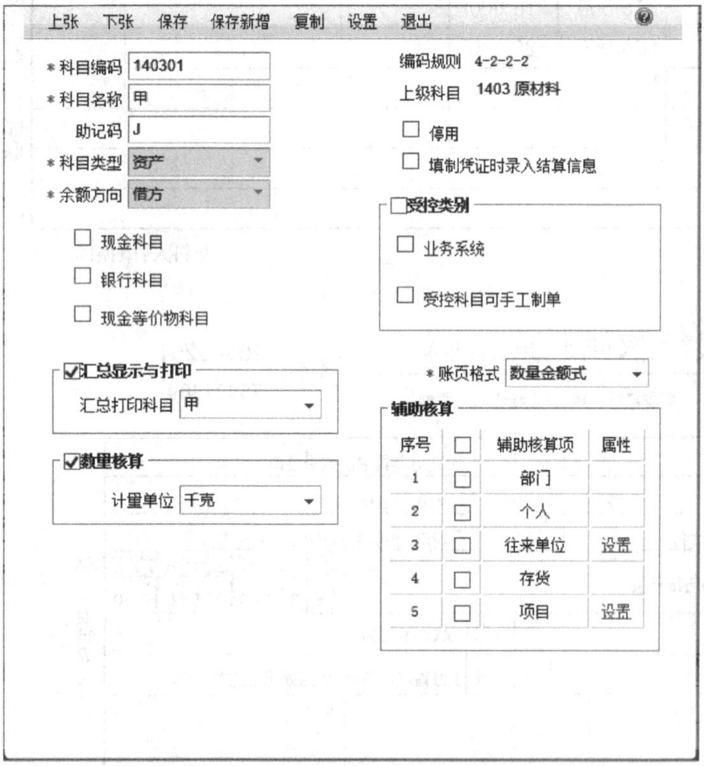

图 2-19 新增会计科目界面

(2) 单击“新增”按钮,输入数据。凭证类别“记账凭证”,凭证编号“0010”,制单日期“2020-11-03”,附单据数“3”。

(3) 输入摘要“购买材料并验收入库”。

(4) 新增会计科目“原材料——甲”,如图 2-19 所示。输入借方科目名称“原材料——甲”,输入数量“15 000.00”,单价“15.00”,金额“225 000.00”。新增借方科目“原材料——乙”,如图 2-20 所示。输入借方科目名称“原材料——乙”,输入数量“25 000.00”,单价“20.00”,金额“500 000.00”。

(5) 输入借方科目名称

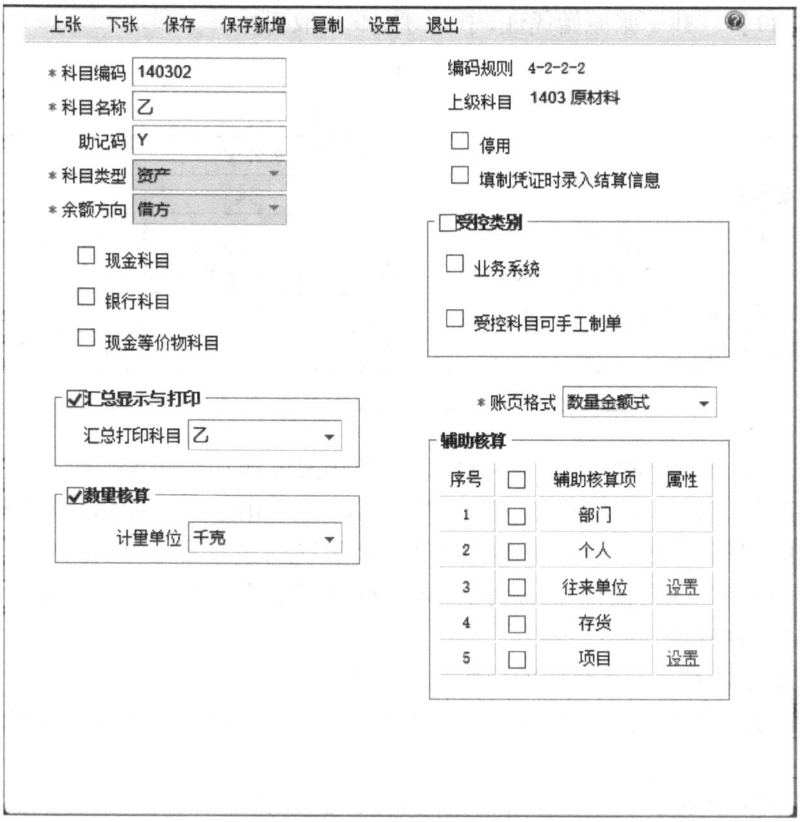

图 2-20　新增会计科目界面

“应交税费——应交增值税——进项税额”，输入借方金额“94 250.00”。

(6) 新增并输入贷方科目名称“应付票据——江苏芜霖股份有限公司”，输入贷方金额“819 250.00”。

(7) 单击“保存”按钮，如图 2-21 所示。

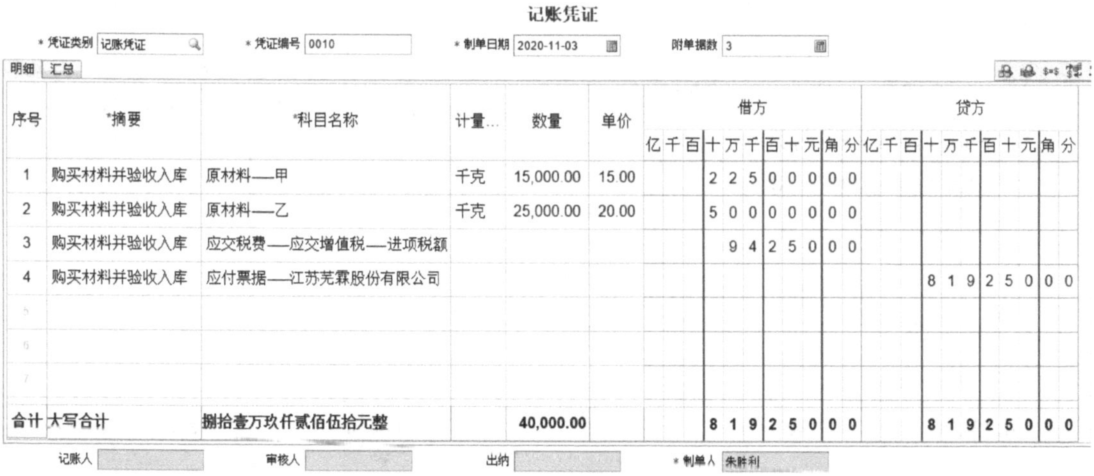

记账凭证

*凭证类别 记账凭证　*凭证编号 0010　*制单日期 2020-11-03　附单据数 3

明细　汇总

序号	*摘要	*科目名称	计量...	数量	单价	借方	贷方
1	购买材料并验收入库	原材料——甲	千克	15,000.00	15.00	22500000	
2	购买材料并验收入库	原材料——乙	千克	25,000.00	20.00	50000000	
3	购买材料并验收入库	应交税费——应交增值税——进项税额				9425000	
4	购买材料并验收入库	应付票据——江苏芜霖股份有限公司					81925000
5							
6							
7							
合计	大写合计	捌拾壹万玖仟贰佰伍拾元整		40,000.00		81925000	81925000

记账人　审核人　出纳　*制单人 朱胜利

图 2-21　记账凭证界面

【业务 2-11】（共 1 张原始凭证，于 11 月 09 日取得）

表 2-11-1

借　款　单

2020 年 11 月 09 日　　　　No 02856

借款人：李杰	所属部门：办公室
借款用途：出差借款	
借款金额：人民币（大写）贰仟元整	¥2 000.00
部门负责人审批：同意李逢仲 2020-11-09	借款人（签章）：李杰 2020-11-09
财务部门审核：同意王颖宏 2020-11-09	
单位负责人批示：同意	签字：闫瑞 2020-11-09
核销记录：	

现金付讫

第一联付款联（付款人记账）

表 2-11-1 是借款单的第一联付款联，此联应作为付款方支付款项的记账依据。该原始凭证注明，“借款人”是李杰，“所属部门”是办公室，“借款用途”是出差借款，这表明本公司职工李杰预借了差旅费。进行会计核算时，“借款金额”应记入“其他应收款——李杰”科目的借方；同时，该原始凭证上盖有“现金付讫”章，表明该借款公司已经用现金支付，进行会计核算时，应记入“库存现金”科目的贷方。

因此，该笔业务在 T+系统中的操作流程如下：

(1) 以 02 会计朱胜利的身份登录。“总账”→“日常业务”，单击“填制凭证”，打开“记账凭证编制”界面。

(2) 单击“新增”按钮，输入数据。凭证类别“记账凭证”，凭证编号“0011”，制单日期“2020-11-09”，附单据数“1”。

(3) 输入摘要“职工李杰预借差旅费”。

(4) 新增并输入借方科目名称“其他应收款——李杰”，输入借方金额“2 000.00”。

(5) 输入贷方科目名称“库存现金”，输入贷方金额“2 000.00”。

(6) 单击“保存”按钮，如图 2-22 所示。

记账凭证

* 凭证类别 记账凭证　　* 凭证编号 0011　　* 制单日期 2020-11-09　　附单据数 1

明细　汇总

序号	*摘要	*科目名称	借方											贷方										
			亿	千	百	十	万	千	百	十	元	角	分	亿	千	百	十	万	千	百	十	元	角	分
1	职工李杰预借差旅费	其他应收款—李杰						2	0	0	0	0	0											
2	职工李杰预借差旅费	库存现金																	2	0	0	0	0	0
3																								
4																								
5																								
6																								
7																								
合计	大写合计	贰仟元整						2	0	0	0	0	0						2	0	0	0	0	0

记账人　　审核人　　出纳　　* 制单人 朱胜利

图 2-22　记账凭证界面

【业务 2-12】（共 2 张原始凭证，于 11 月 10 日取得）

表 2-12-1

中国建设银行客户专用回单

币别：人民币　　　　2020 年 11 月 10 日　　　　流水号 320420027J0500810095

付款人	全称	江苏雨堰股份有限公司	收款人	全称	江苏省电力股份有限公司常州市分公司
	账号	41622124827545		账号	41247650539251
	开户行	中国建设银行常州市新北区支行		开户行	中国建设银行江苏省常州市新北区支行
金额		（大写）人民币伍仟元整			（小写）¥5000.00
凭证种类		网银	凭证号码		
结算方式		转账	用途		预付电费
			打印柜员：320425584257 打印机构：中国建设银行常州市新北区支行 打印卡号：41622124827545		

第一联借方（回单）

打印时间：2020-11-10　　交易柜员：320425584268　　交易机构：320410500541133463

表 2-12-2

供电公司收款凭证

收款日期：2020-11-10 09:41:58

用电总户号	32042088226
用电户名	江苏雨堰股份有限公司
用电地址	江苏省常州市新北工业[illegible]
摘　要	负控购电现金
金额（大写）	伍仟元整
金额（小写）	¥5000.00

收据联

开票人：孙振敏

表 2-12-1 是中国建设银行客户专用回单的第一联借方回单，此联应作为付款方支付款项的记账依据。该原始凭证注明，“付款人”是本公司，“账号”为 41622124827545，这表明本公司已通过账号 41622124827545 的基本户支付了款项，进行会计核算时，应记入“银行存款——建行(41622124827545)”科目的贷方；同时，“收款人”是江苏省电力股份有限公司常州市分公司，“用途”是预付电费，这表明本公司向江苏省电力股份有限公司常州市分公司预付了电费。

表 2-12-2 是供电公司收款凭证的收据联，此联也应作为付款方支付款项的记账依据。该原始凭证注明，“用电户名”是本公司，“金额”为 5 000 元，这表明江苏省电力股份有限公司常州市分公司已经收到款项。根据表 2-12-1 和表 2-12-2，进行会计核算时，应记入“预付账款——供电公司”科目的借方。

因此,该笔业务在T+系统中的操作流程如下:

(1) 以02会计朱胜利的身份登录。“总账”→“日常业务”,单击“填制凭证”,打开“记账凭证编制”界面。

(2) 单击“新增”按钮,输入数据。凭证类别“记账凭证”,凭证编号“0012”,制单日期“2020-11-10”,附单据数“2”。

(3) 输入摘要“预付电费”。

(4) 新增并输入借方科目名称“预付账款——供电公司”,输入借方金额“5 000.00”。

(5) 输入贷方科目名称“银行存款——建行(41622124827545)”,输入贷方金额“5 000.00”。

(6) 单击“保存”按钮,如图2-23所示。

已分配

记账凭证

*凭证类别 记账凭证　*凭证编号 0012　*制单日期 2020-11-10　附单据数 2

明细 汇总

序号	*摘要	*科目名称	辅助项	借方											贷方										
				亿	千	百	十	万	千	百	十	元	角	分	亿	千	百	十	万	千	百	十	元	角	分
1	预付电费	预付账款——供电公司							5	0	0	0	0	0											
2	预付电费	银行存款——建行(41622124827545)																		5	0	0	0	0	0
3																									
4																									
5																									
6																									
合计	大写合计	伍仟元整							5	0	0	0	0	0						5	0	0	0	0	0

记账人　审核人 伍仟元整　出纳　*制单人 朱胜利

图2-23　记账凭证界面

【业务2-13】(共1张原始凭证,于11月12日取得)

表2-13-1

中国建设银行客户专用回单

币别:人民币　2020 年 11 月 12 日　流水号 320420027J0500810001

付款人	全称	江苏昌和股份有限公司	收款人	全称	江苏雨堰股份有限公司
	账号	41622124000123		账号	41622124827545
	开户行	中国建设银行南京市玄武区支行		开户行	中国建设银行常州市新北区支行
金额		(大写)人民币伍拾万元整		(小写) ¥500000.00	
凭证种类		网银	凭证号码		
结算方式		转账	用途	预付货款	
			打印柜员:320425584257 打印机构:中国建设银行常州市新北区支行 打印卡号:41622124827545		

第二联 贷方(回单)

(印章:中国建设银行 回单 专用章)

打印时间:2020-11-12　交易柜员:320425584268　交易机构:320459715

表 2-13-1 是中国建设银行客户专用回单的第二联贷方回单，此联应作为收款方收取款项的记账依据。该原始凭证注明，“收款人”是本公司，“账号”是 41622124827545，这表明本公司已收到款项并存入账号 41622124827545 的基本户，进行会计核算时，应记入“银行存款——建行(41622124827545)”科目的借方；同时，“付款人”是江苏昌和股份有限公司，“用途”是预付货款，这表明本公司收到江苏昌和股份有限公司预付的货款，进行会计核算时，应记入“合同负债——江苏昌和股份有限公司”科目的贷方。

因此，该笔业务在 T＋系统中的操作流程如下：

(1) 以 02 会计朱胜利的身份登录。“总账”→“日常业务”，单击“填制凭证”，打开“记账凭证编制”界面。

(2) 单击“新增”按钮，输入数据。凭证类别“记账凭证”，凭证编号“0013”，制单日期“2020-11-12”，附单据数“1”。

(3) 输入摘要“预收昌和公司货款”。

(4) 输入借方科目名称“银行存款——建行(41622124827545)”，输入借方金额“500 000.00”。

(5) 新增并输入贷方科目名称“合同负债——江苏昌和股份有限公司”，输入贷方金额“500 000.00”。

(6) 单击“保存”按钮，如图 2-24 所示。

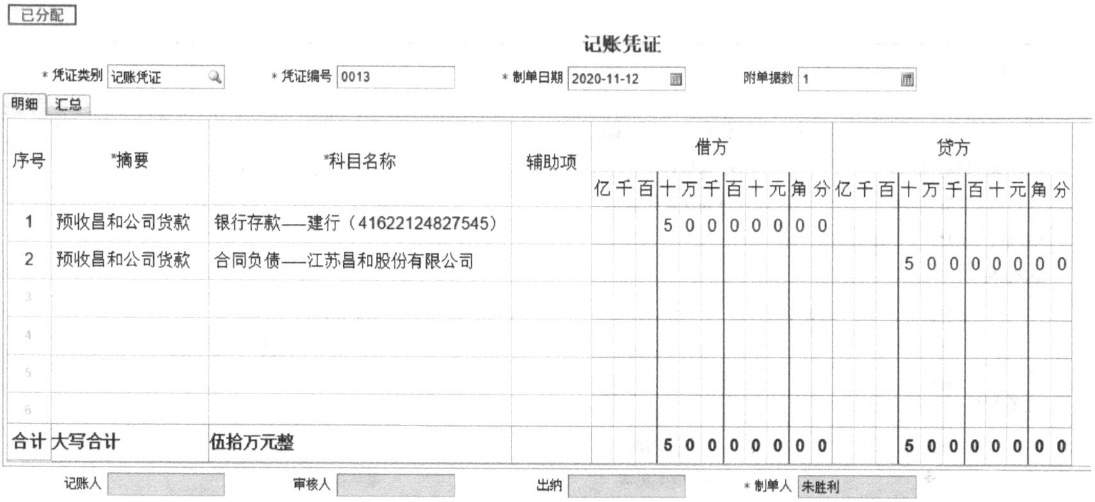

图 2-24　记账凭证界面

备注：“客户的”往来款项的核算，在 T＋系统里有两种核算方式，以上采用的是在往来科目下直接设置二级科目进行核算，下面介绍另一种核算方式，往来科目的辅助核算设置为“往来单位”进行核算，具体操作步骤如下：

(1) “基础设置”→“基础信息”，点击“往来单位”，进入“往来单位设置”界面。

(2) 单击“增加分类”按钮，打开“往来单位分类”对话框，输入数据。分类编码“01”，分类名称“客户”，单击“保存”按钮，如图 2-25 所示。

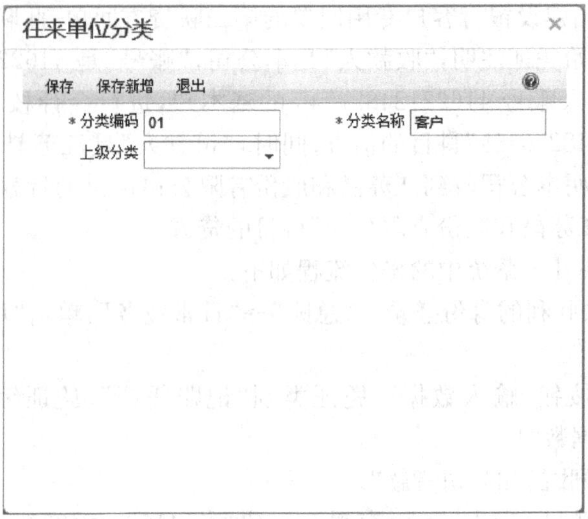

图 2-25　设置往来单位分类界面

(3) 单击“新增”按钮,进入“往来单位”新增界面,输入数据。往来单位编码“0101”,往来单位名称“江苏昌和股份有限公司”,性质“客户”,所属类别“客户”,单击“保存”按钮,如图 2-26 所示。在此对话框中还可以输入往来单位的其他信息,如法人代表、开户银行、账号、纳税号和客户地址电话等信息。

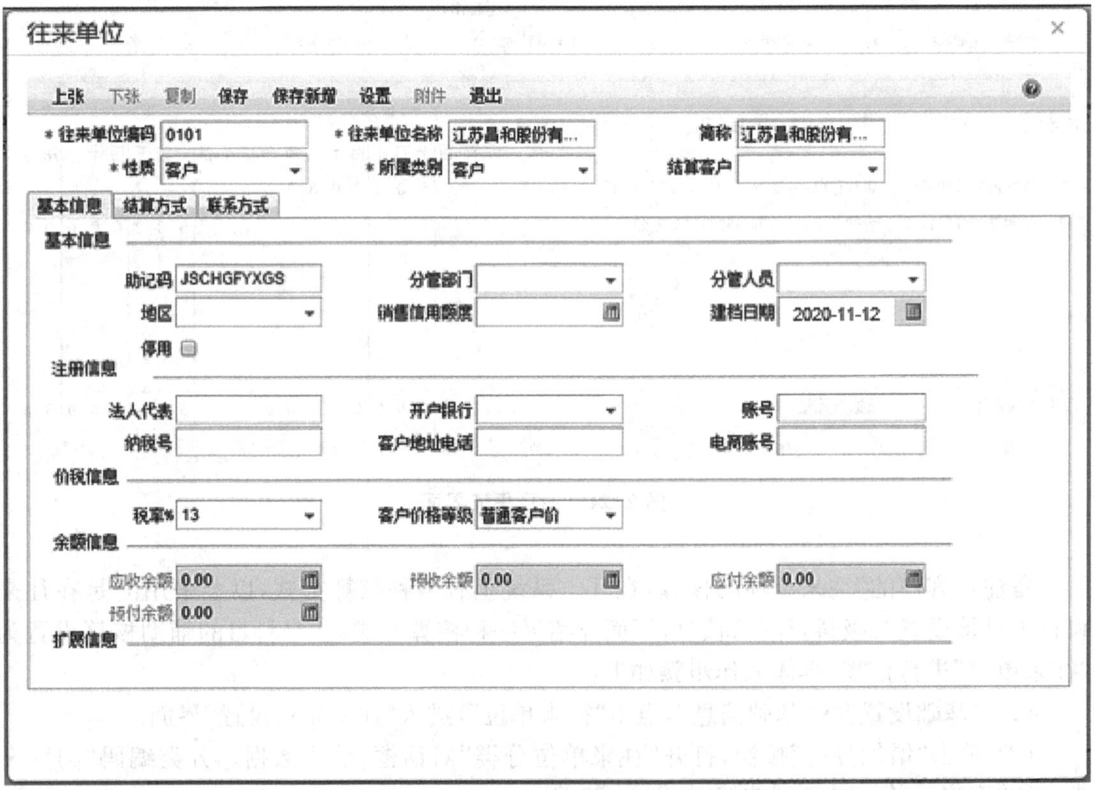

图 2-26　往来单位档案设置完成后界面

(4)“基础设置”→“财务信息”，点击“科目”，进入“科目设置”界面。选中“合同负债”科目，单击“修改”按钮，打开“修改”对话框，选中“往来单位”前面的复选框，单击“保存”按钮，如图 2-27 所示。

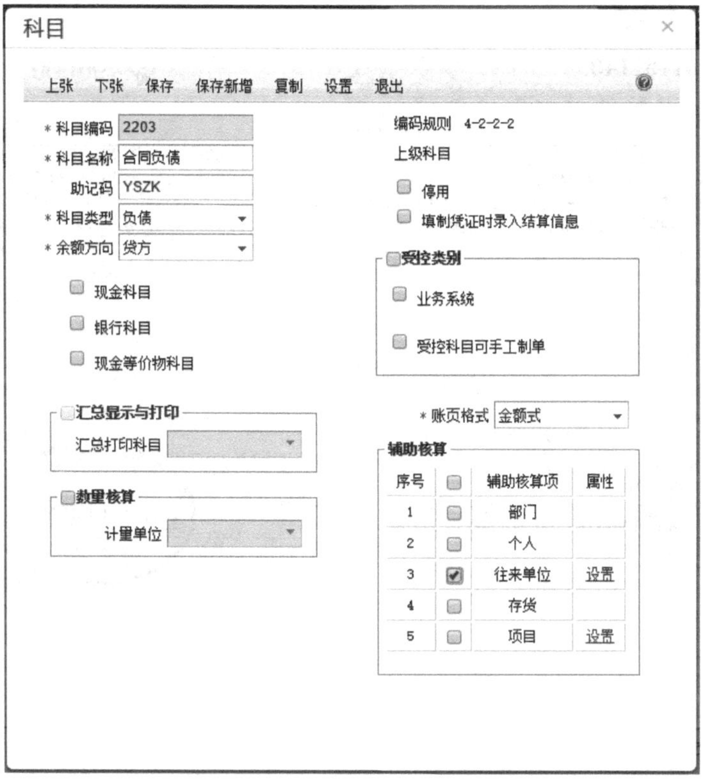

图 2-27　修改会计科目界面

(5) 上述业务在输入贷方科目名称“合同负债”后，会弹出“辅助信息”对话框，在对话框中输入数据。往来单位“江苏昌和股份有限公司”，方向“贷方”，金额“500 000.00”，单击“确定”按钮，如图 2-28 所示。

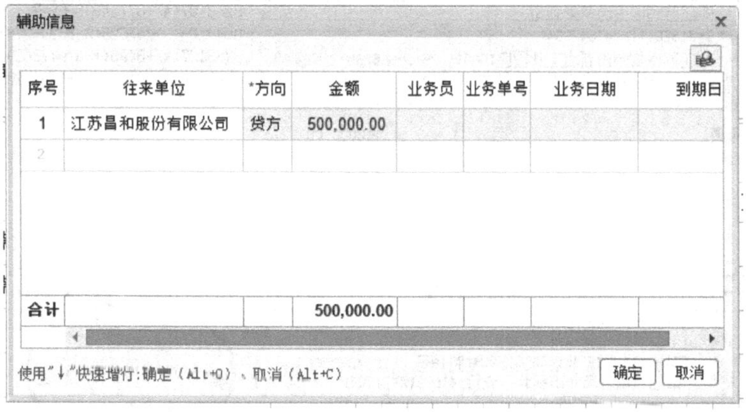

图 2-28　往来单位辅助信息录入界面

(6) 其他操作步骤与前一种核算方式相同。

【业务 2-14】（共 3 张原始凭证，于 11 月 15 日取得）

表 2-14-1

3204151140　　江苏增值税专用发票　　№ 49600072　　3204151140 49600072

（全国统一发票监制章 江苏 国家税务总局监制）

抵扣联

开票日期：2020年11月15日

购买方	名称：江苏雨堰股份有限公司 纳税人识别号：913204116047842554 地址、电话：江苏省常州市新北工业园区1008号 0519-88528852 开户行及账号：中国建设银行常州市新北区支行 41622124827545	密码区：82*3187<4/+8774<+95-59+7<134 0549<0—>>-6>525<238334->7*7 87*3187<4/+8490<+26797736233 4+<712/<1+9016>0918+>84>250

货物或应税劳务、服务名称	规格型号	单位	数量	单价	金额	税率	税额
电视广告发布费		笔	1	12000.00	12000.00	6%	720.00
合计					¥12000.00		¥720.00
价税合计（大写）	⊗壹万贰仟柒佰贰拾元整				（小写）¥12720.00		

销售方	名称：宣广传媒服务有限公司 纳税人识别号：913204118450664871 地址、电话：江苏省常州市新北区张涛街刘崇路18号 0519-48583667 开户行及账号：中国建设银行常州市新北区支行 41622124712649	备注：（宣广传媒服务有限公司 913204118450664871 发票专用章）

收款人：　　复核：　　开票人：陈静　　销售方：（章）

第二联：抵扣联　购买方扣税凭证

税总函【XXXX】XXX号 XXXXXXXX公司

表 2-14-2

3204151140　　江苏增值税专用发票　　№ 49600072　　3204151140 49600072

（全国统一发票监制章 江苏 国家税务总局监制）

发票联

开票日期：2020年11月15日

购买方	名称：江苏雨堰股份有限公司 纳税人识别号：913204116047842554 地址、电话：江苏省常州市新北工业园区1008号 0519-88528852 开户行及账号：中国建设银行常州市新北区支行 41622124827545	密码区：82*3187<4/+8774<+95-59+7<134 0549<0—>>-6>525<238334->7*7 87*3187<4/+8490<+26797736233 4+<712/<1+9016>0918+>84>250

货物或应税劳务、服务名称	规格型号	单位	数量	单价	金额	税率	税额
电视广告发布费		笔	1	12000.00	12000.00	6%	720.00
合计					¥12000.00		¥720.00
价税合计（大写）	⊗壹万贰仟柒佰贰拾元整				（小写）¥12720.00		

销售方	名称：宣广传媒服务有限公司 纳税人识别号：913204118450664871 地址、电话：江苏省常州市新北区张涛街刘崇路18号 0519-48583667 开户行及账号：中国建设银行常州市新北区支行 41622124712649	备注：（宣广传媒服务有限公司 913204118450664871 发票专用章）

收款人：　　复核：　　开票人：陈静　　销售方：（章）

第三联：发票联　购买方记账凭证

税总函【XXXX】XXX号 XXXXXXXX公司

表 2-14-3

中国建设银行客户专用回单

币别：人民币　　2020 年 11 月 15 日　　流水号 320420027J0500810059

付款人	全称	江苏雨堰股份有限公司	收款人	全称	宣广传媒服务有限公司
	账号	41622124827545		账号	41622124712649
	开户行	中国建设银行常州市新北区支行		开户行	中国建设银行常州市新北区支行
金额		（大写）人民币壹万贰仟柒佰贰拾元整		（小写）￥12720.00	
凭证种类		网银	凭证号码		
结算方式		转账	用途		广告宣传费
			打印柜员：320425584257 打印机构：中国建设银行常州市新北区支行 打印卡号：41622124827545		

中国建设银行 专用章

第一联借方（回单）

打印时间：2020-11-15　　交易柜员：320425584268　　交易机构：320410551

表 2-14-1 是江苏增值税专用发票的第二联抵扣联，此联应作为购买方抵扣进项税额的依据。该抵扣联不能作为记账凭证的附件，专门用于在规定期限内到税务机关办理认证或在平台办理勾选确认，并在认证通过或勾选确认的次月申报期内，向主管税务机关申报抵扣进项税额。

表 2-14-2 是江苏增值税专用发票的第三联发票联，此联应作为购买方的记账依据。该原始凭证注明，“购买方”是本公司，“销售方”是宣广传媒服务有限公司，“货物或应税劳务、服务名称”是电视广告发布费，这表明本公司通过宣广传媒服务有限公司发布了电视广告。进行会计核算时，“金额”应记入“销售费用——广告费”科目的借方，“税额”应记入“应交税费——应交增值税——进项税额”科目的借方。

表 2-14-3 是中国建设银行客户专用回单的第一联借方回单，此联应作为付款方支付款项的记账依据。该原始凭证注明，“付款人”是本公司，“账号”为 41622124827545，这表明本公司已通过账号 41622124827545 的基本户支付了款项，进行会计核算时，应记入“银行存款——建行(41622124827545)”科目的贷方。

因此，该笔业务在 T+系统中的操作流程如下：

(1) 以 02 会计朱胜利的身份登录。“总账”→“日常业务”，单击“填制凭证”，打开“记账凭证编制”界面。

(2) 单击“新增”按钮，输入数据。凭证类别“记账凭证”，凭证编号“0014”，制单日期“2020-11-15”，附单据数“2”。

(3) 输入摘要“支付广告费”。

(4) 新增并输入借方科目名称“销售费用——广告费”，输入借方金额“12 000.00”。输入借方科目名称“应交税费——应交增值税——进项税额”，输入借方金额“720.00”。

(5) 输入贷方科目名称“银行存款——建行(41622124827545)”，输入贷方金额“12 720.00”。

(6) 单击“保存”按钮，如图 2-29 所示。

记账凭证

* 凭证类别 记账凭证　　* 凭证编号 0014　　* 制单日期 2020-11-15　　附单据数 2

明细　汇总

序号	*摘要	*科目名称	辅助项	借方	贷方
1	支付广告费	销售费用—广告费		1200000	
2	支付广告费	应交税费—应交增值税—进项税额		72000	
3	支付广告费	银行存款—建行（41622124827545）			1272000
4					
5					
6					
7					
合计	大写合计	壹万贰仟柒佰贰拾元整		1272000	1272000

记账人　　审核人　　出纳　　* 制单人 朱胜利

图 2-29　记账凭证界面

【业务 2-15】（共 2 张原始凭证，于 11 月 17 日取得）

表 2-15-1

3205161140　江苏增值税专用发票　№ 31438108　3205161140　31438108

抵扣联

开票日期：2020年11月17日

购买方	名　　称：江苏雨堰股份有限公司 纳税人识别号：913204116047842554 地 址、电 话：江苏省常州市新北工业园区1008号　0519-88528852 开户行及账号：中国建设银行常州市新北区支行　41622124827545	密码区	52*3187<4/+0328<+95-59+7<846 3345<0—>>-6>525<820327->7*7 87*3187<4/+8490<+36833824358 7+<712/<1+9016>3144++>84>335

货物或应税劳务、服务名称	规格型号	单位	数量	单价	金额	税率	税额
甲		千克	3400	15.00	51000.00	13%	6630.00
乙		千克	9000	20.00	180000.00	13%	23400.00
合　计					¥231000.00		¥30030.00
价税合计（大写）	⊗贰拾陆万壹仟零叁拾元整				（小写）¥261030.00		

销售方	名　　称：江苏陆勤股份有限公司 纳税人识别号：913205056136062915 地 址、电 话：江苏省苏州市虎丘区禁丹街车福路41号　0512-61158413 开户行及账号：中国建设银行苏州市虎丘区支行　41622124039331	备注	江苏陆勤股份有限公司 913205056136062915 发票专用章

收款人：　　复核：　　开票人：郭玉海　　销售方：

第二联：抵扣联　购买方扣税凭证

表 2-15-1 是江苏增值税专用发票的第二联抵扣联，此联应作为购买方抵扣进项税额的依据。该抵扣联不能作为记账凭证的附件，专门用于在规定期限内到税务机关办理认证或在平台办理勾选确认，并在认证通过或勾选确认的次月申报期内，向主管税务机关申报抵扣进项税额。

表 2-15-2 是江苏增值税专用发票的第三联发票联，此联应作为购买方的记账依据。该原始凭证注明，“购买方”是本公司，“销售方”是江苏陆勤股份有限公司，“货物或应税劳务、服务名称”是甲和乙，这表明本公司向江苏陆勤股份有限公司购买了原材料甲和乙。同时，

表 2-15-2

3205161140　江苏增值税专用发票　№ 31438108　3205161140　31438108

开票日期:2020年11月17日

购买方	名称:江苏雨堰股份有限公司 纳税人识别号:913204116047842554 地址、电话:江苏省常州市新北工业园区1008号 0519-88528852 开户行及账号:中国建设银行常州市新北区支行 41622124827545			密码区	52*3187<4/+0328<+95-59+7<846 3345<0—>>-6>525<820327->7*7 87*3187<4/+8490<+36833824358 7+<712/<1+9016>3144++>84>335		
货物或应税劳务、服务名称	规格型号	单位	数量	单价	金额	税率	税额
甲		千克	3400	15.00	51000.00	13%	6630.00
乙		千克	9000	20.00	180000.00	13%	23400.00
合计					¥231000.00		¥30030.00
价税合计(大写)	⊗贰拾陆万壹仟零叁拾元整				(小写) ¥261030.00		
销售方	名称:江苏陆勤股份有限公司 纳税人识别号:913205056136062915 地址、电话:江苏省苏州市虎丘区禁丹街车福路41号 0512-61158413 开户行及账号:中国建设银行苏州市虎丘区支行 41622124039331			备注			

收款人:　复核:　开票人:郭玉海　销售方:(章)

第三联:发票联　购买方记账凭证

由于原始凭证中还没有收料单,这表明原材料尚未入库。因此,进行会计核算时,“金额”应分别记入“在途物资——甲”和“在途物资——乙”科目的借方,“税额”应记入“应交税费——应交增值税——进项税额”科目的借方。

由于该笔采购业务中没有相关付款的原始凭证,这表明本公司尚未支付上述购货款,进行会计核算时,上述所有款项均应记入“应付账款——江苏陆勤股份有限公司”科目的贷方。

因此,该笔业务在 T+系统中的操作流程如下:

(1) 以 02 会计朱胜利的身份登录。“总账”→“日常业务”,单击“填制凭证”,打开“记账凭证编制”界面。

(2) 单击“新增”按钮,输入数据。凭证类别“记账凭证”,凭证编号“0015”,制单日期“2020-11-17”,附单据数“1”。

(3) 输入摘要“购买原材料,材料未入库”。

(4) 分别新增并输入借方科目名称“在途物资——甲”和“在途物资——乙”,分别输入借方金额“51 000.00”和“180 000.00”。输入借方科目名称“应交税费——应交增值税——进项税额”,输入借方金额“30 030.00”。

(5) 新增并输入贷方科目名称“应付账款——江苏陆勤股份有限公司”,输入贷方金额“261 030.00”。

(6) 单击“保存”按钮,如图 2-30 所示。

备注:“供应商的”往来款项的核算,在 T+系统里有两种核算方式,以上采用的是在往来科目下直接设置二级科目进行核算,下面介绍另一种核算方式,往来科目的辅助核算设置为“往来单位”进行核算,具体操作步骤如下。

(1) “基础设置”→“基础信息”,点击“往来单位”,进入“往来单位设置”界面。

(2) 单击“增加分类”按钮,打开“往来单位分类”对话框,输入数据。分类编码“02”,分类名称“供应商”。单击“保存”按钮,如图 2-31 所示。

序号	*摘要	*科目名称	借方											贷方										
			亿	千	百	十	万	千	百	十	元	角	分	亿	千	百	十	万	千	百	十	元	角	分
1	购买原材料，材料未入库	在途物资——甲					5	1	0	0	0	0	0											
2	购买原材料，材料未入库	在途物资——乙				1	8	0	0	0	0	0	0											
3	购买原材料，材料未入库	应交税费——应交增值税——进项税额					3	0	0	3	0	0	0											
4	购买原材料，材料未入库	应付账款——江苏陆勤股份有限公司															2	6	1	0	3	0	0	0
5																								
6																								
7																								
合计	大写合计	贰拾陆万壹仟零叁拾元整				2	6	1	0	3	0	0	0				2	6	1	0	3	0	0	0

图 2-30　记账凭证界面

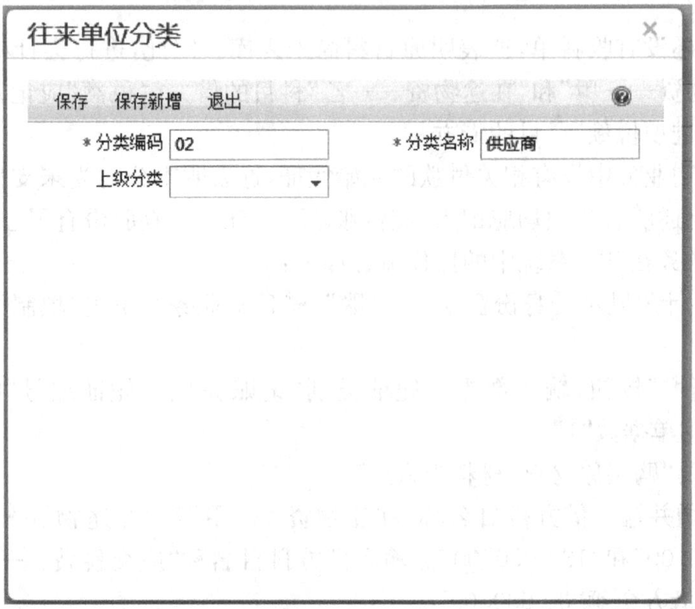

图 2-31　设置往来单位分类界面

(3) 单击“新增”按钮，进入“往来单位新增”界面，输入数据。往来单位编码“0201”，往来单位名称“江苏陆勤股份有限公司”，性质“供应商”，所属类别“供应商”，供应商报价含税“否”，税率%为“13”，单击“保存”按钮，如图 2-32 所示。在此对话框中还可以输入往来单位的其他信息，如法人代表、开户银行、账号、纳税号和客户地址电话等信息。

(4) “基础设置”→“财务信息”，点击“科目”，进入“科目设置”界面。选中“应付账款”科目，单击“修改”按钮，打开“修改”对话框，选中“往来单位”前面的复选框，单击“保存”按钮，如图 2-33 所示。

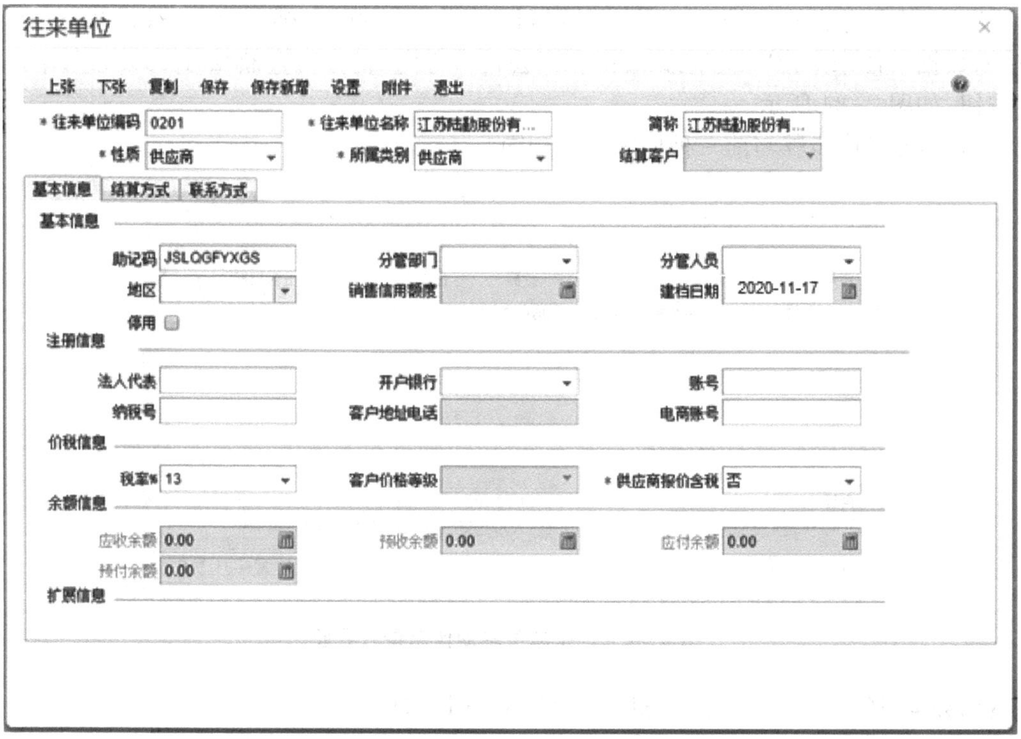

图 2-32　往来单位档案设置完成后界面

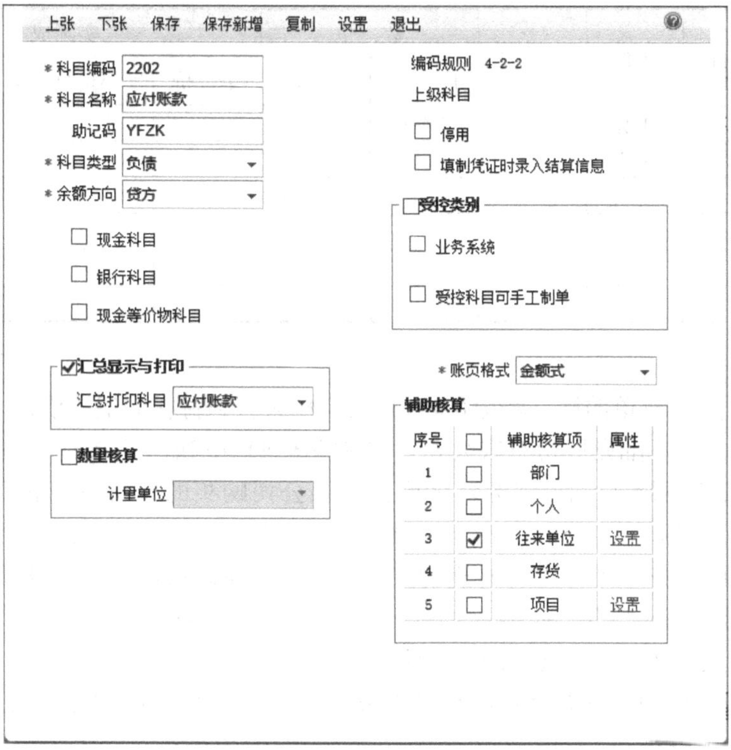

图 2-33　修改会计科目界面

(5) 上述业务在输入贷方科目名称“应付账款”后，会弹出“辅助信息”对话框，在对话框中输入数据。往来单位“江苏陆勤股份有限公司”，方向“贷方”，金额“261 030.00”，单击“确定”按钮，如图 2-34 所示。

(6) 其他操作步骤与前一种核算方式相同。

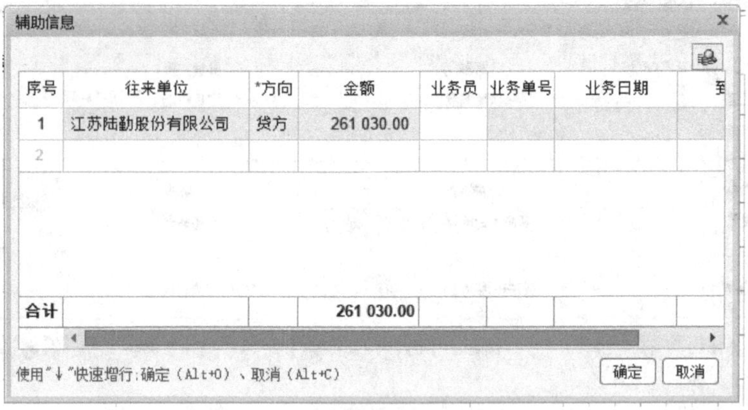

图 2-34 往来单位辅助信息录入界面

【业务 2-16】(共 1 张原始凭证，于 11 月 19 日取得)

表 2-16-1

收 料 单

供应单位:江苏陆勤股份有限公司　　2020 年 11 月 19 日　　编号 SL068

材料编号	名 称	单位	规 格	数 量		实际成本			
				应 收	实 收	单 价	发票价格	运杂费	总价
	甲	千克		3 400	3 400				
	乙	千克		9 000	9 000				
备注:									

第二联 记账联

收料人:曹国建　　交料人:杨军

表 2-16-1 是收料单的第二联记账联，此联应作为收到材料的记账依据。该原始凭证注明，“供应单位”是江苏陆勤股份有限公司，“名称”分别是甲和乙，“数量”分别为 3 400 千克和 9 000 千克，这表明本公司向江苏陆勤股份有限公司购买的原材料甲和乙已经全部验收入库。进行会计核算时，应分别记入“原材料——甲”和“原材料——乙”科目的借方；同时，应将 11 月 17 日[业务 2-15]中的“在途物资——甲”和“在途物资——乙”科目的借方发生额转出，记入“在途物资——甲”和“在途物资——乙”科目的贷方。

因此，该笔业务在 T+系统中的操作流程如下:

(1) 以 02 会计朱胜利的身份登录。“总账”→“日常业务”，单击“填制凭证”，打开“记账凭证编制”界面。

(2) 单击“新增”按钮，输入数据。凭证类别“记账凭证”，凭证编号“0016”，制单日期

"2020-11-19",附单据数"1"。

(3) 输入摘要"购买的材料验收入库"。

(4) 输入借方科目名称"原材料——甲",输入数量"3 400.00",单价"15.00",金额"51 000.00",输入借方科目名称"原材料——乙",输入数量"9 000.00",单价"20.00",金额"180 000.00"。

(5) 分别输入贷方科目名称"在途物资——甲"和"在途物资——乙",分别输入贷方金额"51 000.00"和"180 000.00"。

(6) 单击"保存"按钮,如图 2-35 所示。

记账凭证

*凭证类别 记账凭证　*凭证编号 0016　*制单日期 2020-11-19　附单据数 1

明细　汇总

序号	*摘要	*科目名称	计量…	数量	单价	借方											贷方										
						亿	千	百	十	万	千	百	十	元	角	分	亿	千	百	十	万	千	百	十	元	角	分
1	购买的材料验收入库	原材料—甲	千克	3,400.00	15.00					5	1	0	0	0	0	0											
2	购买的材料验收入库	原材料—乙	千克	9,000.00	20.00				1	8	0	0	0	0	0	0											
3	购买的材料验收入库	在途物资—甲																			5	1	0	0	0	0	0
4	购买的材料验收入库	在途物资—乙																		1	8	0	0	0	0	0	0
5																											
6																											
7																											
合计	大写合计	贰拾叁万壹仟元整		12,400.00					2	3	1	0	0	0	0	0				2	3	1	0	0	0	0	0

记账人　审核人　出纳　*制单人 朱胜利

图 2-35　记账凭证界面

【业务 2-17】 (共 1 张原始凭证,于 11 月 20 日取得)

表 2-17-1

中国建设银行
电汇凭证

币别:人民币　2020 年 11 月 20 日　流水号:71915167

汇款方式	☑普通　☐加急				
汇款人	全称	江苏雨堰股份有限公司	收款人	全称	魏武股份有限公司
	账号	41622124827545		账号	41622124403336
	汇出地点	江苏 省 常州 市/县		汇入地点	浙江 省 杭州 市/县
汇出行名称		中国建设银行常州市新北区支行	汇入行名称		中国建设银行杭州市上城区支行
金额	(大写)壹佰万元整				亿千百十万千百十元角分 ¥ 1 0 0 0 0 0 0 0 0
中国建设银行常州市新北区支行 2020-11-20 办讫 (01)			支付密码 0188-0957-0462-0368 附加信息及用途:预付货款 江苏雨堰股份有限公司 财务专用章　闫瑞 客户签章		

第二联 客户回单

会计主管　授权　复核　录入 谷满堂

表 2-17-1 是中国建设银行电汇凭证的第二联客户回单联，此联应作为汇款人支付款项的记账依据。该原始凭证注明，“汇款人”是本公司，“账号”为 41622124827545，这表明本公司已将款项从账号为 41622124827545 的基本户转出。进行会计核算时，应记入“银行存款——建行(41622124827545)”科目的贷方。同时，原始凭证中还注明，“收款人”是魏武股份有限公司，“用途”是预付货款，这表明本公司向魏武股份有限公司预付了货款，进行会计核算时，应记入“预付账款——魏武股份有限公司”科目的借方。

因此，该笔业务在 T+系统中的操作流程如下：

(1) 以 02 会计朱胜利的身份登录。“总账”→“日常业务”，单击“填制凭证”，打开“记账凭证编制”界面。

(2) 单击“新增”按钮，输入数据。凭证类别“记账凭证”，凭证编号“0017”，制单日期“2020-11-20”，附单据数“1”。

(3) 输入摘要“预付魏武公司货款”。

(4) 新增并输入借方科目名称“预付账款——魏武股份有限公司”，输入借方金额“1 000 000.00”。

(5) 输入贷方科目名称“银行存款——建行(41622124827545)”，输入贷方金额“1 000 000.00”。

(6) 单击“保存”按钮，如图 2-36 所示。

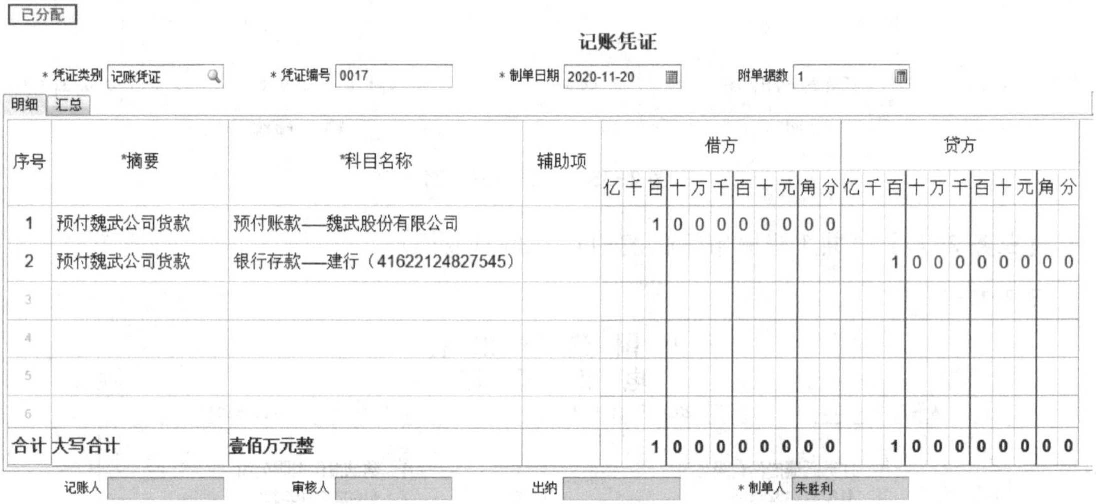
已分配

记账凭证

*凭证类别 记账凭证　*凭证编号 0017　*制单日期 2020-11-20　附单据数 1

明细 汇总

序号	*摘要	*科目名称	辅助项	借方											贷方										
				亿	千	百	十	万	千	百	十	元	角	分	亿	千	百	十	万	千	百	十	元	角	分
1	预付魏武公司货款	预付账款—魏武股份有限公司				1	0	0	0	0	0	0	0	0											
2	预付魏武公司货款	银行存款—建行（41622124827545）															1	0	0	0	0	0	0	0	0
3																									
4																									
5																									
6																									
合计	大写合计	壹佰万元整				1	0	0	0	0	0	0	0	0			1	0	0	0	0	0	0	0	0

记账人　审核人　出纳　*制单人 朱胜利

图 2-36　记账凭证界面

【业务 2-18】 (共 2 张原始凭证，于 11 月 30 日取得)

表 2-18-1 是工资费用分配表。

表 2-18-2 是 11 月工资及应扣款项计算表，此表应作为期末计算分配工资费用的记账依据。该原始凭证注明的内容表明，本月支付给职工的工资总额是 167 100 元，进行会计核算时，“应付工资”合计金额应记入“应付职工薪酬——工资”科目的贷方；同时，生产 X，Y 产品分别发生了工资费用 31 300 元和 37 000 元，应分别记入“生产成本——X——直接人工”和“生产成本——Y——直接人工”科目的借方；此外，生产车间、管理部门(包括办公室、财

表 2-18-1

工资费用分配表

2020 年 11 月 30 日

应借科目	直接计入	分配计入			合计
		生产工时	分配率	分配金额	
生产成本——X	31 300				31 300
——Y	37 000				37 000
小计					
制造费用	22 600				22 600
管理费用	63 900				63 900
销售费用	12 300				12 300
合计	167 100				167 100

制表：朱胜利　　　　审核：王颖宏

表 2-18-2

11 月工资及应扣款项计算表

2020 年 11 月 30 日

职员姓名	部门	职位	应付工资	养老保险	医疗保险	失业保险	住房公积金	个人所得税	扣款合计	实发工资
闫　瑞	办公室	法定代表人	8 300	664	166	41.5	830	47.96	1 749.46	6 550.54
李连仲	办公室	主任	8 000	640	160	40	800	40.80	1 680.80	6 319.20
李　杰	办公室	办事员	6 500	520	130	32.5	650	5.03	1 337.53	5 162.47
曹建国	办公室	仓管员	5 700	456	114	28.5	570	0	1 168.50	4 531.50
王颖宏	财务部	财务经理	6 700	536	134	33.5	670	9.80	1 383.30	5 316.70
朱胜利	财务部	总账会计	5 700	456	114	28.5	570	0	1 168.50	4 531.50
苏建朝	财务部	业务会计	5 700	456	114	28.5	570	0	1 168.50	4 531.50
刘　宁	财务部	出纳	5 000	400	100	25	500	0	1 025.00	3 975.00
王群忠	采购部	采购经理	6 600	528	132	33	660	7.41	1 360.41	5 239.59
李　津	采购部	采购员	5 700	456	114	28.5	570	0	1 168.50	4 531.50
钟国钊	销售门市部	销售经理	6 700	536	134	33.5	670	9.80	1 383.30	5 316.70
赵爱东	销售门市部	销售员	5 600	448	112	28	560	0	1 148.00	4 452.00
吴鹏英	生产车间	车间主任	6 400	512	128	32	640	2.64	1 314.64	5 085.36
伊　翔	生产车间	车间副主任	5 800	464	116	29	580	0	1 189.00	4 611.00
姜志忠	生产车间	质检	5 100	408	102	25.5	510	0	1 045.50	4 054.50

（续表）

职员姓名	部门	职位	应付工资	养老保险	医疗保险	失业保险	住房公积金	个人所得税	扣款合计	实发工资
刘泽军	生产车间	设计	5 300	424	106	26.5	530	0	1 086.50	4 213.50
刘建国	生产车间	X生产工人	5 100	408	102	25.5	510	0	1 045.50	4 054.50
宣祥顺	生产车间	X生产工人	5 700	456	114	28.5	570	0	1 168.50	4 531.50
吴晓珺	生产车间	X生产工人	4 800	384	96	24	480	0	984.00	3 816.00
晁国忠	生产车间	X生产工人	5 200	416	104	26	520	0	1 066.00	4 134.00
张志峰	生产车间	X生产工人	5 800	464	116	29	580	0	1 189.00	4 611.00
刘永强	生产车间	X生产工人	4 700	376	94	23.5	470	0	963.50	3 736.50
王贺喜	生产车间	Y生产工人	5 700	456	114	28.5	570	0	1 168.50	4 531.50
邓　亮	生产车间	Y生产工人	5 700	456	114	28.5	570	0	1 168.50	4 531.50
褚信飞	生产车间	Y生产工人	5 000	400	100	25	500	0	1 025.00	3 975.00
刘培霞	生产车间	Y生产工人	5 300	424	106	26.5	530	0	1 086.50	4 213.50
金廖祥	生产车间	Y生产工人	5 100	408	102	25.5	510	0	1 045.50	4 054.50
夏少斌	生产车间	Y生产工人	5 000	400	100	25	500	0	1 025.00	3 975.00
霍廷茂	生产车间	Y生产工人	5 200	416	104	26	520	0	1 066.00	4 134.00
合计			167 100	13 368	3 342	835.5	16 710	123.44	34 378.94	132 721.06

制表：朱胜利　　　　审核：王颖宏

务部和采购部）和销售门市部分别发生了工资费用22 600元、63 900元和12 300元，进行会计核算时，应分别记入“制造费用——工资”“管理费用——工资”和“销售费用——工资”科目的借方。

因此，该笔业务在T+系统中的操作流程如下：

(1) 以02会计朱胜利的身份登录。“总账”→“日常业务”，单击“填制凭证”，打开记账凭证编制界面。

(2) 单击“新增”按钮，输入数据。凭证类别“记账凭证”，凭证编号“0018”，制单日期“2020-11-30”，附单据数“2”。

(3) 输入摘要“工资费用分配”。

(4) 新增并输入借方科目名称“生产成本——X——直接人工”，输入借方金额“31 300.00”，新增并输入借方科目名称“生产成本——Y——直接人工”，输入借方金额“37 000.00”，新增并输入借方科目名称“制造费用——工资”，输入借方金额“22 600.00”，新增并输入借方科目名称“管理费用——工资”，输入借方金额“63 900.00”，新增并输入借方科目名称“销售费用——工资”，输入借方金额“12 300.00”。

(5) 新增并输入贷方科目名称“应付职工薪酬——工资”，输入贷方金额“167 100.00”。

(6) 单击“保存”按钮,如图 2-37 所示。

记账凭证

* 凭证类别 记账凭证　* 凭证编号 0018　* 制单日期 2020-11-30　附单据数 2

明细　汇总

序号	*摘要	*科目名称	借方	贷方
			亿千百十万千百十元角分	亿千百十万千百十元角分
1	工资费用分配	生产成本—X—直接人工	3130000	
2	工资费用分配	生产成本—Y—直接人工	3700000	
3	工资费用分配	制造费用—工资	2260000	
4	工资费用分配	销售费用—工资	1230000	
5	工资费用分配	管理费用—工资	6390000	
6	工资费用分配	应付职工薪酬—工资		16710000
7				
合计	大写合计	壹拾陆万柒仟壹佰元整	16710000	16710000

记账人　审核人　出纳　* 制单人 朱胜利

图 2-37　记账凭证界面

【业务 2-19】　(共 1 张原始凭证,于 11 月 30 日取得)

表 2-19-1　**四险一金计算表**

2020 年 11 月 30 日

应借账户	工资总额	养老保险	医疗保险	失业保险	工伤保险	住房公积金	合计
生产成本——X	31 300	5 008	2 817	156.5	313	3 130	11 424.5
生产成本——Y	37 000	5 920	3 330	185	370	3 700	13 505
小计							
制造费用	22 600	3 616	2 034	113	226	2 260	8 249
管理费用	63 900	10 224	5 751	319.5	639	6 390	23 323.5
销售费用	12 300	1 968	1 107	61.5	123	1 230	4 489.5
合计	167 100	26 736	15 039	835.5	1 671	16 710	60 991.5

制表:朱胜利　　审核:王颖宏

表 2-19-1 是四险一金计算表,此表应作为期末计算分配四险一金的记账依据。该原始凭证注明的内容表明,本月应承担的四险一金合计数为 60 991.5 元,进行会计核算时,合计金额应分别记入“应付职工薪酬——社会保险费”“应付职工薪酬——设定提存计划”和“应付职工薪酬——住房公积金”科目的贷方;同时,生产 X, Y 产品分别发生了四险一金费用为 11 424.5 元和 13 505 元,进行会计核算时,应分别记入“生产成本——X——直接人工”和

“生产成本——Y——直接人工”科目的借方；此外，生产车间、管理部门(包括办公室、财务部和采购部)和销售门市部分别发生了四险一金费用为 8 249 元、23 323.5 元和 4 489.5 元，应分别记入“制造费用——四险一金”“管理费用——四险一金”和“销售费用——四险一金”科目的借方。

因此，该笔业务在 T+系统中的操作流程如下：

(1) 以 02 会计朱胜利的身份登录。“总账”→“日常业务”，单击“填制凭证”，打开记账凭证编制界面。

(2) 单击“新增”按钮，输入数据。凭证类别“记账凭证”，凭证编号“0019”，制单日期“2020-11-30”，附单据数“1”。

(3) 输入摘要“计提四险一金”。

(4) 输入借方科目名称“生产成本——X——直接人工”，输入借方金额“11 424.50”，输入借方科目名称“生产成本——Y——直接人工”，输入借方金额“13 505.00”，新增并输入借方科目名称“制造费用——四险一金”，输入借方金额“8 249.00”，新增并输入借方科目名称“管理费用——四险一金”，输入借方金额“23 323.50”，新增并输入借方科目名称“销售费用——四险一金”，输入借方金额“4 489.50”。

(5) 新增并输入贷方科目名称“应付职工薪酬——设定提存计划——养老保险”，输入贷方金额“26 736.00”，新增并输入贷方科目名称“应付职工薪酬——社会保险费——医疗保险”，输入贷方金额“15 039.00”，新增并输入贷方科目名称“应付职工薪酬——设定提存计划——失业保险”，输入贷方金额“835.50”，新增并输入贷方科目名称“应付职工薪酬——社会保险费——工伤保险”，输入贷方金额“1 671.00”，新增并输入贷方科目名称“应付职工薪酬——住房公积金”，输入贷方金额“16 710.00”。

(6) 单击“保存”按钮，如图 2-38 和图 2-39 所示。

记账凭证

*凭证类别 记账凭证　*凭证编号 0019　*制单日期 2020-11-30　附单据数 1

明细　汇总

序号	*摘要	*科目名称	借方（亿千百十万千百十元角分）	贷方（亿千百十万千百十元角分）
1	计提四险一金	生产成本—X—直接人工	1142450	
2	计提四险一金	生产成本—Y—直接人工	1350500	
3	计提四险一金	制造费用—四险一金	824900	
4	计提四险一金	管理费用—四险一金	2332350	
5	计提四险一金	销售费用—四险一金	448950	
6	计提四险一金	应付职工薪酬—设定提存计划—养老保险		2673600
7	计提四险一金	应付职工薪酬—社会保险费—医疗保险		1503900
合计	大写合计	陆万零玖佰玖拾壹元伍角	6099150	6099150

记账人　审核人　出纳　*制单人 朱胜利

图 2-38　记账凭证界面

记账凭证

＊凭证类别 记账凭证　＊凭证编号 0019　＊制单日期 2020-11-30　附单据数 1

明细　汇总

序号	*摘要	*科目名称	借方 亿	千	百	十	万	千	百	十	元	角	分	贷方 亿	千	百	十	万	千	百	十	元	角	分
8	计提四险一金	应付职工薪酬——设定提存计划——失业保险																		8	3	5	5	0
9	计提四险一金	应付职工薪酬——社会保险费——工伤保险																	1	6	7	1	0	0
10	计提四险一金	应付职工薪酬——住房公积金																1	6	7	1	0	0	0
11																								
12																								
13																								
14																								
合计	大写合计	陆万零玖佰玖拾壹元伍角					6	0	9	9	1	5	0					6	0	9	9	1	5	0

记账人　审核人　出纳　＊制单人 朱胜利

图 2-39　记账凭证界面

【业务 2-20】（共 5 张原始凭证，于 11 月 30 日取得）

表 2-20-1

3204165140　江苏增值税专用发票　№ 8931669　3204165140　8931669

抵扣联　开票日期：2020年11月30日

购买方	名　　称：江苏雨堰股份有限公司 纳税人识别号：913204116047842554 地址、电话：江苏省常州市新北工业园区1008号 0519-88528852 开户行及账号：中国建设银行常州市新北区支行 41622124827545			密码区	62*3187<4/+8821<+95-59+7<743 6723<0—>>-6>525<890556->7*7 87*3187<4/+8490<+14345392729 4+<712/<1+9016>2919++>84>399		
货物或应税劳务、服务名称	规格型号	单位	数量	单价	金额	税率	税额
水费		吨	500	2.02	1010.00	3%	30.30
合　　计					¥1010.00		¥30.30
价税合计（大写）	⊗壹仟零肆拾元叁角整				（小写）¥1040.30		
销售方	名　　称：江苏常州水务股份有限公司 纳税人识别号：913204111167476863 地址、电话：江苏省常州市新北区解红街胡春路01号 0519-246439372 开户行及账号：中国建设银行江苏省常州市新北区支行 41621526485817			备注	江苏水务股份有限公司 913204111167476863 发票专用章		

收款人：　复核：　开票人：相志利　销售方：（章）

第二联：抵扣联　购买方扣税凭证

表 2-20-1 是江苏增值税专用发票的第二联抵扣联，此联应作为购买方抵扣进项税额的依据。该抵扣联不能作为记账凭证的附件，专门用于在规定期限内到税务机关办理认证或在平台办理勾选确认，并在认证通过或勾选确认的次月申报期内，向主管税务机关申报抵扣进项税额。

表 2-20-2 是江苏增值税专用发票的第三联发票联，此联应作为购买方的记账依据。该原始凭证注明，“购买方”是本公司，“销售方”是江苏常州水务股份有限公司，“货物或应税劳务、服务名称”是水费，这表明本公司在生产经营过程中使用了自来水。

表 2-20-2

3204165140　　江苏增值税专用发票　　№ 8931669　　3204165140 8931669

开票日期:2020年11月30日

购买方	名称:江苏雨堰股份有限公司 纳税人识别号:913204116047842554 地址、电话:江苏省常州市新北工业园区1008号 0519-88528852 开户行及账号:中国建设银行常州市新北区支行 41622124827545				密码区	62*3187<4/+8821<+95-59+7<743 6723<0—>>-6>525<890556->7*7 87*3187<4/+8490<+14345392729 4+<712/<1+9016>2919++>84>399	
货物或应税劳务、服务名称	规格型号	单位	数量	单价	金额	税率	税额
水费		吨	500	2.02	1010.00	3%	30.30
合计					¥1010.00		¥30.30
价税合计(大写)	⊗壹仟零肆拾元叁角整				(小写) ¥1040.30		
销售方	名称:江苏常州水务股份有限公司 纳税人识别号:913204111167476863 地址、电话:江苏省常州市新北区解红街胡春路01号 0519-246439372 开户行及账号:中国建设银行江苏省常州市新北区支行 41621526485817				备注		

收款人:　　复核:　　开票人:相志利　　销售方:(章)

第三联:发票联　购买方记账凭证

表 2-20-3

3204166120　　江苏增值税普通发票　　№ 08930409　　3204166120 08930409

开票日期:2020年11月30日

校验码 62368 42064 64244 14093

购买方	名称:江苏雨堰股份有限公司 纳税人识别号:913204116047842554 地址、电话:江苏省常州市新北工业园区1008号 0519-88528852 开户行及账号:中国建设银行常州市新北区支行 41622124827545				密码区	87*3187<4/+5965<+95-59+7<735 9311<0—>>-6>525<488284->7*7 87*3187<4/+8490<+83716188100 5+<712/<1+9016>0582++>84>183	
货物或应税劳务、服务名称	规格型号	单位	数量	单价	金额	税率	税额
污水处理费		吨	500	1.35	675	0%	***
合计					¥675.00		¥0
价税合计(大写)	⊗陆佰柒拾伍元整				(小写) ¥675.00		
销售方	名称:江苏常州水务股份有限公司 纳税人识别号:913204111167476863 地址、电话:江苏省常州市新北区解红街胡春路01号 0519-246439372 开户行及账号:中国建设银行江苏省常州市新北区支行 41621526485817				备注		

收款人:　　复核:　　开票人:胡进勇　　销售方:(章)

第二联:发票联　购买方记账凭证

表 2-20-4　　　　水费分配表

2020 年 11 月 30 日　　　　单位:元

部门	吨	自来水单价	自来水分配金额	污水处理费单价	污水处理费金额	合计分配金额
办公室	10	2.02	20.20	1.35	13.50	33.70
财务部	10	2.02	20.20	1.35	13.50	33.70
采购部	10	2.02	20.20	1.35	13.50	33.70
销售门市部	20	2.02	40.40	1.35	27.00	67.40
生产车间	450	2.02	909.00	1.35	607.50	1 516.50
合计	500	2.02	1 010.00	1.35	675.00	1 685.00

制表:朱胜利　　　　审核:王颖宏

表 2-20-5

中国建设银行客户专用回单

币别：人民币　　　　2020 年 11 月 30 日　　　　流水号 320420027J0500810085

付款人	全称	江苏雨堰股份有限公司	收款人	全称	江苏常州水务股份有限公司
	账号	41622124827545		账号	41621526485817
	开户行	中国建设银行常州市新北区支行		开户行	中国建设银行江苏省常州市新北区支行
金额		（大写）人民币壹仟柒佰壹拾伍元叁角整		（小写）	￥1715.30
凭证种类		网银		凭证号码	
结算方式		转账		用途	支付水费
			打印柜员：320425584257 打印机构：中国建设银行常州市新北区支行 打印卡号：41622124827545		中国建设银行 专用章

第一联借方（回单）

打印时间：2020-11-30　　交易柜员：320425584268　　交易机构：320410533

表 2-20-3 是江苏增值税普通发票的第二联发票联，此联应作为购买方的记账依据。该原始凭证注明，“购买方”是本公司，“销售方”是江苏常州水务股份有限公司，“货物或应税劳务、服务名称”是污水处理费，这表明本公司在生产经营过程中使用自来水而发生污水处理费。根据表 2-20-2 和表 2-20-3，进行会计核算时，“金额”的合计数应根据使用部门分配记入成本、费用等科目的借方，“税额”记入“应交税费——应交增值税——进项税额”科目的借方。

表 2-20-4 是水费分配表，此表应作为分配水费的记账依据。该原始凭证的内容表明，管理部门（包括办公室、财务部和采购部）、销售门市部和生产车间分配的金额，应分别记入“管理费用——水费”“销售费用——水费”和“制造费用——水费”科目的借方。

表 2-20-5 是中国建设银行客户专用回单的第一联借方回单，此联应作为付款方支付款项的记账依据。该原始凭证注明，“付款人”是本公司，“账号”是 41622124827545，这表明本公司已通过账号 41622124827545 的基本户支付了款项，进行会计核算时，应记入“银行存款——建行（41622124827545）”科目的贷方。

因此，该笔业务在 T+系统中的操作流程如下：

(1) 以 02 会计朱胜利的身份登录。“总账”→“日常业务”，单击“填制凭证”，打开记账凭证编制界面。

(2) 单击“新增”按钮，输入数据。凭证类别“记账凭证”，凭证编号“0020”，制单日期“2020-11-30”，附单据数“4”。

(3) 输入摘要“分配本月水费”。

(4) 新增并输入借方科目名称“管理费用——水费”，输入借方金额“101.10”，新增并输入借方科目名称“销售费用——水费”，输入借方金额“67.40”，新增并输入借方科目名称“制造费用——水费”，输入借方金额“1 516.50”，输入借方科目名称“应交税费——应交增值税——进项税额”，输入借方金额“30.30”。

(5) 输入贷方科目名称“银行存款——建行（41622124827545）”，输入贷方金额

"1 715.30"。

(6) 单击"保存"按钮,如图 2-40 所示。

记账凭证

* 凭证类别 记账凭证　* 凭证编号 0020　* 制单日期 2020-11-30　附单据数 4

明细　汇总

序号	*摘要	*科目名称	辅助项	借方											贷方										
				亿	千	百	十	万	千	百	十	元	角	分	亿	千	百	十	万	千	百	十	元	角	分
1	分配本月水费	管理费用——水费								1	0	1	1	0											
2	分配本月水费	销售费用——水费									6	7	4	0											
3	分配本月水费	制造费用——水费							1	5	1	6	5	0											
4	分配本月水费	应交税费——应交增值税——进项税额									3	0	3	0											
5	分配本月水费	银行存款——建行(41622124827545)																		1	7	1	5	3	0
6																									
7																									
合计	大写合计	壹仟柒佰壹拾伍元叁角							1	7	1	5	3	0						1	7	1	5	3	0

记账人　审核人　出纳　* 制单人 朱胜利

图 2-40　记账凭证界面

【业务 2-21】(共 3 张原始凭证,于 11 月 30 日取得)

表 2-21-1

3204165140　江苏增值税专用发票　№ 37483607　3204165140 37483607

抵扣联　开票日期:2020年11月30日

购买方	名　称:江苏雨堰股份有限公司 纳税人识别号:913204116047842554 地址、电话:江苏省常州市新北工业园区1008号 0519-88528852 开户行及账号:中国建设银行常州市新北区支行 41622124827545	密码区	19*3187<4/+6836<+95-59+7<252 9527<0—>>-6>525<127474->7*7 87*3187<4/+8490<+48533709812 2+<712/<1+9016>2084++>84>124

货物或应税劳务、服务名称	规格型号	单位	数量	单价	金额	税率	税额
电		度	1000	1.50	1500.00	13%	195.00
合计					¥1500.00		¥195.00
价税合计(大写)	⊗壹仟陆佰玖拾伍元整				(小写) ¥1695.00		

销售方	名　称:江苏省电力股份有限公司常州市分公司 纳税人识别号:913204110645002233 地址、电话:江苏省常州市新北区韩春街刘海路39号 0519-730497580 开户行及账号:中国建设银行江苏省常州市新北区支行 41247650539251	备注	913204110645002233

收款人:　复核:　开票人:董俊明　销售方:(章)

第二联:抵扣联 购买方扣税凭证

表 2-21-1 是江苏增值税专用发票的第二联抵扣联,此联应作为购买方抵扣进项税额的依据。该抵扣联不能作为记账凭证的附件,专门用于在规定期限内到税务机关办理认证或在平台办理勾选确认,并在认证通过或勾选确认的次月申报期内,向主管税务机关申报抵扣进项税额。

表 2-21-2

3204165140 江苏增值税专用发票 № 37483607 3204165140 37483607

发票联

开票日期:2020年11月30日

购买方	名称:江苏雨堰股份有限公司 纳税人识别号:913204116047842554 地址、电话:江苏省常州市新北工业园区1008号 0519-88528852 开户行及账号:中国建设银行常州市新北区支行 41622124827545	密码区	19*3187<4/+6836<+95-59+7<252 9527<0—>>-6>525<127474->7*7 87*3187<4/+8490<+48533709812 2+<712/<1+9016>2084++>84>124

货物或应税劳务、服务名称	规格型号	单位	数量	单价	金额	税率	税额
电		度	1000	1.50	1500.00	13%	195.00
合计					¥1500.00		¥195.00
价税合计(大写)	⊗壹仟陆佰玖拾伍元整				(小写) ¥1695.00		

销售方	名称:江苏省电力股份有限公司常州市分公司 纳税人识别号:913204110645002233 地址、电话:江苏省常州市新北区韩春街刘海路39号 0519-730497580 开户行及账号:中国建设银行江苏省常州市新北区支行 41247650539251	备注	江苏省电力股份有限公司常州市分公司 913204110645002233 发票专用章

收款人: 复核: 开票人:董俊明 销售方:

第三联:发票联 购买方记账凭证

表 2-21-3

电费分配表

2020 年 11 月 30 日

部门	耗用数量(度)	单位成本(元)	金额(元)
办公室	20	1.50	30
财务部	20	1.50	30
采购部	20	1.50	30
销售门市部	20	1.50	30
生产车间	920	1.50	1 380
合计	1 000		1 500

制表:朱胜利 审核:王颖宏

表 2-21-2 是江苏增值税专用发票的第三联发票联,此联应作为购买方的记账依据。该原始凭证注明,“购买方”是本公司,“销售方”是江苏省电力股份有限公司常州市分公司,“货物或应税劳务、服务名称”是电,这表明本公司在生产经营过程中使用了电。进行会计核算时,“金额”的应根据使用部门分配记入成本、费用等科目的借方,“税额”记入“应交税费——应交增值税——进项税额”科目的借方。

表 2-21-3 是电费分配表,此表应作为分配电费的记账依据。该原始凭证的内容表明,管理部门(包括办公室、财务部和采购部)、销售门市部和生产车间分配的金额,应分别记入“管理费用——电费”“销售费用——电费”和“制造费用——电费”科目的借方。

此外,本业务中没有支付款项的原始凭证,而 11 月 10 日[业务 2-12]中,本公司已预付了电费,因此,进行会计核算时,应记入“预付账款——供电公司”科目的贷方。

因此,该笔业务在 T+系统中的操作流程如下:

(1) 以 02 会计朱胜利的身份登录。“总账”→“日常业务”,单击“填制凭证”,打开记账凭证编制界面。

(2) 单击“新增”按钮,输入数据。凭证类别“记账凭证”,凭证编号“0021”,制单日期“2020-11-30”,附单据数“2”。

(3) 输入摘要“分配本月电费”。

(4) 新增并输入借方科目名称“管理费用——电费”,输入借方金额“90.00”,新增并输入借方科目名称“销售费用——电费”,输入借方金额“30.00”,新增并输入借方科目名称“制造费用——电费”,输入借方金额“1 380.00”,输入借方科目名称“应交税费——应交增值税——进项税额”,输入借方金额“195.00”。

(5) 输入贷方科目名称“预付账款——供电公司”,输入贷方金额“1 695.00”。

(6) 单击“保存”按钮,如图 2-41 所示。

记账凭证

* 凭证类别 记账凭证　* 凭证编号 0021　* 制单日期 2020-11-30　附单据数 2

明细　汇总

序号	*摘要	*科目名称	借方											贷方										
			亿	千	百	十	万	千	百	十	元	角	分	亿	千	百	十	万	千	百	十	元	角	分
1	分配本月电费	管理费用——电费								9	0	0	0											
2	分配本月电费	销售费用——电费								3	0	0	0											
3	分配本月电费	制造费用——电费						1	3	8	0	0	0											
4	分配本月电费	应交税费——应交增值税——进项税额							1	9	5	0	0											
5	分配本月电费	预付账款——供电公司																	1	6	9	5	0	0
6																								
7																								
合计	大写合计	壹仟陆佰玖拾伍元整						1	6	9	5	0	0						1	6	9	5	0	0

记账人　审核人　出纳　* 制单人 朱胜利

图 2-41　记账凭证界面

【业务 2-22】(共 1 张原始凭证,于 11 月 30 日取得)

表 2-22-1　**汽车保险费分摊表**

2020 年 11 月 30 日　单位:元

部门	实际发生金额	受益起始日期	受益截止日期	受益期限(月)	月分摊金额
办公室	5 400.00	2020-11-02	2021-11-01	12	450.00
合计	5 400.00				450.00

制表:朱胜利　审核:王颖宏

表 2-22-1 是汽车保险费摊销表,此表应作为确认本期保险费摊销金额的记账依据。该原始凭证的内容表明,本公司管理部门(办公室)本月应承担的保险费为 450 元,进行会计核

算时,应记入“管理费用——保险费”科目的借方;同时,11 月 2 日[业务 2-7],本公司已预付了汽车保险费,故摊销保险费时,应记入“预付账款——汽车保险费”科目的贷方。

因此,该笔业务在 T+系统中的操作流程如下:

(1) 以 02 会计朱胜利的身份登录。“总账”→“日常业务”,单击“填制凭证”,打开记账凭证编制界面。

(2) 单击“新增”按钮,输入数据。凭证类别“记账凭证”,凭证编号“0022”,制单日期“2020-11-30”,附单据数“1”。

(3) 输入摘要“摊销汽车保险费”。

(4) 新增并输入借方科目名称“管理费用——保险费”,输入借方金额“450.00”。

(5) 输入贷方科目名称“预付账款——汽车保险费”,输入贷方金额“450.00”。

(6) 单击“保存”按钮,如图 2-42 所示。

记账凭证

*凭证类别 记账凭证　*凭证编号 0022　*制单日期 2020-11-30　附单据数 1

明细　汇总

序号	*摘要	*科目名称	借方	贷方
1	摊销汽车保险费	管理费用—保险费	45000	
2	摊销汽车保险费	预付账款—汽车保险费		45000
3				
4				
5				
6				
7				
合计	大写合计	肆佰伍拾元整	45000	45000

记账人　审核人　出纳　*制单人 朱胜利

图 2-42　记账凭证界面

【业务 2-23】 (共 1 张原始凭证,于 11 月 30 日取得)

表 2-23-1　**原材料发出汇总表**

2020 年 11 月 30 日

类别 / 产品	甲材料			乙材料			合计
	数量	单价	金额	数量	单价	金额	
X 产品	6 400	15	96 000	12 000	20	240 000	336 000
Y 产品	6 000	15	90 000	10 000	20	200 000	290 000
合计	12 400	15	186 000	22 000	20	440 000	626 000

制表:朱胜利　审核:王颖宏

表 2-23-1 是原材料发出汇总表,此表应作为期末计算分配原材料费用的记账依据。该原始凭证的内容表明,本月发出原材料甲和乙的成本分别为 186 000 元和 440 000 元,进行

会计核算时，应分别记入“原材料——甲”和“原材料——乙”科目的贷方；同时，生产X，Y产品发生原材料费用分别为336 000元和290 000元，进行会计核算时，应分别记入“生产成本——X——直接材料”和“生产成本——Y——直接材料”科目的借方。

因此，该笔业务在T+系统中的操作流程如下：

(1) 以02会计朱胜利的身份登录。“总账”→“日常业务”，单击“填制凭证”，打开记账凭证编制界面。

(2) 单击“新增”按钮，输入数据。凭证类别“记账凭证”，凭证编号“0023”，制单日期“2020-11-30”，附单据数“1”。

(3) 输入摘要“结转发出材料成本”。

(4) 新增并输入借方科目名称“生产成本——X——直接材料”，输入借方金额“336 000.00”，新增并输入借方科目名称“生产成本——Y——直接材料”，输入借方金额“290 000.00”。

(5) 输入贷方科目名称“原材料——甲”，输入数量“12 400.00”，单价“15.00”，金额“186 000.00”，输入贷方科目名称“原材料——乙”，输入数量“22 000.00”，单价“20.00”，金额“440 000.00”。

(6) 单击“保存”按钮，如图2-43所示。

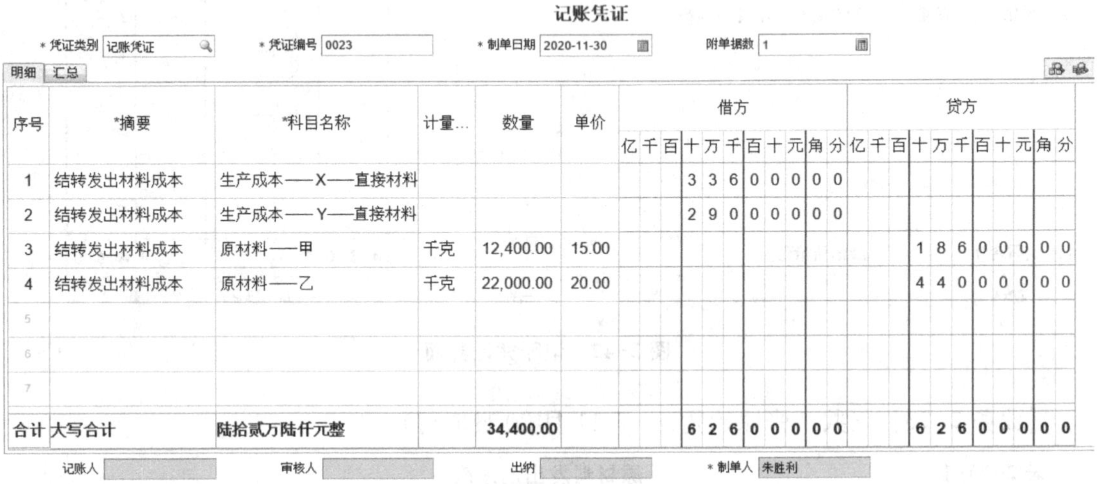
记账凭证

* 凭证类别 记账凭证　* 凭证编号 0023　* 制单日期 2020-11-30　附单据数 1

明细 汇总

序号	*摘要	*科目名称	计量...	数量	单价	借方（亿千百十万千百十元角分）	贷方（亿千百十万千百十元角分）
1	结转发出材料成本	生产成本——X——直接材料				3 3 6 0 0 0 0 0	
2	结转发出材料成本	生产成本——Y——直接材料				2 9 0 0 0 0 0 0	
3	结转发出材料成本	原材料——甲	千克	12,400.00	15.00		1 8 6 0 0 0 0 0
4	结转发出材料成本	原材料——乙	千克	22,000.00	20.00		4 4 0 0 0 0 0 0
5							
6							
7							
合计	大写合计	陆拾贰万陆仟元整		34,400.00		6 2 6 0 0 0 0 0	6 2 6 0 0 0 0 0

记账人　审核人　出纳　* 制单人 朱胜利

图2-43　记账凭证界面

【业务2-24】 (共1张原始凭证，于11月30日取得)

表2-24-1　　**制造费用分配表**

2020年11月30日

产品名称	生产工时	分配率	分配金额
X产品	600		12 654.00
Y产品	1 000		21 091.50
合计	1 600	21.09	33 745.50

制表：朱胜利　　审核：王颖宏

表 2-24-1 是制造费用分配表，此表应作为期末计算分配制造费用的记账依据。该原始凭证的内容表明，本月生产 X，Y 产品应承担的制造费用分别为 12 654 元和 21 091.5 元，进行会计核算时，应分别记入“生产成本——X——制造费用”和“生产成本——Y——制造费用”科目的借方；同时，还表明本月发生的制造费用 33 745.5 元已分配结转，进行会计核算时，应记入“制造费用”各明细科目的贷方。

因此，该笔业务在 T+系统中的操作流程如下：

(1) 以 02 会计朱胜利的身份登录。“总账”→“日常业务”，单击“填制凭证”，打开记账凭证编制界面。

(2) 单击“新增”按钮，输入数据。凭证类别“记账凭证”，凭证编号“0024”，制单日期“2020-11-30”，附单据数“1”。

(3) 输入摘要“结转制造费用”。

(4) 新增并输入借方科目名称“生产成本——X——制造费用”，输入借方金额“12 654.00”，新增并输入借方科目名称“生产成本——Y——制造费用”，输入借方金额“21 091.50”。

(5) 输入贷方科目名称“制造费用——工资”，输入贷方金额“22 600.00”，输入贷方科目名称“制造费用——四险一金”，输入贷方金额“8 249.00”，输入贷方科目名称“制造费用——水费”，输入贷方金额“1 516.50”，输入贷方科目名称“制造费用——电费”，输入贷方金额“1 380.00”。

(6) 单击“保存”按钮，如图 2-44 所示。

记账凭证

* 凭证类别 记账凭证　　* 凭证编号 0024　　* 制单日期 2020-11-30　　附单据数 1

明细　汇总

序号	*摘要	*科目名称	借方											贷方										
			亿	千	百	十	万	千	百	十	元	角	分	亿	千	百	十	万	千	百	十	元	角	分
1	结转制造费用	生产成本—X—制造费用					1	2	6	5	4	0	0											
2	结转制造费用	生产成本—Y—制造费用					2	1	0	9	1	5	0											
3	结转制造费用	制造费用—工资																2	2	6	0	0	0	0
4	结转制造费用	制造费用—四险一金																	8	2	4	9	0	0
5	结转制造费用	制造费用—水费																	1	5	1	6	5	0
6	结转制造费用	制造费用—电费																	1	3	8	0	0	0
7																								
合计	大写合计	叁万叁仟柒佰肆拾伍元伍角					3	3	7	4	5	5	0					3	3	7	4	5	5	0

记账人　　审核人　　出纳　　* 制单人 朱胜利

图 2-44　记账凭证界面

【业务 2-25】（共 3 张原始凭证，于 11 月 30 日取得）

表 2-25-1 是产成品入库单的第二联记账联，此联应作为完工产品验收入库的记账依据。该原始凭证的内容表明，本月本公司有 16 000 件 X 产品和 20 000 件 Y 产品已经完工验收入库，进行会计核算时，应分别记入“库存商品——X”和“库存商品——Y”科目的借方。

表 2-25-1　　产成品入库单

2020 年 11 月 30 日　　编号:2011001

产品编号	名称	规格	计量单位	数量	单价	金额	备注
00001	X 产品		件	16 000	24.46	391 378.50	
00002	Y 产品		件	20 000	18.08	361 596.50	

制表:朱胜利　　审核:王颖宏

表 2-25-2　　产品成本计算单

2020 年 11 月 30 日

产品:X　　本月完工 16 000　　月末在产品 0

项目	直接材料	直接人工	制造费用	合计
期初在产品成本	0	0	0	0
本月发生费用	336 000.00	42 724.50	12 654.00	391 378.50
生产费用合计	336 000.00	42 724.50	12 654.00	391 378.50
完工产品成本	336 000.00	42 724.50	12 654.00	391 378.50
月末在产品成本	0	0	0	0

制表:朱胜利　　审核:王颖宏

表 2-25-3　　产品成本计算单

2020 年 11 月 30 日

产品:Y　　本月完工 20 000　　月末在产品 0

项目	直接材料	直接人工	制造费用	合计
期初在产品成本	0	0	0	0
本月生产费用	290 000.00	50 505.00	21 091.50	361 596.50
生产费用合计	290 000.00	50 505.00	21 091.50	361 596.50
完工产品成本	290 000.00	50 505.00	21 091.50	361 596.50
月末在产品成本	0	0	0	0

制表:朱胜利　　审核:王颖宏

表 2-25-2 是产品成本计算单,此单应作为期末结转完工产品成本的记账依据。该原始凭证的内容表明,本月完工 X 产品的成本 391 378.5 元应予以结转,进行会计核算时,应记入“生产成本——X”各明细科目的贷方。

表 2-25-3 是产品成本计算单,此单应作为期末结转完工产品成本的记账依据。该原始凭证的内容表明,本月完工 Y 产品的成本 361 596.5 元应予以结转,进行会计核算时,应记入“生产成本——Y”各明细科目的贷方。

因此,该笔业务在 T+系统中的操作流程如下:

(1) 以02会计朱胜利的身份登录。“总账”→“日常业务”，单击“填制凭证”，打开记账凭证编制界面。

(2) 单击“新增”按钮，输入数据。凭证类别“记账凭证”，凭证编号“0025”，制单日期“2020-11-30”，附单据数“3”。

(3) 输入摘要“结转完工产品成本”。

(4) 新增并输入借方科目名称“库存商品——X”，如图2-45所示，输入数量“16 000.00”，金额“391 378.50”，新增并输入借方科目名称“库存商品——Y”，如图2-46所示，输入数量“20 000.00”，金额“361 596.50”。

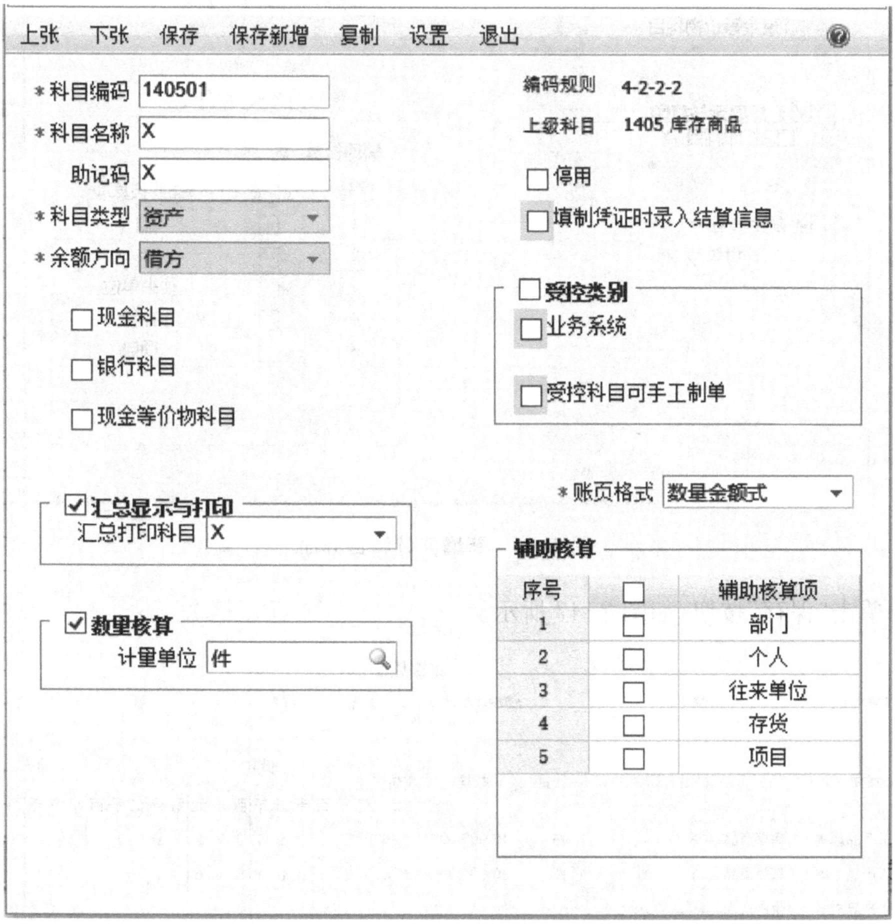

图2-45 新增会计科目界面

(5) 输入贷方科目名称“生产成本——X——直接材料”，输入贷方金额“336 000.00”，输入贷方科目名称“生产成本——X——直接人工”，输入贷方金额“42 724.50”，输入贷方科目名称“生产成本——X——制造费用”，输入贷方金额“12 654.00”，输入贷方科目名称“生产成本——Y——直接材料”，输入贷方金额“290 000.00”，输入贷方科目名称“生产成本——Y——直接人工”，输入贷方金额“50 505.00”，输入贷方科目名称“生产成本——Y——制造费用”，输入贷方金额“21 091.50”。

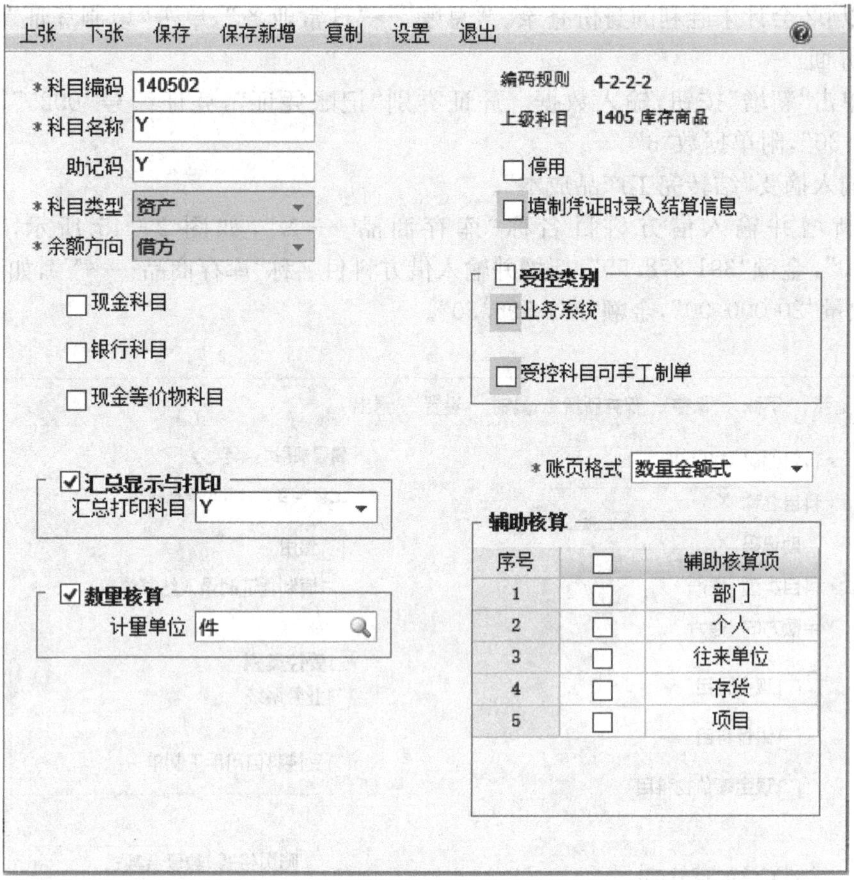

图 2-46　新增会计科目界面

(6) 单击“保存”按钮,如图 2-47 所示。

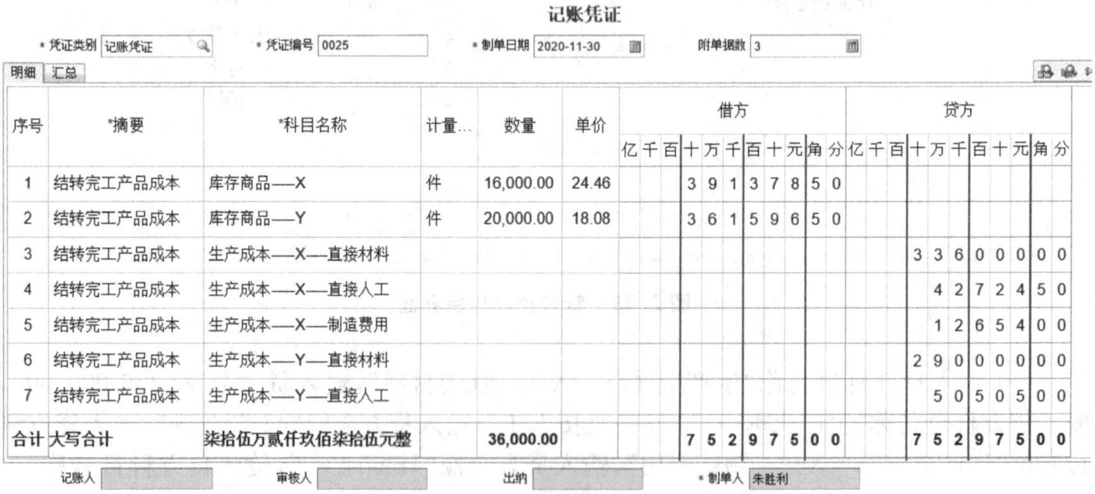
记账凭证

*凭证类别 记账凭证　*凭证编号 0025　*制单日期 2020-11-30　附单据数 3

明细 汇总

序号	*摘要	*科目名称	计量...	数量	单价	借方											贷方										
						亿	千	百	十	万	千	百	十	元	角	分	亿	千	百	十	万	千	百	十	元	角	分
1	结转完工产品成本	库存商品—X	件	16,000.00	24.46				3	9	1	3	7	8	5	0											
2	结转完工产品成本	库存商品—Y	件	20,000.00	18.08				3	6	1	5	9	6	5	0											
3	结转完工产品成本	生产成本—X—直接材料																		3	3	6	0	0	0	0	0
4	结转完工产品成本	生产成本—X—直接人工																			4	2	7	2	4	5	0
5	结转完工产品成本	生产成本—X—制造费用																			1	2	6	5	4	0	0
6	结转完工产品成本	生产成本—Y—直接材料																		2	9	0	0	0	0	0	0
7	结转完工产品成本	生产成本—Y—直接人工																			5	0	5	0	5	0	0
合计	大写合计	柒拾伍万贰仟玖佰柒拾伍元整		36,000.00					7	5	2	9	7	5	0	0				7	5	2	9	7	5	0	0

记账人　审核人　出纳　*制单人 朱胜利

图 2-47　记账凭证界面

【业务 2-26】（共 5 张原始凭证，于 11 月 30 日取得）

表 2-26-1

3204182140　　**江苏增值税专用发票**　　№ 01794259　　3204182140　01794259

江苏

此联不作报销、扣税凭证使用

开票日期：2020年11月30日

购买方	名　　称：雪峰股份有限公司 纳税人识别号：913210122396821945 地　址、电　话：江苏省扬州市江都区金启街殷玉路05号 0514-28898930 开户行及账号：中国建设银行扬州市江都区支行 41260314525936	密码区	40*3187<4/+1935<+95-59+7<5133248<0- ->>-6>525<573152->7*787*3187<4/+849 0<+249567693061+<712/<1+9016>3233+ +>84>530<+95-59+7<6485695<0-->>-6>

货物或应税劳务、服务名称	规格型号	单位	数量	单价	金额	税率	税额
X		件	13000	42	546000.00	13%	70980.00
Y		件	15000	35	525000.00	13%	68250.00
合　计					¥1071000.00		¥139230.00
价税合计（大写）	⊗ 壹佰贰拾壹万零贰佰叁拾元整				（小写） ¥1210230.00		

销售方	名　　称：江苏雨堰股份有限公司 纳税人识别号：913204115576606923 地　址、电　话：江苏省常州市新北工业园区1008号 0519-88528852 开户行及账号：中国建设银行常州市新北区支行 41622124827545	备注	

收款人：　　复核：　　开票人：　　销售方：（章）

第一联：记账联　销售方记账凭证

表 2-26-2

销　售　单

购货单位：雪峰股份有限公司　地址和电话：江苏省扬州市江都区金启街殷玉路 05 号 0514-28898930　单据编号：xs022

纳税识别号：913210122396821945　开户行及账号：中国建设银行扬州市江都区支行 41260314525936　制单日期：2020-11-30

编码	产品名称	规格	单位	单价	数量	金额	备注
01	X		件	47.46	13 000	616 980.00	
02	Y		件	39.55	15 000	593 250.00	
合计	人民币(大写)：壹佰贰拾壹万零贰佰叁拾元整				—	¥1 210 230.00	

会计联

销售经理：　　经手人：　　会计：　　签收人：

表 2-26-3

经理办公会议纪要

企业根据销售及退货情况分析，各产品的退货率为 5%。

闫瑞　李连仲　王颖宏

2020 年 11 月 30 日

表 2-26-4 **购销合同**

购方:雪峰股份有限公司　　合同编号:00125

销方:江苏雨堰股份有限公司　　签订地点:常州市

供需双方本着互利互惠、长期合作的原则,根据《中华人民共和国合同法》及双方的实际情况,就需方向供方采购事宜,订立本合同,以使双方在合同履行中共同遵守。

一、产品名称、数量、单价、金额:

产品名称	规模型号	计量单位	数量	单价	金额	备注
X		件	13 000	47.46	616 980.00	
Y		件	15 000	39.55	593 250.00	
						含税金额
合计					¥1 210 230.00	
合计人民币(大写):壹佰贰拾壹万零贰佰叁拾元整						

二、质量要求、技术标准、供方对质量负责的条件和期限:按合同企业标准。

三、(1) 交(提)货地点、方式:江苏省常州市新北工业园区 1008 号

(2) 交货日期:2020-11-30

四、付款时间与付款方式:付款方式:网银

五、运输方式及到站、港和费用负担:销售方承担

六、合理损耗及计算方法:以实际数量验收。

七、包装标准、包装物的供应与回收:普通包装,不回收包装物。

八、验收标准、方法及提出异议期限:

货到需方七天内提出质量异议,不包括运输过程中造成的质量问题。

自收到货物的 60 天内可以提出退货,运费由购货方承担。

九、违约责任:按《合同法》

十、解决合同纠纷的方式:双方协商解决。

十一、其他约定事项:

本合同一式两份,需、供双方各一份,经双方盖章后即生效。

购方(盖章):雪峰股份有限公司
单位地址:江苏省扬州市江都区金启街殷玉路 05 号
电　　话:0514-28898930
签订日期:2020-10-01
开户银行:中国建设银行扬州市江都区支行
账　　号:41260314525936

销方(盖章):江苏雨堰股份有限公司
单位地址:江苏省常州市新北工业园区 1008 号
电　　话:0519-88528852
签订日期:2020-10-01
开户银行:中国建设银行常州市新北区支行
账　　号:41622124827545

表 2-26-5

中国建设银行客户专用回单

币别：人民币　　2020 年 11 月 30 日　　流水号 320420027J0500810007

付款人	全称	雪峰股份有限公司	收款人	全称	江苏雨堰股份有限公司
	账号	41260314525936		账号	41622124827545
	开户行	中国建设银行扬州市江都区支行		开户行	中国建设银行常州市新北区支行
金额		（大写）人民币壹佰贰拾壹万零贰佰叁拾元整		（小写）¥1210230.00	
凭证种类		网银	凭证号码		
结算方式		转账	用途		货款
			打印柜员：320425584257 打印机构：中国建设银行常州市新北区支行 打印卡号：41622124827545		

第二联 贷方（回单）

（印章：中国建设银行常州市新北区支行 电子回单 专用章）

打印时间：2020-11-30　　交易柜员：320425584268　　交易机构：320410574

表 2-26-1 是江苏增值税专用发票的第一联记账联，此联应作为销售方的记账依据。该原始凭证注明，"销售方"是本公司，"购买方"是雪峰股份有限公司，"货物或应税劳务、服务名称"是 X 和 Y，这表明本公司销售了 X 和 Y 产品给雪峰股份有限公司。

表 2-26-2 是销售单。

表 2-26-3 是经理办公会议纪要。

表 2-26-4 是购销合同，销售产品是本公司的主营业务。

因此，根据这 4 张原始单据，进行会计核算时，"金额"的 95%应分别记入"主营业务收入——X"和"主营业务收入——Y"科目的贷方，"金额"的 5%应分别记入"预计负债——应付退货款——X"和"预计负债——应付退货款——Y"科目的贷方，"税额"应记入"应交税费——应交增值税——销项税额"科目的贷方。

表 2-26-5 是中国建设银行客户专用回单的第二联贷方回单，此联应作为收款方收取款项的记账依据。该原始凭证注明，"收款人"是本公司，"账号"是 41622124827545，这表明本公司已收到款项并存入账号 41622124827545 的基本户，进行会计核算时，应记入"银行存款——建行(41622124827545)"科目的借方。

因此，该笔业务在 T+系统中的操作流程如下：

(1) 以 02 会计朱胜利的身份登录。"总账"→"日常业务"，单击"填制凭证"，打开记账凭证编制界面。

(2) 单击"新增"按钮，输入数据。凭证类别"记账凭证"，凭证编号"0026"，制单日期"2020-11-30"，附单据数"5"。

(3) 输入摘要"销售产品，收到款项"。

(4) 输入借方科目名称："银行存款——建行(41622124827545)"，输入借方金额"1 210 230.00"

(5) 新增并输入贷方科目名称"主营业务收入——X"，输入贷方金额"518 700.00"，新增并输入贷方科目名称“主营业务收入——Y”，输入贷方金额“498 750.00”，新增并输入贷方科目名称“预计负债——应付退货款——X”，输入贷方金额“27 300.00”，新增并输入贷方科目名称“预计负债——应付退货款——Y”，输入贷方金额“26 250.00”，新增并输入贷方科目名称“应交税费——应交增值税——销项税额”，输入贷方金额“139 230.00”。

(6) 单击“保存”按钮，如图 2-48 所示。

记账凭证

* 凭证类别 记账凭证　　* 凭证编号 0026　　* 制单日期 2020-11-30　　附单据数 5

明细　汇总

序号	*摘要	*科目名称	辅助项	借方											贷方										
				亿	千	百	十	万	千	百	十	元	角	分	亿	千	百	十	万	千	百	十	元	角	分
1	销售产品，收到款项	银行存款—建行(4162212482754…				1	2	1	0	2	3	0	0	0											
2	销售产品，收到款项	主营业务收入—X																5	1	8	7	0	0	0	0
3	销售产品，收到款项	主营业务收入—Y																4	9	8	7	5	0	0	0
4	销售产品，收到款项	预计负债—应付退货款—X																	2	7	3	0	0	0	0
5	销售产品，收到款项	预计负债—应付退货款—Y																	2	6	2	5	0	0	0
6	销售产品，收到款项	应交税费—应交增值税—销项税额																1	3	9	2	3	0	0	0
7																									
合计	大写合计	壹佰贰拾壹万零贰佰叁拾元整				1	2	1	0	2	3	0	0	0			1	2	1	0	2	3	0	0	0

记账人　　审核人　　出纳　　* 制单人 朱胜利

图 2-48　记账凭证界面

【业务 2-27】（共 10 张原始凭证，于 11 月 30 日取得）

表 2-27-1

中国建设银行客户专用回单

币别：人民币　　2020 年 11 月 02 日　　流水号 320420027J0500810014

付款人	全称	江苏雨堰股份有限公司	收款人	全称	中国建设银行常州市新北区支行
	账号	41622124827545		账号	41027066338214
	开户行	中国建设银行常州市新北区支行		开户行	中国建设银行常州市新北区支行
金额		（大写）人民币捌角整		（小写）¥0.80	
凭证种类		网银	凭证号码		
结算方式		转账	用途		网银手续费
			打印柜员：320425584267 打印机构：中国建设银行常州市新北区支行 打印卡号：105356025868		

第一联 借方（回单）

打印时间：2020-11-02　　交易柜员：320425584268　　交易机构：320410500541133436

表 2-27-2

中国建设银行客户专用回单

币别：人民币　　2020 年 11 月 02 日　　流水号 320420027J0500810020

付款人	全称	江苏雨堰股份有限公司	收款人	全称	中国建设银行常州市新北区支行
	账号	41622124827545		账号	41027066338214
	开户行	中国建设银行常州市新北区支行		开户行	中国建设银行常州市新北区支行
金额		（大写）人民币贰拾伍元整		（小写）	￥25.00
凭证种类		网银	凭证号码		
结算方式		转账	用途		网银手续费
			打印柜员：320425584267 打印机构：中国建设银行常州市新北区支行 打印卡号：1053560258668		

第一联　借方（回单）

打印时间：2020-11-02　　交易柜员：320425584268　　交易机构：320410500541133436

表 2-27-3

中国建设银行客户专用回单

币别：人民币　　2020 年 11 月 02 日　　流水号 320420027J0500810032

付款人	全称	江苏雨堰股份有限公司	收款人	全称	中国建设银行常州市新北区支行
	账号	41622124827545		账号	41027066338214
	开户行	中国建设银行常州市新北区支行		开户行	中国建设银行常州市新北区支行
金额		（大写）人民币壹拾伍元整		（小写）	￥15.00
凭证种类		电汇	凭证号码		
结算方式		转账	用途		电汇手续费
			打印柜员：320425584267 打印机构：中国建设银行常州市新北区支行 打印卡号：1053560258668		

第一联　借方（回单）

打印时间：2020-11-02　　交易柜员：320425584268　　交易机构：320410500541133436

表 2-27-4

中国建设银行客户专用回单

币别：人民币　　2020 年 11 月 03 日　　流水号 320420027J0500810033

付款人	全称	江苏雨堰股份有限公司	收款人	全称	中国建设银行常州市新北区支行
	账号	41622124827545		账号	41027066338214
	开户行	中国建设银行常州市新北区支行		开户行	中国建设银行常州市新北区支行
金额		（大写）人民币叁拾玖元贰角壹分		（小写）	￥39.21
凭证种类		承兑	凭证号码		
结算方式		转账	用途		银行承兑手续费
			打印柜员：320425584267 打印机构：中国建设银行常州市新北区支行 打印卡号：1053560258668		

第一联　借方（回单）

打印时间：2020-11-03　　交易柜员：320425584268　　交易机构：320410500541133436

表 2-27-5

中国建设银行客户专用回单

币别：人民币　　2020 年 11 月 10 日　　流水号 320420027J0500810037

付款人	全称	江苏雨堰股份有限公司	收款人	全称	中国建设银行常州市新北区支行
	账号	41622124827545		账号	41027066338214
	开户行	中国建设银行常州市新北区支行		开户行	中国建设银行常州市新北区支行
金额		（大写）人民币捌角整			（小写）¥0.80
凭证种类		网银	凭证号码		
结算方式		转账	用途		网银手续费
			打印柜员：320425584267 打印机构：中国建设银行常州市新北区支行 打印卡号：105356025668		

打印时间：2020-11-10　　交易柜员：320425584268　　交易机构：320410500541133436

第一联借方（回单）

表 2-27-6

中国建设银行客户专用回单

币别：人民币　　2020 年 11 月 15 日　　流水号 320420027J0500810060

付款人	全称	江苏雨堰股份有限公司	收款人	全称	中国建设银行常州市新北区支行
	账号	41622124827545		账号	41027066338214
	开户行	中国建设银行常州市新北区支行		开户行	中国建设银行常州市新北区支行
金额		（大写）人民币捌角整			（小写）¥0.80
凭证种类		网银	凭证号码		
结算方式		转账	用途		网银手续费
			打印柜员：320425584267 打印机构：中国建设银行常州市新北区支行 打印卡号：105356025668		

打印时间：2020-11-15　　交易柜员：320425584268　　交易机构：320410500541133436

第一联借方（回单）

表 2-27-7

中国建设银行客户专用回单

币别：人民币　　2020 年 11 月 20 日　　流水号 320420027J0500810076

付款人	全称	江苏雨堰股份有限公司	收款人	全称	中国建设银行常州市新北区支行
	账号	41622124827545		账号	41027066338214
	开户行	中国建设银行常州市新北区支行		开户行	中国建设银行常州市新北区支行
金额		（大写）人民币贰拾元整			（小写）¥20.00
凭证种类		电汇	凭证号码		
结算方式		转账	用途		电汇手续费
			打印柜员：320425584267 打印机构：中国建设银行常州市新北区支行 打印卡号：105356025668		

打印时间：2020-11-20　　交易柜员：320425584268　　交易机构：320410500541133436

第一联借方（回单）

表 2-27-8

中国建设银行客户专用回单

币别：人民币　　2020 年 11 月 30 日　　流水号 320420027J0500810086

付款人	全称	江苏雨堰股份有限公司	收款人	全称	中国建设银行常州市新北区支行
	账号	41622124827545		账号	41027066338214
	开户行	中国建设银行常州市新北区支行		开户行	中国建设银行常州市新北区支行
金 额		（大写）人民币捌角整			（小写）¥0.80
凭证种类		网银	凭证号码		
结算方式		转账	用途		网银手续费
			打印柜员：320425584267 打印机构：中国建设银行常州市新北区支行 打印卡号：1053560258868		

（印章：中国建设银行 专用章）

第一联借方（回单）

打印时间：2020-11-30　　交易柜员：320425584268　　交易机构：320410500541133436

表 2-27-9

3204163140　江苏增值税专用发票　№ 84586158　3204163140　84586158

抵扣联　　开票日期：2020年11月30日

购买方	名称：江苏雨堰股份有限公司 纳税人识别号：913204116047842554 地址、电话：江苏省常州市新北工业园区1008号 0519-88528852 开户行及账号：中国建设银行常州市新北区支行 41622124827545			密码区	83*3187<4/+2574<+95-59+7<530 2360<0—>>-6>525<742595->7*7 87*3187<4/+8490<+53355675851 8+<712/<1+9016>2043++>84>093		
货物或应税劳务、服务名称	规格型号	单位	数量	单价	金额	税率	税额
直接收费金融服务			1	96.61	96.61	6%	5.80
合计					¥96.61		¥5.80
价税合计（大写）	⊗壹佰零贰元肆角壹分				（小写）¥102.41		
销售方	名称：中国建设银行股份有限公司常州分行 纳税人识别号：913204118554830878 地址、电话：江苏省常州市新北区彭怀街孟立路29号 0519-579043198 开户行及账号：中国建设银行股份有限公司常州市营业部 32041178583802164			备注	（印章：中国建设银行股份有限公司常州市分行 913204118554830878 发票专用章）		

收款人：　　复核：　　开票人：孟珊　　销售方：（章）

第二联：抵扣联　购买方扣税凭证

表 2-27-1、表 2-27-2、表 2-27-5、表 2-27-6 和表 2-27-8 是中国建设银行客户专用回单的第一联借方回单，此联应作为付款方支付款项的记账依据。该原始凭证注明，“付款人”是本公司，“账号”是 41622124827545，“用途”是网银手续费，这表明本公司已通过账号 41622124827545 的基本户支付了款项，进行会计核算时，应分别记入“银行存款——建行(41622124827545)”科目的贷方。

表 2-27-3 和表 2-27-7 是中国建设银行客户专用回单的第一联借方回单，此联应作为付款方支付款项的记账依据。该原始凭证注明，“付款人”是本公司，“账号”是 41622124827545，“用途”是电汇手续费，这表明本公司已通过账号 41622124827545 的基本户支付了款项，进行会计核算时，应分别记入“银行存款——建行(41622124827545)”科目的贷方。

表 2-27-10

3204163140 江苏增值税专用发票 № 84586158

3204163140
84586158

开票日期:2020年11月30日

购买方
名　　称:江苏雨堰股份有限公司
纳税人识别号:913204116047842554
地 址、电 话:江苏省常州市新北工业园区1008号 0519-88528852
开户行及账号:中国建设银行常州市新北区支行 41622124827545

密码区
83*3187<4/+2574<+95-59+7<530
2360<0—>>-6>525<742595->7*7
87*3187<4/+8490<+53355675851
8+<712/<1+9016>2043++>84>093

货物或应税劳务、服务名称	规格型号	单位	数量	单价	金额	税率	税额
直接收费金融服务			1	96.61	96.61	6%	5.80
合　　计					¥96.61		¥5.80
价税合计(大写)	⊗壹佰零贰元肆角壹分				(小写) ¥102.41		

销售方
名　　称:中国建设银行股份有限公司常州分行
纳税人识别号:913204118554830878
地 址、电 话:江苏省常州市新北区彭怀街孟立路29号 0519-579043198
开户行及账号:中国建设银行股份有限公司常州市营业部 32041178583802164

备注 中国建设银行股份有限公司常州分行 913204118554830878 发票专用章

收款人:　　复核:　　开票人:孟珊　　销售方:(章)

第三联:发票联 购买方记账凭证

税总函【XXXX】XXX号 XXXXXXXX公司

表 2-27-4 是中国建设银行客户专用回单的第一联借方回单,此联应作为付款方支付款项的记账依据。该原始凭证注明,“付款人”是本公司,“账号”是 41622124827545,“用途”是银行承兑手续费,这表明本公司已通过账号 41622124827545 的基本户支付了款项,进行会计核算时,应记入“银行存款——建行(41622124827545)”科目的贷方。

表 2-27-9 是江苏增值税专用发票的第二联抵扣联,此联应作为购买方抵扣进项税额的依据。该抵扣联不能作为记账凭证的附件,专门用于在规定期限内到税务机关办理认证或在平台办理勾选确认,并在认证通过或勾选确认的次月申报期内,向主管税务机关申报抵扣进项税额。

表 2-27-10 是江苏增值税专用发票的第三联发票联,此联应作为购买方的记账依据。该原始凭证注明,“购买方”是本公司,“销售方”是中国建设银行股份有限公司常州分行,“货物或应税劳务、服务名称”是直接收费金融服务,这表明本公司接受了中国建设银行股份有限公司常州分行的金融服务,并于月末汇总后提请中国建设银行股份有限公司常州分行开具了增值税专用发票。进行会计核算时,“金额”应记入“财务费用——工本及手续费”科目的借方,“税额”应记入“应交税费——应交增值税——进项税额”科目的借方。

因此,该笔业务在 T+系统中的操作流程如下:

(1) 以 02 会计朱胜利的身份登录。“总账”→“日常业务”,单击“填制凭证”,打开记账凭证编制界面。

(2) 单击“新增”按钮,输入数据。凭证类别“记账凭证”,凭证编号“0027”,制单日期“2020-11-30”,附单据数“9”。

(3) 输入摘要“支付手续费”。

(4) 输入借方科目名称“财务费用——工本及手续费”,输入借方金额“96.61”,输入借方科目名称“应交税费——应交增值税——进项税额”,输入借方金额“5.80”。

(5) 分 8 行输入贷方科目名称“银行存款——建行(41622124827545)”,分别输入贷方金额:“0.80”“25.00”“15.00”“39.21”“0.80”“0.80”“20.00”和“0.80”。

(6) 单击“保存”按钮，如图 2-49 所示。

记账凭证

* 凭证类别 记账凭证　　* 凭证编号 0027　　* 制单日期 2020-11-30　　附单据数 9

明细　汇总

序号	*摘要	*科目名称	辅助项	借方（亿千百十万千百十元角分）	贷方（亿千百十万千百十元角分）
1	支付手续费	财务费用—工本及手续费		9661	
2	支付手续费	应交税费—应交增值税—进项税额		580	
3	支付手续费	银行存款—建行（41622124827545）			080
4	支付手续费	银行存款—建行（41622124827545）			2500
5	支付手续费	银行存款—建行（41622124827545）			1500
6	支付手续费	银行存款—建行（41622124827545）			3921
7	支付手续费	银行存款—建行（41622124827545）			080
合计	大写合计	壹佰零贰元肆角壹分		10241	10241

记账人　　审核人　　出纳　　* 制单人 朱胜利

图 2-49　记账凭证界面

【业务 2-28】（共 3 张原始凭证，于 11 月 30 日取得）

表 2-28-1　　**单位产品成本计算表**

2020 年 11 月 30 日

产品名称	本月完工产品		加权平均单价
	数量	金额	
X 产品	16 000	391 378.50	24.46
Y 产品	20 000	361 596.50	18.08

制表：朱胜利　　审核：王颖宏

表 2-28-2　　**产品销售成本计算表**

2020 年 11 月 30 日

产品名称	销售数量(件)	单位成本(元)	总成本(元)
X 产品	13 000	24.46	317 980.00
Y 产品	15 000	18.08	271 200.00

制表：朱胜利　　审核：王颖宏

表 2-28-3　　**产成品出库汇总表**

2020 年 11 月 30 日

产品名称	发出数量(件)	单位成本(元)	总成本(元)
X 产品	13 000		
Y 产品	15 000		

制表：朱胜利　　审核：王颖宏

表 2-28-1 是单位产品成本计算表，此表作为期末计算产成品销售成本的记账依据。该原始凭证注明的内容表明，X，Y 产品的单位销售成本分别为 24.46 元和 18.08 元。

表 2-28-2 是产品销售成本计算表，此表也作为期末计算产成品销售成本的记账依据。该原始凭证注明的内容表明，本公司本月销售 X，Y 产品总成本分别为 317 980 元和 271 200 元，进行会计核算时，考虑退货率 5%的情况，其中总成本的 95%应分别记入“主营业务成本——X”和“主营业务成本——Y”科目的借方，总成本的 5%应分别记入“应收退货成本——X”和“应收退货成本——Y”科目的借方。

表 2-28-3 是产成品出库汇总表，此表应作为确定本期发出产成品的记账依据。该原始凭证注明的内容表明，本公司本月发出 X，Y 产品。进行会计核算时，应分别记入“库存商品——X”和“库存商品——Y”科目的贷方。

因此，该笔业务在 T+系统中的操作流程如下：

(1) 以 02 会计朱胜利的身份登录。“总账”→“日常业务”，单击“填制凭证”，打开记账凭证编制界面。

(2) 单击“新增”按钮，输入数据。凭证类别“记账凭证”，凭证编号“0028”，制单日期“2020-11-30”，附单据数“3”。

(3) 输入摘要“结转已销产品成本”。

(4) 新增并输入借方科目名称“主营业务成本——X”，输入借方金额“302 081.00”，新增并输入借方科目名称“应收退货成本——X”，输入借方金额“15 899.00”，新增并输入借方科目名称“主营业务成本——Y”，输入借方金额“257 640.00”，新增并输入借方科目名称“应收退货成本——Y”，输入借方金额“13 560.00”。

(5) 输入贷方科目名称“库存商品——X”，输入数量“13 000.00”，金额“317 980.00”，输入贷方科目名称“库存商品——Y”，输入数量“15 000.00”，金额“271 200.00”。

(6) 单击“保存”按钮，如图 2-50 所示。

记账凭证

* 凭证类别 记账凭证　* 凭证编号 0028　* 制单日期 2020-11-30　附单据数 3

明细　汇总

序号	*摘要	*科目名称	计量...	数量	单价	借方（亿千百十万千百十元角分）	贷方（亿千百十万千百十元角分）
1	结转已销产品成本	主营业务成本—X				30208100	
2	结转已销产品成本	应收退货成本—X				1589900	
3	结转已销产品成本	主营业务成本—Y				25764000	
4	结转已销产品成本	应收退货成本—Y				1356000	
5	结转已销产品成本	库存商品—X	件	13,000.00	24.46		31798000
6	结转已销产品成本	库存商品—Y	件	15,000.00	18.08		27120000
7							
合计	大写合计	伍拾捌万玖仟壹佰捌拾...		28,000.00		58918000	58918000

记账人　审核人　出纳　* 制单人 朱胜利

图 2-50　记账凭证界面

【业务 2-29】（共 1 张原始凭证，于 11 月 30 日取得）

表 2-29-1

月度应交所得税计算表

2020 年 11 月 30 日

行次	项　目	本期金额
1	一、按照实际利润额预缴	
2	营业收入	1 017 450.00
3	营业成本	559 721.00
4	利润总额	339 980.51
5	加:特定业务计算的应纳税所得额	
6	减:不征税收入和税基减免应纳税所得额	
7	固定资产加速折旧(扣除)调减额	
8	弥补以前年度亏损	
9	实际利润额(4 行+5 行-6 行-7 行-8 行)	339 980.51
10	税率(25%)	
11	应纳所得税额	84 995.13

制表:朱胜利　　　　审核:王颖宏

表 2-29-1 是月度应交所得税计算表,此表应作为期末计算本期应交所得税费用的记账依据。该原始凭证注明的内容表明,本公司本月发生了所得税费用 84 995.13 元,进行会计核算时,应记入"所得税费用"科目的借方;同时,本业务中本公司没有缴纳企业所得税的原始凭证,故进行会计核算时,应记入"应交税费——应交所得税"科目的贷方。

因此,该笔业务在 T+系统中的操作流程如下:

(1) 以 02 会计朱胜利的身份登录。"总账"→"日常业务",单击"填制凭证",打开记账凭证编制界面。

(2) 单击"新增"按钮,输入数据。凭证类别"记账凭证",凭证编号"0029",制单日期"2020-11-30",附单据数"1"。

(3) 输入摘要"计算应交企业所得税"。

(4) 输入借方科目名称"所得税费用",输入借方金额"84 995.13"。

(5) 新增并输入贷方科目名称"应交税费——应交所得税",输入贷方金额"84 995.13"。

(6) 单击"保存"按钮,如图 2-51 所示。

前面我们讲解了总账系统中填制记账凭证的基本操作流程,下面我们介绍直接填制的记账凭证的修改、作废和删除。

(1) 修改凭证的操作步骤如下:

第一,"总账"→"日常业务"→"填制凭证",进入"填制凭证"窗口。在"填制凭证"窗口中,通过"首张""上张""下张""末张"按钮翻页进行查找,找到要修改的凭证。或者"总账"→"日常业务"→"凭证管理",输入查询条件,找到要修改的凭证。

第二,修改相关内容后,单击"保存"按钮,保存当前内容的修改。

修改凭证时应注意:①对已输入但未经审核的错误凭证可通过"填制凭证"功能直接修改;对已审核的凭证但未记账的错误凭证,应先取消审核后,再进行修改;对已经记账的凭证

记账凭证

* 凭证类别 记账凭证　* 凭证编号 0029　* 制单日期 2020-11-30　附单据数 1

明细　汇总

序号	*摘要	*科目名称	借方											贷方										
			亿	千	百	十	万	千	百	十	元	角	分	亿	千	百	十	万	千	百	十	元	角	分
1	计算应交企业所得税	所得税费用					8	4	9	9	5	1	3											
2	计算应交企业所得税	应交税费—应交所得税																8	4	9	9	5	1	3
3																								
4																								
5																								
6																								
7																								
合计	大写合计	捌万肆仟玖佰玖拾伍元…					8	4	9	9	5	1	3					8	4	9	9	5	1	3

记账人　审核人　出纳　* 制单人 朱胜利

图 2-51　记账凭证界面

有错误,不能直接修改,可采用红字冲销法或补充登记法进行修改。②若已采用制单序时控制,则修改后的制单日期,不能在上一张凭证的制单日期之前。若选择“不允许修改或作废他人填制的凭证”权限控制,则不能修改或作废他人填制的凭证。

(2) 作废凭证的操作步骤如下:

第一,同上操作,先找到需要作废的凭证。

第二,点击“操作”→“作废”,凭证左上角显示“作废”字样,表示该凭证已作废。

作废凭证时应注意:作废凭证仍保留凭证内容及编号,只显示“作废”字样。作废凭证不能修改,不能审核。在记账时,已作废的凭证应参与记账,否则月末无法结账,但不对作废凭证作数据处理,相当于一张空凭证。进行账簿查询时,查不到作废凭证的数据。若当前凭证已作废,可点击“操作”→“取消作废”,取消作废标志,并将当前凭证恢复为有效凭证。

(3) 删除凭证的操作步骤如下:

第一,同上操作,先找到需要删除的凭证。

第二,点击“操作”→“删除”,弹出删除信息提示框,单击“是”,删除凭证。

删除凭证时应注意,删除凭证后会有断号,可通过凭证整理来除去断号。

【业务 2-30】 (共 1 张原始凭证,于 11 月 30 日取得)

表 2-30-1　损益类科目发生额表

2020 年 11 月 30 日

账户名称	借方发生额	贷方发生额
主营业务收入		1 017 450.00
投资收益		
主营业务成本	559 721.00	

（续表）

账户名称	借方发生额	贷方发生额
税金及附加	240.00	
管理费用	88 053.28	
销售费用	28 886.90	
财务费用	568.31	
所得税费用	84 995.13	
合计	762 464.62	11 017 450.00

制表：朱胜利　　　　审核：王颖宏

表 2-30-1 是损益类科目发生额表，此表应作为期末结转损益类科目的记账依据。该原始凭证注明的内容表明，本公司本月收入类科目发生额合计为 1 017 450 元，期末结转时，应从“主营业务收入”各明细科目的借方转入“本年利润”科目的贷方。

同时，本公司本月费用类科目发生额合计为 762 464.62 元，应分别从“主营业务成本”“税金及附加”“管理费用”“销售费用”“财务费用”各明细科目和“所得税费用”科目的贷方转入“本年利润”科目的借方。

因此，该笔业务在 T+系统中的操作流程如下：

(1) 以 02 会计朱胜利的身份登录。“总账”→“期末处理”，单击“期间损益结转”，打开期间损益结转界面，输入数据。结转期间“2020.11”，凭证类别“记账凭证”，选中“包含未记账凭证”复选框；设置方式“一级科目”，收支类型“收入”，选中“收入支出分别结转”复选框，“本年利润”科目“本年利润”。设置期间损益结转界面，如图 2-52 所示。

生成凭证　退出

* 结转期间 2020.11　* 凭证类别 记账凭证　包含未记账凭证 ☑
* 设置方式 一级科目　收支类型 收入　收入支出分别结转 ☑
* 本年利润科目 本年利润　合并生成利润分录 ☐

序号	☑	损益科目编码	损益科目名称	*利润科目编码	*利润科目名称
1	☑	6001	主营业务收入	4103	本年利润
2	☑	6011	利息收入	4103	本年利润
3	☑	6021	手续费及佣金收入	4103	本年利润
4	☑	6031	保费收入	4103	本年利润
5	☑	6041	租赁收入	4103	本年利润
6	☑	6051	其他业务收入	4103	本年利润
7	☑	6061	汇兑损益	4103	本年利润
8	☑	6101	公允价值变动损益	4103	本年利润
9	☑	6111	投资收益	4103	本年利润
10	☑	6201	摊回保险责任准备金	4103	本年利润
11	☑	6202	摊回赔付支出	4103	本年利润
12	☑	6203	摊回分保费用	4103	本年利润
13	☑	6301	营业外收入	4103	本年利润

图 2-52　设置期间损益结转界面

(2) 单击“生成凭证”按钮，生成凭证后，输入附单据数“1”。单击“保存”按钮，如图2-53所示。

已生成

记账凭证

* 凭证类别 记账凭证　* 凭证编号 0030　* 制单日期 2020-11-30　附单据数 1

明细　汇总

序号	*摘要	*科目名称	借方（亿千百十万千百十元角分）	贷方（亿千百十万千百十元角分）
1	结转期间损益	主营业务收入——X	51870000	
2	结转期间损益	主营业务收入——Y	49875000	
3	结转期间损益	本年利润		101745000
4				
5				
6				
合计	大写合计	壹佰零壹万柒仟肆佰伍...	101745000	101745000

记账人　审核人　出纳　* 制单人 朱胜利

图 2-53　记账凭证界面

(3) “总账”→“期末处理”，单击“期间损益结转”，打开期间损益结转界面，输入数据。收支类型“支出”。

(4) 单击“生成凭证”按钮，生成凭证后。单击“保存”按钮，如图 2-54、图 2-55 和图 2-56 所示。

已生成

记账凭证

* 凭证类别 记账凭证　* 凭证编号 0031　* 制单日期 2020-11-30　附单据数

明细　汇总

序号	*摘要	*科目名称	借方（亿千百十万千百十元角分）	贷方（亿千百十万千百十元角分）
1	结转期间损益	本年利润	76246462	
2	结转期间损益	主营业务成本——X		30208100
3	结转期间损益	主营业务成本——Y		25764000
4	结转期间损益	税金及附加——车船税		24000
5	结转期间损益	销售费用——广告费		1200000
6	结转期间损益	销售费用——工资		1230000
合计	大写合计	柒拾陆万贰仟肆佰陆拾肆...	76246462	76246462

记账人　审核人　出纳　* 制单人 朱胜利

图 2-54　记账凭证界面

已生成

记账凭证

* 凭证类别 记账凭证　* 凭证编号 0031　* 制单日期 2020-11-30　附单据数

明细　汇总

序号	*摘要	*科目名称	借方											贷方										
			亿	千	百	十	万	千	百	十	元	角	分	亿	千	百	十	万	千	百	十	元	角	分
7	结转期间损益	销售费用——四险一金																	4	4	8	9	5	0
8	结转期间损益	销售费用——水费																			6	7	4	0
9	结转期间损益	销售费用——电费																			3	0	0	0
10	结转期间损益	管理费用——开办费																		1	8	8	6	8
11	结转期间损益	管理费用——工资																6	3	9	0	0	0	0
12	结转期间损益	管理费用——四险一金																2	3	3	2	3	5	0
合计	**大写合计**	**柒拾陆万贰仟肆佰陆拾肆…**				**7**	**6**	**2**	**4**	**6**	**4**	**6**	**2**				**7**	**6**	**2**	**4**	**6**	**4**	**6**	**2**

记账人　审核人　出纳　* 制单人 朱胜利

图 2-55　记账凭证界面

已生成

记账凭证

* 凭证类别 记账凭证　* 凭证编号 0031　* 制单日期 2020-11-30　附单据数

明细　汇总

序号	*摘要	*科目名称	借方											贷方										
			亿	千	百	十	万	千	百	十	元	角	分	亿	千	百	十	万	千	百	十	元	角	分
13	结转期间损益	管理费用——水费																		1	0	1	1	0
14	结转期间损益	管理费用——电费																			9	0	0	0
15	结转期间损益	管理费用——保险费																		4	5	0	0	0
16	结转期间损益	财务费用——工本及手续费																		5	6	8	3	1
17	结转期间损益	所得税费用																8	4	9	9	5	1	3
18																								
合计	**大写合计**	**柒拾陆万贰仟肆佰陆拾肆…**				**7**	**6**	**2**	**4**	**6**	**4**	**6**	**2**				**7**	**6**	**2**	**4**	**6**	**4**	**6**	**2**

记账人　审核人　出纳　* 制单人 朱胜利

图 2-56　记账凭证界面

通过[业务 2-30]的处理,我们了解了总账系统中“期间损益结转”的基本操作流程,需要说明的是,总账系统中期末处理除了“期间损益结转”,还有“自定义结转”和“汇兑损益结转”(如果涉及外币业务)。下面介绍这两种的结转方式:

(1) 自定义结转。财务月末会作一些摊销、计提等业务。大部分业务涉及的科目都相对固定,这样可以通过自定转账模板完成自动转账功能。先完成模板设置,月末可以根据设置的模板内容批量生成相应的会计凭证。自定义结转操作步骤:①定义模板:进入自定义结转,点击“转账设置”或双击列表上的模板进入模板设置界面。根据需要选择转账类型,公式结转或对应结转，保存结转模板。②回到结转界面，选择模板及调整生成顺序。③选择结转期间、凭证类别、是否包含未记账。④点击“生成凭证”，弹出凭证界面，修改或补充凭证信息。⑤单张保存或批量保存。

(2) 汇兑损益结转。公司在经营过程中，由于不同外币兑换发生的差价，以及汇率变动发生的折合为记账本位币的差额，所形成的收益或损失。根据我国现行会计制度的规定，进行外币业务的会计处理，在会计期间(月份、季度或年度)终了时必须计算汇兑损益，并进行相应的账务处理。本操作用于期末自动计算外币账户余额的损益，并自动生成汇兑损益凭证。汇兑损益结转操作步骤：①设置凭证类别、设置汇兑损益科目选择结转期间。②选择包含未记账凭证、选择调汇科目。③点击“下一步”，选择要调汇的币种，并指定调整汇率。④点击“下一步”，系统根据科目、币种和辅助核算的组合分别计算外币余额，根据外币余额折算本币余额，并计算折算本币余额和实际本币余额的差额。⑤点击“生成凭证”，弹出凭证填制界面。⑥补充或修改生成内容，单张或批量保存凭证。

【业务 2-31】 记账凭证的期末处理

1. 出纳签字

(1) 以 03 刘宁身份登录。“总账”→“日常业务”，单击“凭证管理”，打开“查询条件”对话框，点击“确定”按钮，进入凭证管理界面。

(2) 单击“待出纳签字”按钮，再点击“全部凭证”。单击“操作”菜单中的“出纳签字”，完成出纳签字工作。

需要说明的是，取消出纳签字的操作：

(1) 以 03 刘宁身份登录。“总账”→“日常业务”，单击“凭证管理”，打开“查询条件”对话框，点击“确定”按钮，进入凭证管理界面。

(2) 选中需要取消出纳签字的凭证，单击“操作”菜单中的“取消出纳签字”，完成取消出纳签字工作。

2. 凭证审核

(1) 以 01 王颖宏身份登录。“总账”→“日常业务”，单击“凭证管理”，打开“查询条件”对话框，点击“确定”按钮，进入凭证管理界面。

(2) 单击“待审核”按钮，再点击“全部凭证”，单击“审核”按钮，完成记账凭证审核工作。应注意，制单人与审核人一般不能为同一人。

需要说明的是，取消凭证审核的操作：

(1) 以 01 王颖宏身份登录。“总账”→“日常业务”，单击“凭证管理”，打开“查询条件”对话框，点击“确定”按钮，进入凭证管理界面。

(2) 选中需要取消审核的凭证，单击“弃审”按钮，完成记账凭证“取消审核”工作。

3. 凭证记账

以 01 王颖宏身份登录。“总账”→“日常业务”，单击“记账”，打开“记账”对话框，输入数据。会计期间“2020.11—2020.11”，凭证类型“记账凭证”，如图 2-57 所示。点击“确定”按钮，进入记账界面。选中全部凭证，单击“记账”按钮，完成凭证记账工作。

需要说明的是，取消记账的操作：

(1) 以 01 王颖宏身份登录。“总账”→“日常业务”，单击“凭证管理”，打开“查询条件”对话框，点击“确定”按钮，进入凭证管理界面。

图 2-57　记账界面

(2) 选中需要取消记账的凭证，同时按下“Ctrl”+“Alt”+“H”键，弹出“取消记账提示框”，点击“是”，完成取消记账工作。

凭证记账以后，可以查询所需要的账簿，具体操作步骤如下：

(1) 以 01 王颖宏身份登录。“总账”→“财务账表”，单击“科目总账”，打开“查询”对话框，输入查询的相关参数“期间”“科目”“级次”等，点击“确定”，如图 2-58 所示，就能打开所需查询的账簿。

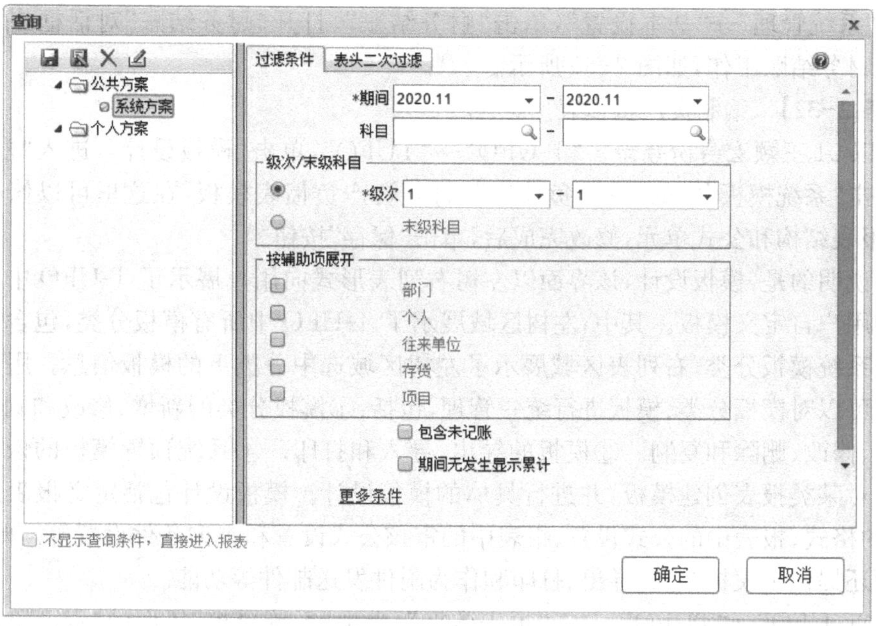

图 2-58　设置科目相关信息查询界面

(2) 同理,可以查询科目明细账、科目日记账、科目汇总表、辅助总账和辅助明细账等账簿。

4. 结账

(1) 以 01 王颖宏身份登录。"系统管理"→"基本设置",单击"业务结账",打开"业务结账"对话框,单击"期末结账"按钮,完成业务结账工作,如图 2-59 所示。

图 2-59 业务结账界面

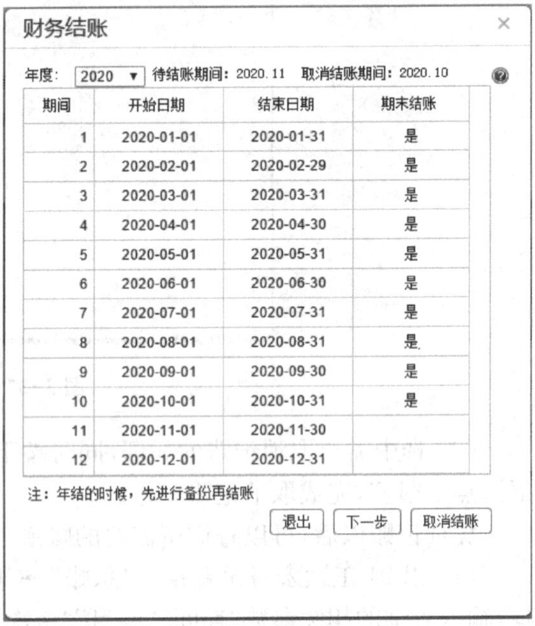

图 2-60 财务结账界面

(2) "系统管理"→"基本设置",单击"财务结账",打开"财务结账"对话框,单击"下一步",完成财务结账工作,如图 2-60 所示。

【业务 2-32】 编制资产负债表

(1) 以 01 王颖宏身份登录。"T-UFO"→"TUFO",单击"模板设计",进入"模板设计"界面。双击"系统模板"中的"资产负债表",打开资产负债表模板,在这里可以修改报表模板,包括报表结构和公式单元,修改完成后,单击"保存"按钮。

需要说明的是,模板设计,该界面以左树右列表形式向用户展示了 T-UFO 中的系统预置模板和用户自定义模板。其中,左树区域展示了 T-UFO 中所有模板分类,包含系统模板分类和非系统模板分类;右列表区域展示了左树区域选中分类下的模板信息。用户在模板设计界面可以对模板分类、模板进行统一管理,包括:①模板分类的新增、修改和删除。②模板的新增、修改、删除和复制。③模板的导出、导入和打印。④系统预置模板的恢复。我们也可以针对某类报表创建模板,并进行具体的模板设计。模板设计包括定义报表的基本内容、报表的格式、报表中的公式设置、报表中的审核公式设置和查询条件设置等。此外,设计模板界面还提供了模板导入、导出、打印和作为附件发送邮件等功能。

(2) "T-UFO"→"TUFO",单击"报表数据",点击"系统模板"里面的"资产负债表",再点击"生成报表"按钮。打开"生成报表"对话框,输入数据。会计年"2020",会计月"11",单位“江苏雨堰股份有限公司”，如图 2-61 所示。

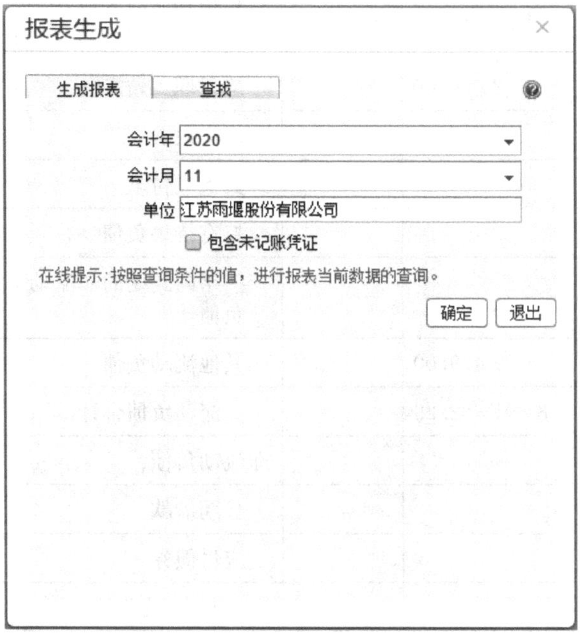

图 2-61　设置报表生成界面

需要说明的是，报表数据，该界面以左树右列表形式向用户展示了 T-UFO 中的模板和模板下的报表。其中，左树区域以层级关系展示了 T-UFO 中的所有模板；右列表区域展示了左树区域选中模板下的报表信息。用户在报表数据界面可以对模板下的报表进行统一管理，包括：①报表当前数据的查询。②报表历史记录的查询。③报表的修改和删除。④报表的导出、导入和打印。⑤报表汇总。

（3）单击“确定”按钮，生成资产负债表，单击“保存”按钮，如表 2-32-1 所示。

表 2-32-1　　　　资 产 负 债 表

编制单位：江苏雨堰股份有限公司　　　　2020 年 11 月 30 日　　　　单位：元

资产	期末余额	年初余额	负债和所有者权益（或股东权益）	期末余额	年初余额
流动资产：			流动负债：		
货币资金	7 357 883.29		短期借款		
交易性金融资产			交易性金融负债		
衍生金融资产			衍生金融负债		
应收票据			应付票据	819 250.00	
应收账款			应付账款	261 030.00	
应收款项融资			预收款项		
预付账款	1 008 255.00		合同负债	500 000.00	

（续表）

资产	期末余额	年初余额	负债和所有者权益（或股东权益）	期末余额	年初余额
其他应收款	2 000.00		应付职工薪酬	228 091.50	
存货	493 795.00		应交税费	－51 389.59	
合同资产			其他应付款		
持有待售资产			持有待售负债		
一年内到期的非流动资产			一年内到期的非流动负债		
其他流动资产	29 459.00		其他流动负债	53 550.00	
流动资产合计	8 891 392.29		流动负债合计	1 810 531.91	
非流动资产：			非流动负债：		
债权投资			长期借款		
其他债权投资			应付债券		
长期应收款			其中:优先股		
长期股权投资			永续债		
其他权益工具投资			租赁负债		
其他非流动金融资产			长期应付款		
投资性房地产			预计负债		
固定资产	1 174 125.00		递延收益		
在建工程			递延所得税负债		
生产性生物资产			其他非流动负债		
油气资产			流动负债合计		
使用权资产			负债合计	1 810 531.91	
无形资产			所有者权益(或股东权益)：		
开发支出			实收资本(或股本)	8 000 000.00	
商誉			其他权益工具		
长期待摊费用			其中:优先股		
递延所得税资产			永续债		
其他非流动资产			资本公积		
非流动资产合计	1 174 125.00		减:库存股		
			其他综合收益		
			专项储备		
			盈余公积		

(续表)

资产	期末余额	年初余额	负债和所有者权益(或股东权益)	期末余额	年初余额
			未分配利润	254 985.38	
			所有者权益(或股东权益)合计	8 254 985.38	
资产总计	10 065 517.29		负债和所有者权益(或股东权益)总计	10 065 517.29	

公司法定代表人:闫瑞　　　　主管会计工作负责人:闫瑞　　　　会计机构负责人:王颖宏

【业务 2-33】 编制月度利润表

(1) 以 01 王颖宏身份登录。“T-UFO”→“TUFO”,单击“模板设计”,进入“模板设计”界面。双击“系统模板”中的“利润表”,打开利润表模板,在这里可以修改报表模板,包括报表结构和公式单元,修改完成后,单击“保存”按钮。

(2) “T-UFO”→“TUFO”,单击“报表数据”,点击“系统模板”里面的“利润表”,再点击“生成报表”按钮。打开“生成报表”对话框,输入数据。会计年“2020”,会计月“11”,单位“江苏雨堰股份有限公司”。单击“确定”按钮,生成利润表,单击“保存”按钮,如表 2-33-1 所示。

表 2-33-1　　　　　　　　**利　润　表**

编制单位:江苏雨堰股份有限公司　　　　2020 年 11 月　　　　单位:元

项　目	本期数	上年同期数
一、营业收入	1 017 450.00	
减:营业成本	559 721.00	
税金及附加	240.00	
销售费用	28 886.90	
管理费用	88 053.28	
研发费用		
财务费用	568.31	
其中:利息费用	568.31	
利息收入		
加:其他收益		
投资收益(损失以“—”填列)		
其中:对联营企业和合营企业的投资收益		
以摊余成本计量的金融资产终止确认收益		
净敞口套期收益(损失以“—”填列)		
公允价值变动收益(损失以“—”填列)		
信用减值损失(损失以“—”填列)		

(续表)

项　目	本期数	上年同期数
资产减值损失(损失以"—"填列)		
资产处置收益(损失以"—"填列)		
二、营业利润(亏损以"—"填列)	339 980.51	
加:营业外收入		
减:营业外支出		
三、利润总额(亏损总额以"—"填列)	339 980.51	
减:所得税费用	84 995.13	
四、净利润(净亏损以"—"填列)	254 985.38	
(一) 持续经营净利润(损失以"—"填列)		
(二) 终止经营净利润(损失以"—"填列)		
五、其他综合收益的税后净额		
(一) 不能重分类进损益的其他综合收益		
1. 重新计量设定受益计划变动额		
2. 权益法下不能转损益的其他综合收益		
3. 其他权益工具投资公允价值变动		
4. 企业自身信用风险公允价值变动		
……		
(二) 将重分类进损益的其他综合收益		
1. 权益法下可转损益的其他综合收益		
2. 其他债权投资公允价值变动损益		
3. 金融资产重分类计入其他综合收益的金额		
4. 其他债权投资信用减值准备		
5. 现金流量套期储备		
6. 外币财务报表折算差额		
……		
六、综合收益总额	254 985.38	
七、每股收益		
(一) 基本每股收益		
(二) 稀释每股收益		

公司法定代表人:闫瑞　　　　主管会计工作负责人:闫瑞　　　　会计机构负责人:王颖宏

第三部分

企业基本经济业务会计信息化处理（二）

在第一和第二部分的基础上，以江苏雨堰股份有限公司持续经营的第二个月（12 月）发生的基本经济业务为例，对其会计信息化处理进行讲解。

【业务 3-1】（共 1 张原始凭证，于 12 月 01 日取得）

表 3-1-1

借　款　借　据

单位编号：05276148　　借款日期 2020 年 12 月 01 日　　合同编号：00093

收款单位	名　称	江苏雨堰股份有限公司	借款单位	名　称	江苏雨堰股份有限公司
	结算户账号	41235716888264		贷款户账号	41924996324858
	开户银行	中国银行常州市新北区支行		开户银行	中国银行常州市新北区支行
借款金额	人民币贰拾万元整			亿千百十万千百十元角分	¥20000000
借款原因及用途	流动资金不足借款			批准借款利率	年息 4.35 %

借款期限				
期次	计划还款日期	√	计划还款金额	你单位上列借款，已转入你单位结算户内。借款到期时由我行按期自你单位结算户转还。
1	2021-03-01		200000.00元	
2				
3				
备注：				借款单位　（银行盖章）

江苏雨堰股份有限公司（印）　中国银行 2020-12-01 转讫（01）　闫瑞

此联由银行退借款单位作入账通知

表 3-1-1 是借款借据的入账通知联，此联应作为借款单位借入款项的记账依据。该原始凭证注明，“收款单位”和“借款单位”都是本公司，“收款单位结算账号”为 41235716888264，“借款单位贷款账号”为 41924996324858，这表明本公司借入的款项已在账号为 41235716888264 的借款结算户进账，进行会计核算时，应记入“银行存款——中行（41235716888264）”科目的借方；同时，该凭证又注明“借款日期”为 2020 年 12 月 1 日，“计划还款日期”为 2021 年 3 月 1 日，这表明本公司向中国银行借入了期限为 3 个月、年利率为 4.35％的短期借款。进行会计核算时，应记入“短期借款——流动资金借款”科目的贷方。

因此，该笔业务在 T＋系统中的操作流程如下：

（1）以 02 会计朱胜利的身份登录。“总账”→“日常业务”，单击“填制凭证”，打开记账凭证编制界面。

(2) 单击“新增”按钮，输入数据。凭证类别“记账凭证”，凭证编号“0001”，制单日期“2020-12-01”，附单据数“1”。

(3) 输入摘要“向中行借入3月期借款”。

(4) 新增并输入借方科目名称“银行存款——中行(41235716888264)”，输入借方金额“200 000.00”。

(5) 新增并输入贷方科目名称“短期借款——流动资金借款”，输入贷方金额“200 000.00”。

(6) 单击“保存”按钮，如图3-1所示。

记账凭证

*凭证类别 记账凭证　*凭证编号 0001　*制单日期 2020-12-01　附单据数 1

明细　汇总

序号	*摘要	*科目名称	辅助项	借方											贷方										
				亿	千	百	十	万	千	百	十	元	角	分	亿	千	百	十	万	千	百	十	元	角	分
1	向中行借入3月期借款	银行存款—中行（41235716888264）					2	0	0	0	0	0	0	0											
2	向中行借入3月期借款	短期借款—流动资金借款																2	0	0	0	0	0	0	0
3																									
4																									
5																									
6																									
7																									
合计	大写合计	贰拾万元整					2	0	0	0	0	0	0	0				2	0	0	0	0	0	0	0

记账人　审核人　出纳　*制单人 朱胜利

图3-1　记账凭证界面

【业务3-2】（共6张原始凭证，于12月02日取得）

表3-2-1

3301161140　浙江增值税专用发票　№ 15041645　3301161140 15041645

开票日期：2020年12月02日

购买方	名称：江苏雨堰股份有限公司 纳税人识别号：913204116047842554 地址、电话：江苏省常州市新北工业园区1008号 0519-68528852 开户行及账号：中国建设银行常州市新北区支行 41622124827545			密码区	71*3187<4/+7552<+95-59+7<474 9920<0—>>-6>525<820146->7*7 87*3187<4/+8490<+70265985109 4+<712/<1+9016>6645++>84>423		
货物或应税劳务、服务名称	规格型号	单位	数量	单价	金额	税率	税额
甲		千克	18000	15.00	270000.00	13%	35100.00
乙		千克	36000	20.00	720000.00	13%	93600.00
合计					¥990000.00		¥128700.00
价税合计(大写)	⊗壹佰壹拾壹万捌仟柒佰元整				(小写) ¥1118700.00		
销售方	名称：魏武股份有限公司 纳税人识别号：913301025953695173 地址、电话：浙江省杭州市上城区齐兴街苏卫路65号 0571-28413911 开户行及账号：中国建设银行杭州市上城区支行 41622124403336			备注			

收款人：　复核：　开票人：果立军　销售方：（章）

第二联：抵扣联　购买方扣税凭证

表 3-2-2

3301161140　　浙江增值税专用发票　　№ 15041645　　3301161140 15041645

开票日期：2020年12月02日

购买方：
名　　称：江苏雨堰股份有限公司
纳税人识别号：913204116047842554
地 址、电 话：江苏省常州市新北工业园区1008号 0519-88528852
开户行及账号：中国建设银行常州市新北区支行 41622124827545

密码区：
71*3187<4/+7552<+95-59+7<474
9920<0—>>-6>525<820146->7*7
87*3187<4/+8490<+70265985109
4+<712/<1+9016>6645++>84>423

货物或应税劳务、服务名称	规格型号	单位	数量	单价	金额	税率	税额
甲		千克	18000	15.00	270000.00	13%	35100.00
乙		千克	36000	20.00	720000.00	13%	93600.00
合　　计					¥990000.00		¥128700.00

价税合计（大写）：⊗壹佰壹拾壹万捌仟柒佰元整　（小写）¥1118700.00

销售方：
名　　称：魏武股份有限公司
纳税人识别号：913301025953695173
地 址、电 话：浙江省杭州市上城区齐兴街苏卫路65号 0571-28413911
开户行及账号：中国建设银行杭州市上城区支行 41622124403336

备注：（魏武股份有限公司 913301025953695173 发票专用章）

收款人：　　复核：　　开票人：果立军　　销售方：（章）

第三联：发票联　购买方记账凭证

表 3-2-3　　　　收　料　单

供应单位：魏武股份有限公司　　2020 年 12 月 02 日　　编号 SL066

材料编号	名　称	单位	规　格	数　量		实际成本			
				应　收	实　收	单　价	发票价格	运杂费	总价
	甲	千克		18 000	18 000				
	乙	千克		36 000	36 000				
备注：									

第二联记账联

收料人：曹国建　　　　交料人：任翠娟

表 3-2-4

3301161140　　浙江增值税专用发票　　№ 14940335　　3301161140 14940335

开票日期：2020年12月02日

购买方：
名　　称：江苏雨堰股份有限公司
纳税人识别号：913204116047842554
地 址、电 话：江苏省常州市新北工业园区1008号 0519-88528852
开户行及账号：中国建设银行常州市新北区支行 41622124827545

密码区：
01*3187<4/+2404<+95-59+7<170
0873<0—>>-6>525<071323->7*7
87*3187<4/+8490<+48624566787
8+<712/<1+9016>1479++>84>605

货物或应税劳务、服务名称	规格型号	单位	数量	单价	金额	税率	税额
运费			1	8640.00	8640.00	9%	777.60
供应商垫付							
合　　计					¥8640.00		¥777.60

价税合计（大写）：⊗玖仟肆佰壹拾柒元陆角整　（小写）¥9417.60

销售方：
名　　称：通达通达物流有限公司物流有限公司
纳税人识别号：913301029747251054
地 址、电 话：浙江省杭州市上城区刘海街刘新路24号 0571-20431586
开户行及账号：中国建设银行杭州市上城区支行 41622124361321

备注：车种车号：浙A44561　货物名称：甲、乙（913301029747251054 发票专用章）

收款人：　　复核：　　开票人：金文东　　销售方：（章）

第二联：抵扣联　购买方扣税凭证

表 3-2-5

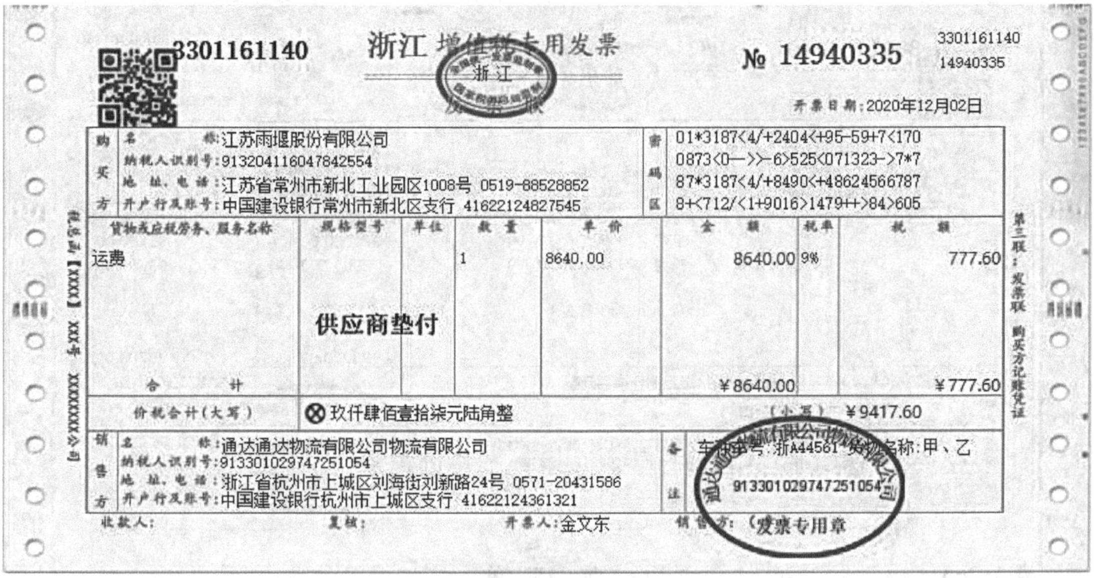
3301161140 浙江增值税专用发票 № 14940335

3301161140
14940335

发票联

开票日期:2020年12月02日

购买方	名称:江苏雨堰股份有限公司 纳税人识别号:913204116047842554 地址、电话:江苏省常州市新北工业园区1008号 0519-88528852 开户行及账号:中国建设银行常州市新北区支行 41622124827545			密码区	01*3187<4/+2404<+95-59+7<170 0873<0—>>-6>525<071323->7*7 87*3187<4/+8490<+48624566787 8+<712/<1+9016>1479++>84>605		
货物或应税劳务、服务名称	规格型号	单位	数量	单价	金额	税率	税额
运费			1	8640.00	8640.00	9%	777.60
	供应商垫付						
合计					¥8640.00		¥777.60
价税合计(大写)	⊗玖仟肆佰壹拾柒元陆角整				(小写)¥9417.60		
销售方	名称:通达通达物流有限公司物流有限公司 纳税人识别号:913301029747251054 地址、电话:浙江省杭州市上城区刘海街刘新路24号 0571-20431586 开户行及账号:中国建设银行杭州市上城区支行 41622124361321			备注	车种车号:浙A44561 货物名称:甲、乙 913301029747251054		

收款人: 复核: 开票人:金文东 销售方:(章)

第三联:发票联 购买方记账凭证

表 3-2-6

运输费用分配表

2020 年 12 月 02 日 单位:元

货物名称	运费分配率	运费分配金额
甲	0.16	2 880.00
乙	0.16	5 760.00
合计	0.16	8 640.00

审核:王颖宏 编制:朱胜利

表 3-2-1 是浙江增值税专用发票的第二联抵扣联,此联应作为购买方抵扣进项税额的依据。该抵扣联不能作为记账凭证的附件,专门用于在规定期限内到税务机关办理认证或在平台办理勾选确认,并在认证通过或勾选确认的次月申报期内,向主管税务机关申报抵扣进项税额。

表 3-2-2 是浙江增值税专用发票的第三联发票联,此联应作为购买方的记账依据。该原始凭证注明,"购买方"是本公司,"销售方"是魏武股份有限公司,"货物或应税劳务、服务名称"是甲和乙,这表明本公司向魏武股份有限公司购买了甲和乙。

表 3-2-3 是收料单的第二联记账联,此联应作为收到材料的记账依据。该原始凭证注明,"供应单位"是魏武股份有限公司,"名称"分别为甲和乙,"数量"分别为 18 000 千克和 36 000 千克,这表明本公司向魏武股份有限公司购买的原材料甲和乙已经全部验收入库。

根据表 3-2-2 和表 3-2-3,进行会计核算时,"金额"应分别记入"原材料——甲"和"原材料——乙"科目的借方,"税额"应记入"应交税费——应交增值税——进项税额"科目的借方。

表 3-2-4 是浙江增值税专用发票的第二联抵扣联,此联应作为购买方抵扣进项税额的

依据。该抵扣联不能作为记账凭证的附件，专门用于在规定期限内到税务机关办理认证或在平台办理勾选确认，并在认证通过或勾选确认的次月申报期内，向主管税务机关申报抵扣进项税额。

表 3-2-5 是浙江增值税专用发票的第三联发票联，此联应作为购买方的记账依据。该原始凭证注明，“购买方”是本公司，“销售方”是通达物流有限公司，“货物或应税劳务、服务名称”是运费，这表明本公司在采购原材料甲和乙过程中发生了运费。表 3-2-6 是运输费用分配表，此表是对运费按照材料重量在两种材料之间进行分配。

根据表 3-2-5 和表 3-2-6，进行会计核算时，“金额”应按原材料重量分配记入“原材料——甲”和“原材料——乙”科目的借方，“税额”应记入“应交税费——应交增值税——进项税额”科目的借方。

此外，本业务中没有支付款项的原始凭证，而“预付账款——魏武股份有限公司”科目 2020 年 11 月 30 日的借方余额 1 000 000 元，表明本公司已于 11 月份预付了货款。因此，进行会计核算时，应记入“预付账款——魏武股份有限公司”科目的贷方。

因此，该笔业务在 T+系统中的操作流程如下：

（1）以 02 会计朱胜利的身份登录。“总账”→“日常业务”，单击“填制凭证”，打开记账凭证编制界面。

（2）单击“新增”按钮，输入数据。凭证类别“记账凭证”，凭证编号“0002”，制单日期“2020-12-02”，附单据数“4”。

（3）输入摘要“购买材料并验收入库”。

（4）输入借方科目名称“原材料——甲”，输入数量“18 000.00”，单价“15.16”，金额“272 880.00”，输入借方科目名称“原材料——乙”，输入数量“36 000.00”，单价“20.16”，金额“725 760.00”，输入借方科目名称“应交税费——应交增值税——进项税额”，输入借方金额“129 477.60”。

（5）输入贷方科目名称“预付账款——魏武股份有限公司”，输入贷方金额“1 128 117.60”。

（6）单击“保存”按钮，如图 3-2 所示。

记账凭证

*凭证类别 记账凭证　*凭证编号 0002　*制单日期 2020-12-02　附单据数 4

明细　汇总

序号	*摘要	*科目名称	计量…	数量	单价	借方	贷方
1	购买材料并验收入库	原材料—甲	千克	18,000.00	15.16	27288000	
2	购买材料并验收入库	原材料—乙	千克	36,000.00	20.16	72576000	
3	购买材料并验收入库	应交税费—应交增值税—进项税额				12947760	
4	购买材料并验收入库	预付账款—魏武股份有限公司					112811760
5							
6							
7							
合计	大写合计	壹佰壹拾贰万捌仟壹佰壹拾柒元…		54,000.00		112811760	112811760

记账人　审核人　出纳　*制单人 朱胜利

图 3-2　记账凭证界面

【业务 3-3】（共 1 张原始凭证，于 12 月 03 日取得）

表 3-3-1

中国建设银行
电汇凭证

币别：人民币　　2020 年 12 月 03 日　　流水号：47654859

汇款方式		☑普通　☐加急			
汇款人	全称	江苏雨堰股份有限公司	收款人	全称	魏武股份有限公司
	账号	41622124827545		账号	41622124403336
	汇出地点	江苏 省 常州 市/县		汇入地点	浙江 省 杭州 市/县
汇出行名称		中国建设银行常州市新北区支行	汇入行名称		中国建设银行杭州市上城区支行
金额		（大写）壹拾贰万捌仟壹佰壹拾柒元陆角整			

亿	千	百	十	万	千	百	十	元	角	分
		¥	1	2	8	1	1	7	6	0

中国建设银行
常州市新北区支行
2020-12-03
办讫
(01)

支付密码 0223-0101-0314-0429

附加信息及用途：支付货款

江苏雨堰股份有限公司
财务专用章

闫瑞

客户签章

会计主管　　授权　　复核　　录入 王乐彬

第二联 客户回单

表 3-3-1 是中国建设银行电汇凭证的第二联客户回单，此联应作为汇款人支付款项的记账依据。该原始凭证注明，“汇款人”是本公司，“账号”为 41622124827545，这表明本公司已将款项从账号为 41622124827545 的基本户转出。进行会计核算时，应记入“银行存款——建行(41622124827545)”科目的贷方。同时，原始凭证中还注明，“用途”是支付货款，结合 11 月 20 日[业务 2-17]和 12 月 2 日[业务 3-2]，表明本公司支付的是向魏武股份有限公司购入原材料的余款。进行会计核算时，应记入“预付账款——魏武股份有限公司”科目的借方。

因此，该笔业务在 T+系统中的操作流程如下：

(1) 以 02 会计朱胜利的身份登录。“总账”→“日常业务”，单击“填制凭证”，打开记账凭证编制界面。

(2) 单击“新增”按钮，输入数据。凭证类别“记账凭证”，凭证编号“0003”，制单日期“2020-12-03”，附单据数“1”。

(3) 输入摘要“补付魏武公司余款”。

(4) 输入借方科目名称“预付账款——魏武股份有限公司”，输入借方金额“128 117.60”。

(5) 输入贷方科目名称“银行存款——建行(41622124827545)”，输入贷方金额“128 117.60”。

(6) 单击“保存”按钮，如图 3-3 所示。

已分配

记账凭证

* 凭证类别 记账凭证　* 凭证编号 0003　* 制单日期 2020-12-03　附单据数 1

明细　汇总

序号	*摘要	*科目名称	辅助项	借方（亿千百十万千百十元角分）	贷方（亿千百十万千百十元角分）
1	补付魏武公司余款	预付账款——魏武股份有限公司		1 2 8 1 1 7 6 0	
2	补付魏武公司余款	银行存款——建行（41622124827545）			1 2 8 1 1 7 6 0
3					
4					
5					
6					
合计	大写合计	壹拾贰万捌仟壹佰壹拾柒元陆角		1 2 8 1 1 7 6 0	1 2 8 1 1 7 6 0

记账人　　审核人　　出纳　　* 制单人 朱胜利

图 3-3　记账凭证界面

【业务 3-4】（共 6 张原始凭证，于 12 月 05 日取得）

表 3-4-1

差旅费报销单

2020 年 12 月 05 日　　附原始单据3　张

姓名	李杰			工作部门		办公室						出差事由	洽谈商务			
日期		地点		车船费			深夜补贴	途中补贴	住勤费			旅馆费	公交费			金额合计
起	讫	起	讫	车次或船名	时间	金额			地区	天数	补贴					
11月16日	11月18日	常州市	天津市			900.00			天津市	3	600.00	800.00				2300.00
							现金付讫									
报销金额（大写）人民币				贰仟叁佰元整								合计（小写）¥2300.00				
补付金额：¥300.00							退回金额：									

领导批准　　会计主管 王颖宏　　部门负责人 闫瑞　　审核 朱胜利　　报销人 李杰

表 3-4-2

表 3-4-3

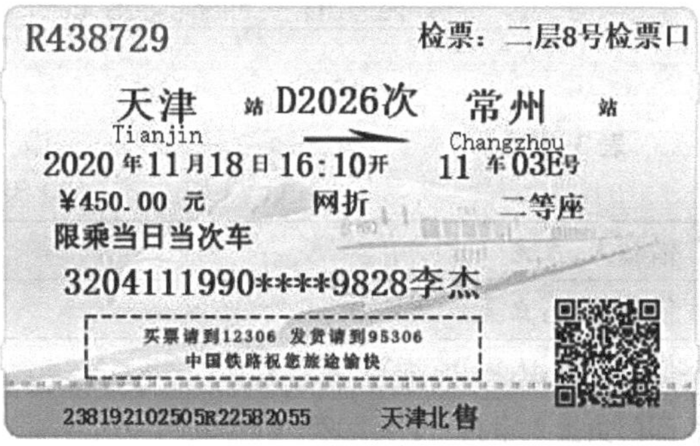

表 3-4-1 是差旅费报销单，此单应作为本公司核算差旅费的记账依据。该原始凭证注明，“姓名”是李杰，“工作部门”是办公室，报销金额是共计 2 300 元。

表 3-4-2 和表 3-4-3 是常州到天津的往返动车票，表明报销单中的车船费是 900 元。

表 3-4-4

1201161140　天津增值税专用发票　№ 09975227

1201161140
09975227

抵扣联

开票日期：2020年11月18日

购买方	名　　称：江苏雨堰股份有限公司 纳税人识别号：913204116047842554 地址、电话：江苏省常州市新北工业园区1008号 0519-88528852 开户行及账号：中国建设银行常州市新北区支行 41622124827545	密码区	28*3187<4/+0005<+95-59+7<101 9368<0—>>-6>525<934686->7*7 87*3187<4/+8490<+07262574601 6+<712/<1+9016>1846++>84>293

货物或应税劳务、服务名称	规格型号	单位	数量	单价	金额	税率	税额
住宿费		天	2	377.36	754.72	6%	45.28
合　计					¥754.72		¥45.28
价税合计（大写）	⊗捌佰元整				（小写）¥800.00		

销售方	名　　称：天津和平酒店有限公司 纳税人识别号：91120101817287954 地址、电话：天津市和平区殷玉街李建路42号 022-82624996 开户行及账号：中国建设银行天津市和平区支行 41622124763947	备注	天津和平酒店有限公司 911201018172879954 发票专用章

收款人：　　复核：　　开票人：张虎山　　销售方：（章）

第二联：抵扣联　购买方扣税凭证

表 3-4-5

1201161140　天津增值税专用发票　№ 09975227

1201161140
09975227

发票联

开票日期：2020年11月18日

购买方	名　　称：江苏雨堰股份有限公司 纳税人识别号：913204116047842554 地址、电话：江苏省常州市新北工业园区1008号 0519-88528852 开户行及账号：中国建设银行常州市新北区支行 41622124827545	密码区	28*3187<4/+0005<+95-59+7<101 9368<0—>>-6>525<934686->7*7 87*3187<4/+8490<+07262574601 6+<712/<1+9016>1846++>84>293

货物或应税劳务、服务名称	规格型号	单位	数量	单价	金额	税率	税额
住宿费		天	2	377.36	754.72	6%	45.28
合　计					¥754.72		¥45.28
价税合计（大写）	⊗捌佰元整				（小写）¥800.00		

销售方	名　　称：天津和平酒店有限公司 纳税人识别号：91120101817287954 地址、电话：天津市和平区殷玉街李建路42号 022-82624996 开户行及账号：中国建设银行天津市和平区支行 41622124763947	备注	天津和平酒店有限公司 911201018172879954 发票专用章

收款人：　　复核：　　开票人：张虎山　　销售方：（章）

第三联：发票联　购买方记账凭证

表 3-4-6

借　款　单

2020 年 11 月 09 日　　NO 02857

借款人：李杰	所属部门：办公室
借款用途：出差借款	
借款金额：人民币(大写)贰仟元整	¥2 000.00
部门负责人审批：闫瑞 2020-11-09	借款人(签章)：李杰 2020-11-09
财务部门审核：王颖宏 2020-11-09	
单位负责人批示：同意	签字：闫瑞 2020-11-09
核销记录：补付 300.00	

第二联结算联(结算后记账)

表 3-4-4 是天津增值税专用发票的第三联发票联，此联应作为购买方的记账依据。该原始凭证注明，“购买方”是本公司，“销售方”是天津和平酒店有限公司，“货物或应税劳务、服务名称”是住宿费，表明报销单中的住宿费金额是 377.36 元。进行会计核算时，取得的火车票可以作为增值税进项税额的抵扣凭证，根据单张火车票计算的进行税额 37.16 元[450÷(1+9%)×9%]，两张共计 74.32 元，记入“应交税费——应交增值税——进项税额”科目的借方，剩余部分记入“管理费用——差旅费”科目的借方；补贴和增值税专用发票上的金额应记入“管理费用——差旅费”科目的借方，“税额”应记入“应交税费——应交增值税——进项税额”科目的借方。

表 3-4-5 是天津增值税专用发票的第二联抵扣联，此联应作为购买方抵扣进项税额的依据。该抵扣联不能作为记账凭证的附件，专门用于在规定期限内到税务机关办理认证或在平台办理勾选确认，并在认证通过或勾选确认的次月申报期内，向主管税务机关申报抵扣进项税额。

表 3-4-6 是借款单的第二联结算联，此联应作为本公司结算借款的记账依据。该原始凭证的内容表明，李杰已于 12 月 05 日结清其预借的差旅费。进行会计核算时，“借款金额”应记入“其他应收款——李杰”科目的贷方；同时，原始凭证中还注明，本公司补付李杰现金 300 元，进行会计核算时，应记入“库存现金”科目的贷方。

因此，该笔业务在 T+系统中的操作流程如下：

(1) 以 02 会计朱胜利的身份登录。“总账”→“日常业务”，单击“填制凭证”，打开记账凭证编制界面。

(2) 单击“新增”按钮，输入数据。凭证类别“记账凭证”，凭证编号“0004”，制单日期“2020-12-05”，附单据数“2”。

(3) 输入摘要“职工李杰报销差旅费”。

(4) 新增并输入借方科目名称“管理费用——差旅费”，输入借方金额“2 180.40”，输入借方科目名称“应交税费——应交增值税——进项税额”，输入借方金额“119.60”。

(5) 输入贷方科目名称“其他应收款——李杰”，输入贷方金额“2 000.00”。输入贷方科目名称“库存现金”，输入贷方金额“300.00”。

(6) 单击“保存”按钮，如图 3-4 所示。

已分配

记账凭证

*凭证类别 记账凭证　　*凭证编号 0004　　*制单日期 2020-12-05　　附单据数 2

明细　汇总

序号	*摘要	*科目名称	借方											贷方										
			亿	千	百	十	万	千	百	十	元	角	分	亿	千	百	十	万	千	百	十	元	角	分
1	职工李杰报销差旅费	管理费用—差旅费						2	1	8	0	4	0											
2	职工李杰报销差旅费	应交税费—应交增值税—进项税额							1	1	9	6	0											
3	职工李杰报销差旅费	其他应收款—李杰																	2	0	0	0	0	0
4	职工李杰报销差旅费	库存现金																		3	0	0	0	0
5																								
6																								
合计	大写合计	贰仟叁佰元整						2	3	0	0	0	0						2	3	0	0	0	0

记账人　　审核人　　出纳　　*制单人 朱胜利

图 3-4　记账凭证界面

【业务 3-5】（共 1 张原始凭证，于 12 月 07 日取得）

表 3-5-1

中国建设银行
电汇凭证

币别：人民币　　2020 年 12 月 07 日　　流水号：82901292

汇款方式	☑普通　☐加急				
汇款人	全称	江苏雨堰股份有限公司	收款人	全称	晨阳股份有限公司
	账号	41622124827545		账号	41622124829620
	汇出地点	江苏 省 常州 市/县		汇入地点	江苏 省 连云港 市/县
汇出行名称		中国建设银行常州市新北区支行	汇入行名称		中国建设银行连云港市连云区支行
金额	（大写）伍拾万元整			亿千百十万千百十元角分	¥50000000
中国建设银行 常州市新北区支行 2020-12-07 办讫 (01)			支付密码 1075-0609-1155-0864		
			附加信息及用途：预付设备采购款		
			江苏雨堰股份有限公司 财务专用章　闫瑞　客户签章		

会计主管　　授权　　复核　　录入 杨广河

第二联 客户回单

表 3-5-1 是中国建设银电子凭证的第二联客户回单，此联应作为付款方支付款项的记账依据。该原始凭证注明，“汇款人”是本公司，“账号”是 41622124827545，这表明本公司采用电汇方式已将款项从账号为 41622124827545 的基本户转出。进行会计核算时，应记入“银行存款——建行(41622124827545)”科目的贷方；“收款人”是晨阳股份有限公司，“用途”是预付设备采购款，这表明本公司向晨阳股份有限公司预付了采购款。进行会计核算时，应记入“预付账款——晨阳股份有限公司”科目的借方。

因此，该笔业务在 T+系统中的操作流程如下：

(1) 以 02 会计朱胜利的身份登录。“总账”→“日常业务”，单击“填制凭证”，打开记账凭证编制界面。

(2) 单击“新增”按钮，输入数据。凭证类别“记账凭证”，凭证编号“0005”，制单日期“2020-12-07”，附单据数“1”。

(3) 输入摘要“预付晨阳公司货款”。

(4) 新增并输入借方科目名称“预付账款——晨阳股份有限公司”，输入借方金额“500 000.00”。

(5) 输入贷方科目名称“银行存款——建行(41622124827545)”，输入贷方金额“500 000.00”。

(6) 单击“保存”按钮，如图 3-5 所示。

已分配

记账凭证

* 凭证类别 记账凭证　　* 凭证编号 0005　　* 制单日期 2020-12-07　　附单据数 1

明细　汇总

序号	*摘要	*科目名称	辅助项	借方	贷方
1	预付晨阳公司货款	预付账款——晨阳股份有限公司		500000.00	
2	预付晨阳公司货款	银行存款——建行（41622124827545）			500000.00
3					
4					
5					
6					
合计	大写合计	伍拾万元整		500000.00	500000.00

记账人　　审核人　　出纳　　* 制单人 朱胜利

图 3-5　记账凭证界面

【业务 3-6】（共 2 张原始凭证，于 12 月 08 日取得）

表 3-6-1　　**11 月工资及应扣款项计算表**

2020 年 11 月 30 日

职员姓名	部门	职位	应付工资	养老保险	医疗保险	失业保险	住房公积金	个人所得税	扣款合计	实发工资
闫　瑞	办公室	法定代表人	8 300	664	166	41.5	830	47.96	1 749.46	6 550.54
李连仲	办公室	主任	8 000	640	160	40	800	40.80	1 680.80	6 319.20
李　杰	办公室	办事员	6 500	520	130	32.5	650	5.03	1 337.53	5 162.47
曹建国	办公室	仓管员	5 700	456	114	28.5	570	0.00	1 168.50	4 531.50
王颖宏	财务部	财务经理	6 700	536	134	33.5	670	9.80	1 383.30	5 316.70
朱胜利	财务部	总账会计	5 700	456	114	28.5	570	0.00	1 168.50	4 531.50
苏建朝	财务部	业务会计	5 700	456	114	28.5	570	0.00	1 168.50	4 531.50
刘　宁	财务部	出纳	5 000	400	100	25	500	0.00	1 025.00	3 975.00
王群忠	采购部	采购经理	6 600	528	132	33	660	7.41	1 360.41	5 239.59
李　津	采购部	采购员	5 700	456	114	28.5	570	0.00	1 168.50	4 531.50
钟国钊	销售门市部	销售经理	6 700	536	134	33.5	670	9.80	1 383.30	5 316.70
赵爱东	销售门市部	销售员	5 600	448	112	28	560	0.00	1 148.00	4 452.00
吴鹏英	生产车间	车间主任	6 400	512	128	32	640	2.64	1 314.64	5 085.36
伊　翔	生产车间	车间副主任	5 800	464	116	29	580	0.00	1 189.00	4 611.00
姜志忠	生产车间	质检	5 100	408	102	25.5	510	0.00	1 045.50	4 054.50
刘泽军	生产车间	设计	5 300	424	106	26.5	530	0.00	1 086.50	4 213.50
刘建国	生产车间	X 生产工人	5 100	408	102	25.5	510	0.00	1 045.50	4 054.50
宣祥顺	生产车间	X 生产工人	5 700	456	114	28.5	570	0.00	1 168.50	4 531.50
吴晓珺	生产车间	X 生产工人	4 800	384	96	24	480	0.00	984.00	3 816.00

（续表）

职员姓名	部门	职位	应付工资	养老保险	医疗保险	失业保险	住房公积金	个人所得税	扣款合计	实发工资
晁国忠	生产车间	X生产工人	5 200	416	104	26	520	0.00	1 066.00	4 134.00
张志峰	生产车间	X生产工人	5 800	464	116	29	580	0.00	1 189.00	4 611.00
刘永强	生产车间	X生产工人	4 700	376	94	23.5	470	0.00	963.50	3 736.50
王贺喜	生产车间	Y生产工人	5 700	456	114	28.5	570	0.00	1 168.50	4 531.50
邓　亮	生产车间	Y生产工人	5 700	456	114	28.5	570	0.00	1 168.50	4 531.50
褚信飞	生产车间	Y生产工人	5 000	400	100	25	500	0.00	1 025.00	3 975.00
刘培霞	生产车间	Y生产工人	5 300	424	106	26.5	530	0.00	1 086.50	4 213.50
金廖祥	生产车间	Y生产工人	5 100	408	102	25.5	510	0.00	1 045.50	4 054.50
夏少斌	生产车间	Y生产工人	5 000	400	100	25	500	0.00	1 025.00	3 975.00
霍廷茂	生产车间	Y生产工人	5 200	416	104	26	520	0.00	1 066.00	4 134.00
合计			167 100	13 368	3 342	835.5	16 710	123.44	34 378.94	132 721.06

制表：朱胜利　　　　审核：王颖宏

表 3-6-2

中国建设银行
转账支票存根
10503226
00001709
附加信息 付款行账号：
41622124827545
出票日期 2020 年 12月 08日
收款人：江苏商堰股份有限公司
金　额：132721.06
用　途：支付工资
单位主管　　会计

表 3-6-1 是 11 月工资总额及应扣款项计算表，此表应作为支付工资和扣取相关款项的记账依据。该原始凭证注明，“应付工资”是 167 100 元，职工个人应承担的“社会保险费”是 17 545.5 元(包括养老保险 13 368 元、医疗保险 3 342 元和失业保险 835.5 元)、“住房公积金”是 16 710 元、“个人所得税”是 123.44 元，这表明本公司已从个人工资总额中扣除了个人应承担的社会保险费、住房公积金和个人所得税等，因此，实际应支付给职工的工资总额为 132 721.06 元。

表 3-6-2 是中国建设银行转账支票存根，应作为付款方支付款项的记账依据。该原始凭证注明，“收款人”是本公司，“付款行账号”为 41622124827545，这表明本公司已经按照“实

发工资”总额支付了职工工资。根据表 3-6-1 和表 3-6-2，进行会计核算时，“应付工资”合计金额应记入“应付职工薪酬——工资”科目的借方。

同时，表 3-6-1 中代扣的款项尚未支付，进行会计核算时，应将“养老保险”的合计金额记入“其他应付款——设定提存计划——养老保险”科目的贷方，“医疗保险”的合计金额记入“其他应付款——社会保险费——医疗保险”科目的贷方，“失业保险”的合计金额记入“其他应付款——设定提存计划——失业保险”科目的贷方，“住房公积金”的合计金额记入“其他应付款——住房公积金”科目的贷方，“个人所得税”的合计金额记入“应交税费——应交个人所得税”科目的贷方。

此外，表 3-6-2 中转账支票表明，本公司已将款项从账号为 41622124827545 的基本户转出，进行会计核算时，“金额”应记入“银行存款——建行(41622124827545)”科目的贷方。

因此，该笔业务在 T+系统中的操作流程如下：

(1) 以 02 会计朱胜利的身份登录。“总账”→“日常业务”，单击“填制凭证”，打开记账凭证编制界面。

(2) 单击“新增”按钮，输入数据。凭证类别“记账凭证”，凭证编号“0006”，制单日期“2020-12-08”，附单据数“2”。

(3) 输入摘要“支付工资”。

(4) 输入借方科目名称“应付职工薪酬——工资”，输入借方金额“167 100.00”。

(5) 新增并输入贷方科目名称“其他应付款——设定提存计划——养老保险”，输入贷方金额“13 368.00”，新增并输入贷方科目名称“其他应付款——社会保险费——医疗保险”，输入贷方金额“3 342.00”，新增并输入贷方科目名称“其他应付款——设定提存计划——失业保险”，输入贷方金额“835.50”，新增并输入贷方科目名称“其他应付款——住房公积金”，输入贷方金额“16 710.00”，新增并输入贷方科目名称“应交税费——应交个人所得税”，输入贷方金额“123.44”，输入贷方科目名称“银行存款——建行(41622124827545)”，输入贷方金额“132 721.06”。

(6) 单击“保存”按钮，如图 3-6 所示。

已分配

记账凭证

*凭证类别 记账凭证　*凭证编号 0006　*制单日期 2020-12-08　附单据数 2

明细　汇总

序号	*摘要	*科目名称	辅助项	借方	贷方
1	支付工资	应付职工薪酬—工资		16710000	
2	支付工资	其他应付款—设定提存计划—养老保险			1336800
3	支付工资	其他应付款—社会保险费—医疗保险			334200
4	支付工资	其他应付款—设定提存计划—失业保险			83550
5	支付工资	其他应付款—住房公积金			1671000
6	支付工资	应交税费—应交个人所得税			12344
合计	大写合计	壹拾陆万柒仟壹佰元整		16710000	16710000

记账人　审核人　出纳　*制单人 朱胜利

图 3-6　记账凭证界面

【业务 3-7】(共 1 张原始凭证,于 12 月 08 日取得)

表 3-7-1　　　　中国建设银行客户专用回单

转账日期:2020 年 12 月 08 日
凭证字号:202012765953541

纳税人全称及纳税人识别号:江苏雨堰股份有限公司 913204116047842554
付款人全称:江苏雨堰股份有限公司
付款人账号:41622124827545　　　　征收机关名称:常州市新北区地方税务局
付款人开户银行:中国建设银行常州市新北区支行　　　　收缴国库(银行)名称:国家金库常州市新北区支库
小写(合计)金额¥61 827.00　　　　缴款书交易流水号:202012086416928
大写(合计)金额人民币陆万壹仟捌佰贰拾柒元整　　　　税票号码:0420161208890726967673

税(费)种名称	所属时期	实缴金额
医疗保险本金	20201101 至 20201130	¥18 381.00
养老保险本金	20201101 至 20201130	¥40 104.00
失业保险本金	20201101 至 20201130	¥1 671.00
工伤保险本金	20201101 至 20201130	¥1 671.00

中国建设银行
电子回单
专用章

表 3-7-1 是中国建设银行客户专用回单,此联应作为付款方支付款项的记账依据。该原始凭证注明,"付款人"是本公司,"账号"是 41622124827545,这表明本公司已通过账号为 41622124827545 的基本户支付了款项,进行会计核算时,应记入"银行存款——建行(41622124827545)"科目的贷方;同时,"征收机关名称"常州市新北区地方税务局,而 12 月 8 日[业务 3-6]已确认"其他应付款——社会保险费"科目的金额为 3 342.00 元,"其他应付款——设定提存计划"科目的金额为 14 203.50 元,两者合计为个人应承担的社会保险费,"应付职工薪酬——社会保险费"科目 2020 年 11 月 30 日贷方余额为 16 710.00 元,"应付职工薪酬——设定计划提存"科目 2020 年 11 月 30 日贷方余额为 27 571.50 元,两者合计为企业应承担的社会保险费,这表明本公司缴纳了个人和企业应承担的社会保险费,进行会计核算时,个人应承担的养老保险、医疗保险和失业保险应分别记入"其他应付款——设定提存计划——养老保险""其他应付款——社会保险费——医疗保险"和"其他应付款——设定提存计划——失业保险"科目的借方,企业应承担的养老保险、医疗保险、失业保险和工伤保险应分别记入"应付职工薪酬——设定提存计划——养老保险""应付职工薪酬——社会保险费——医疗保险""应付职工薪酬——设定提存计划——失业保险"和"应付职工薪酬——社会保险费——工伤保险"科目的借方。

因此,该笔业务在 T+系统中的操作流程如下:

(1) 以 02 会计朱胜利的身份登录。"总账"→"日常业务",单击"填制凭证",打开记账凭证编制界面。

(2) 单击"新增"按钮,输入数据。凭证类别"记账凭证",凭证编号"0007",制单日期"2020-12-08",附单据数"1"。

(3) 输入摘要"支付四险"。

(4) 输入借方科目名称"应付职工薪酬——设定提存计划——养老保险",输入借方金额“26 736.00”，输入借方科目名称“应付职工薪酬——社会保险费——医疗保险”，输入借方金额“15 039.00”，输入借方科目名称“应付职工薪酬——设定提存计划——失业保险”，输入借方金额“835.50”，输入借方科目名称“应付职工薪酬——社会保险费——工伤保险”，输入借方金额“1 671.00”，输入借方科目名称“其他应付款——设定提存计划——养老保险”，输入借方金额“13 368.00”，输入借方科目名称“其他应付款——社会保险费——医疗保险”，输入借方金额“3 342.00”，输入借方科目名称“其他应付款——设定提存计划——失业保险”，输入借方金额“835.50”。

(5) 输入贷方科目名称“银行存款——建行(41622124827545)”，输入贷方金额“61 827.00”。

(6) 单击“保存”按钮，如图 3-7 和图 3-8 所示。

已分配

记账凭证

* 凭证类别 记账凭证　* 凭证编号 0007　* 制单日期 2020-12-08　附单据数 1

明细　汇总

序号	*摘要	*科目名称	辅助项	借方											贷方										
				亿	千	百	十	万	千	百	十	元	角	分	亿	千	百	十	万	千	百	十	元	角	分
1	支付四险	应付职工薪酬—设定提存计划—养老保险						2	6	7	3	6	0	0											
2	支付四险	应付职工薪酬—社会保险费—医疗保险						1	5	0	3	9	0	0											
3	支付四险	应付职工薪酬—设定提存计划—失业保险								8	3	5	5	0											
4	支付四险	应付职工薪酬—社会保险费—工伤保险							1	6	7	1	0	0											
5	支付四险	其他应付款—设定提存计划—养老保险						1	3	3	6	8	0	0											
6	支付四险	其他应付款—社会保险费—医疗保险							3	3	4	2	0	0											
合计	大写合计	陆万壹仟捌佰贰拾柒元整						6	1	8	2	7	0	0					6	1	8	2	7	0	0

记账人　审核人　出纳　* 制单人 朱胜利

图 3-7　记账凭证界面

已分配

记账凭证

* 凭证类别 记账凭证　* 凭证编号 0007　* 制单日期 2020-12-08　附单据数 1

明细　汇总

序号	*摘要	*科目名称	辅助项	借方											贷方										
				亿	千	百	十	万	千	百	十	元	角	分	亿	千	百	十	万	千	百	十	元	角	分
4	支付四险	应付职工薪酬—社会保险费—工伤保险							1	6	7	1	0	0											
5	支付四险	其他应付款—设定提存计划—养老保险						1	3	3	6	8	0	0											
6	支付四险	其他应付款—社会保险费—医疗保险							3	3	4	2	0	0											
7	支付四险	其他应付款—设定提存计划—失业保险								8	3	5	5	0											
8	支付四险	银行存款—建行（41622124827545）																	6	1	8	2	7	0	0
9																									
合计	大写合计	陆万壹仟捌佰贰拾柒元整						6	1	8	2	7	0	0					6	1	8	2	7	0	0

记账人　审核人　出纳　* 制单人 朱胜利

图 3-8　记账凭证界面

【业务 3-8】（共 1 张原始凭证，于 12 月 08 日取得）

表 3-8-1

中国建设银行客户专用回单

币别：人民币　　　　2020　年 12　月 08　日　　　流水号 320420027J0500810080

付款人	全称	江苏雨堰股份有限公司	收款人	全称	常州市住房公积金管理中心
	账号	41622124827545		账号	41622124529780
	开户行	中国建设银行常州市新北区支行		开户行	同城实时借记业务
金额		（大写）人民币叁万叁仟肆佰贰拾元整			（小写）￥33420.00
凭证种类		其他凭证	凭证号码		00003199
结算方式		转账	用途		WFP公积金：000081255：20161208
			打印柜员：320425584257 打印机构：中国建设银行常州市新北区支行回单 打印卡号：105818552329		

第一联借方（回单）

中国建设银行 专用章

打印时间：2020-12-08　　交易柜员：320425584268　　交易机构：320410500541133452

表 3-8-1 是中国建设银行客户专用回单的借方回单，此联应作为付款方支付款项的记账依据。该原始凭证注明，“付款人”是本公司，“账号”是 41622124827545，这表明本公司已通过账号为 41622124827545 的基本户支付了款项，进行会计核算时，应记入“银行存款——建行(41622124827545)”科目的贷方；同时，“收款人”是常州市住房公积金管理中心，“用途”是公积金，而“应付职工薪酬——住房公积金”科目 2020 年 11 月 30 日的贷方余额和 12 月 08 日[业务 3-6]已确认“其他应付款——住房公积金”科目贷方余额合计金额为 33 420 元。这表明本公司向常州市住房公积金管理中心上缴个人和企业应承担的住房公积金。进行会计核算时，应记入“应付职工薪酬——住房公积金”和“其他应付款——住房公积金”科目借方。

因此，该笔业务在 T+系统中的操作流程如下：

(1) 以 02 会计朱胜利的身份登录。“总账”→“日常业务”，单击“填制凭证”，打开记账凭证编制界面。

(2) 单击“新增”按钮，输入数据。凭证类别“记账凭证”，凭证编号“0008”，制单日期“2020-12-08”，附单据数“1”。

(3) 输入摘要“缴纳住房公积金”。

(4) 输入借方科目名称“应付职工薪酬——住房公积金”，输入借方金额“16 710.00”，输入借方科目名称“其他应付款——住房公积金”，输入借方金额“16 710.00”。

(5) 输入贷方科目名称“银行存款——建行(41622124827545)”，输入贷方金额“33 420.00”。

(6) 单击“保存”按钮，如图 3-9 所示。

已分配

记账凭证

* 凭证类别 记账凭证　* 凭证编号 0008　* 制单日期 2020-12-08　附单据数 1

明细　汇总

序号	*摘要	*科目名称	辅助项	借方	贷方
1	缴纳住房公积金	应付职工薪酬——住房公积金		1671000	
2	缴纳住房公积金	其他应付款——住房公积金		1671000	
3	缴纳住房公积金	银行存款——建行（41622124827545）			3342000
4					
5					
6					
合计	大写合计	叁万叁仟肆佰贰拾元整		3342000	3342000

记账人　审核人　出纳　* 制单人 朱胜利

图 3-9　记账凭证界面

【业务 3-9】（共 1 张原始凭证，于 12 月 08 日取得）

表 3-9-1　　中国建设银行客户专用回单

转账日期：2020 年 12 月 08 日

凭证字号：2016120835023040

纳税人全称及纳税人识别号：江苏雨堰股份有限公司 913204116047842554

付款人全称：江苏雨堰股份有限公司

付款人账号：41622124827545　　征收机关名称：常州市新北区国家税务局

付款人开户银行：中国建设银行常州市新北区支行　　收缴国库(银行)名称：国家金库常州市新北区支库

小写(合计)金额￥84 995.13　　缴款书交易流水号：2016120866032243

大写(合计)金额人民币

捌万肆仟玖佰玖拾伍元壹角叁分　　税票号码：442016117742259915

税(费)种名称	所属时期	实缴金额
企业所得税	20201101—20201130	￥84 995.13

中国建设银行 电子回单 专用章

表 3-9-1 是中国建设银行客户专用回单的借方回单，此联应作为付款方支付款项的记账依据。该原始凭证注明，“付款人”是本公司，“账号”是 41622124827545，这表明本公司已通过账号为 41622124827545 的基本户支付了款项，进行会计核算时，应记入“银行存款——建行(41622124827545)”科目的贷方；同时，“征收机关名称”是常州市新北区国家税务局，“税(费)种名称”是企业所得税，而“应交税费——应交所得税”科目 2020 年 11 月 30 日的贷方余额为 84 995.13 元。这表明本公司向国家税收机关上缴上月未交的企业所得税。进行会计核算时，应记入“应交税费——应交所得税”科目的借方。

因此，该笔业务在 T+系统中的操作流程如下：

(1) 以 02 会计朱胜利的身份登录。“总账”→“日常业务”，单击“填制凭证”，打开记账

凭证编制界面。

(2) 单击“新增”按钮,输入数据。凭证类别“记账凭证”,凭证编号“0009”,制单日期“2020-12-08”,附单据数“1”。

(3) 输入摘要“缴纳企业所得税”。

(4) 输入借方科目名称“应交税费——应交所得税”,输入借方金额“84 995.13”。

(5) 输入贷方科目名称“银行存款——建行(41622124827545)”,输入贷方金额“84 995.13”。

(6) 单击“保存”按钮,如图 3-10 所示。

记账凭证

* 凭证类别 记账凭证　* 凭证编号 0009　* 制单日期 2020-12-08　附单据数 1

明细　汇总

序号	*摘要	*科目名称	辅助项	借方											贷方										
				亿	千	百	十	万	千	百	十	元	角	分	亿	千	百	十	万	千	百	十	元	角	分
1	缴纳企业所得税	应交税费——应交所得税						8	4	9	9	5	1	3											
2	缴纳企业所得税	银行存款——建行(41622124827545)																	8	4	9	9	5	1	3
3																									
4																									
5																									
6																									
7																									
合计	大写合计	捌万肆仟玖佰玖拾伍元壹角叁分						8	4	9	9	5	1	3					8	4	9	9	5	1	3

记账人　审核人　出纳　* 制单人 朱胜利

图 3-10　记账凭证界面

【业务 3-10】(共 4 张原始凭证,于 12 月 12 日取得)

表 3-10-1

3204182140　江苏增值税专用发票　№ 01794300　3204182140 01794300

此联不作报销、扣税凭证使用

开票日期:2020年12月12日

购买方	名称:江苏昌和股份有限公司 纳税人识别号:913201029785705245 地址、电话:江苏省南京市玄武区张长街郭森路51号 025-30979663 开户行及账号:中国建设银行南京市玄武区支行 41622124000123
密码区	74*3187<4/+9469<+95-59+7<1281647<0-->>-6>525<026530->7*787*3187<4/+8490<+624559518388+<712/<1+9016>1602++>84>393<+95-59+7<6791722<0-->>-6>

货物或应税劳务、服务名称	规格型号	单位	数量	单价	金额	税率	税额
X		件	7000	42	294000.00	13%	38220.00
Y		件	20000	35	700000.00	13%	91000.00
合计					¥994000.00		¥129220.00
价税合计(大写)	⊗ 壹佰壹拾贰万叁仟贰佰贰拾元整				(小写) ¥1123220.00		

销售方	名称:江苏雨堰股份有限公司 纳税人识别号:913204115576606923 地址、电话:江苏省常州市新北工业园区1008号 0519-88528852 开户行及账号:中国建设银行常州市新北区支行 41622124827545
备注	

收款人:　复核:　开票人:　销售方:(章)

第一联:记账联　销售方记账凭证

表 3-10-2　　　　　　　　**销　售　单**

购货单位：江苏昌和股份有限公司　地址和电话：江苏省南京市玄武区李志街冯泽路 60 号 025-38580168　单据编号：xs018

纳税识别号：913201026473734585　开户行及账号：中国建设银行南京市玄武区支行 41913914631069　制单日期：2020-12-12

编码	产品名称	规格	单位	单价	数量	金额	备注
01	X		件	47.46	7 000	332 220.00	
02	Y		件	39.55	20 000	791 000.00	
合计	人民币(大写)：壹佰壹拾贰万叁仟贰佰贰拾元整				—	¥1 123 220.00	

会计联

销售经理：　　　经手人：　　　会计：　　　签收人：

表 3-10-3

经理办公会议经要

企业根据销售及退货情况分析，各产品的退货率为 5%。

闫瑞　李连仲　王颖宏

2020 年 12 月 12 日

表 3-10-4　　　　　　　　**购销合同**

购方：江苏昌和股份有限公司　　　合同编号：0120

销方：江苏雨堰股份有限公司　　　签订地点：常州市

供需双方本着互利互惠、长期合作的原则，根据《中华人民共和国合同法》及双方的实际情况，就需方向供方采购事宜，订立本合同，以使双方在合同履行中共同遵守。

一、产品名称、数量、单价、金额：

产品名称	规模型号	计量单位	数量	单价	金额	备注
X		件	7 000	47.46	332 220.00	含税金额
Y		件	20 000	39.55	791 000.00	
合计					¥1 123 220.00	
合计人民币(大写)：壹佰壹拾贰万叁仟贰佰贰拾元整						

二、质量要求、技术标准、供方对质量负责的条件和期限:按合同企业标准。
三、(1) 交(提)货地点、方式:江苏省常州市新北工业园区 1008 号
(2) 交货日期:2020-12-12
四、付款时间与付款方式:付款方式:网银
五、运输方式及到站、港和费用负担:销售方承担
六、合理损耗及计算方法:以实际数量验收。
七、包装标准、包装物的供应与回收:普通包装,不回收包装物。
八、验收标准、方法及提出异议期限:
货到需方七天内提出质量异议,不包括运输过程中造成的质量问题。
自收到货物的 60 天内可以提出退货,运费由购货方承担。
九、违约责任:按《合同法》
十、解决合同纠纷的方式:双方协商解决。
十一、其他约定事项:
本合同一式两份,需、供双方各一份,经双方盖章后即生效。

购方(盖章):江苏昌和股份有限公司	销方(盖章):江苏雨堰股份有限公司
单位地址:江苏省南京市玄武区李志街冯泽路 60 号	单位地址:江苏省常州市新北工业园区 1008 号
电　　话:025-38580168	电　　话:0519-88528852
签订日期:2020-11-01	签订日期:2020-11-01
开户银行:中国建设银行南京市玄武区支行	开户银行:中国建设银行常州市新北区支行
账　　号:4191391463069	账　　号:41622124827545

表 3-10-1 是江苏增值税专用发票的第一联记账联,此联应作为销售方的记账依据。该原始凭证注明,“销售方”是本公司,“购买方”是江苏昌和股份有限公司,“货物或应税劳务、服务名称”是 X 和 Y,这表明本公司销售了 X 和 Y 产品给江苏昌和股份有限公司。

表 3-10-2 是销售单。

表 3-10-3 是经理办公会议纪要。

表 3-10-4 是购销合同。

销售产品是本公司的主营业务,因此,根据这 4 张原始单据,进行会计核算时,“金额”的 95%应分别记入“主营业务收入——X”和“主营业务收入——Y”科目的贷方,“金额”的 5%应分别记入“预计负债——应付退货款——X”和“预计负债——应付退货款——Y”科目的贷方,“税额”应记入“应交税费——应交增值税——销项税额”科目的贷方。

此外,本业务没有收取款项的原始凭证,而“合同负债——江苏昌和股份有限公司”科目 2020 年 11 月 30 日的贷方余额为 500 000 元,这表明本公司已于 11 月份预收部分货款。因此,进行会计核算时,应记入“合同负债——江苏昌和股份有限公司”科目的借方。

因此,该笔业务在 T+系统中的操作流程如下:

(1) 以 02 会计朱胜利的身份登录。“总账”→“日常业务”,单击“填制凭证”,打开记账凭证编制界面。

(2) 单击“新增”按钮,输入数据。凭证类别“记账凭证”,凭证编号“0010”,制单日期“2020-12-12”,附单据数“4”。

(3) 输入摘要“向昌和公司销售产品”。

(4) 输入借方科目名称“合同负债——江苏昌和股份有限公司”,输入借方金额“1 123 220.00”。

(5) 输入贷方科目名称“主营业务收入——X”,输入贷方金额“279 300.00”,输入贷方科目名称“主营业务收入——Y”,输入贷方金额“665 000.00”,输入贷方科目名称“预计负

债——应付退货款——X”,输入贷方金额“14 700.00”。输入贷方科目名称“预计负债——应付退货款——Y”,输入贷方金额“35 000.00”,输入贷方科目名称“应交税费——应交增值税——销项税额”,输入贷方金额“129 220.00”。

(6) 单击“保存”按钮,如图 3-11 所示。

记账凭证

* 凭证类别 记账凭证　* 凭证编号 0010　* 制单日期 2020-12-12　附单据数 4

明细　汇总

序号	*摘要	*科目名称	借方(亿千百十万千百十元角分)	贷方(亿千百十万千百十元角分)
1	向昌和公司销售产品	合同负债——江苏昌和股份有限公司	1 1 2 3 2 2 0 0 0	
2	向昌和公司销售产品	主营业务收入——X		2 7 9 3 0 0 0 0
3	向昌和公司销售产品	主营业务收入——Y		6 6 5 0 0 0 0 0
4	向昌和公司销售产品	预计负债——应付退货款——X		1 4 7 0 0 0 0
5	向昌和公司销售产品	预计负债——应付退货款——Y		3 5 0 0 0 0 0
6	向昌和公司销售产品	应交税费——应交增值税——销项税额		1 2 9 2 2 0 0 0
7				
合计	大写合计	壹佰壹拾贰万叁仟贰佰贰拾元整	1 1 2 3 2 2 0 0 0	1 1 2 3 2 2 0 0 0

记账人　审核人　出纳　* 制单人 朱胜利

图 3-11　记账凭证界面

【业务 3-11】 (共 1 张原始凭证,于 12 月 12 日取得)

表 3-11-1

中国建设银行客户专用回单

币别: 人民币　2020 年 12 月 12 日　流水号 320420027J0500810048

付款人	全称	江苏昌和股份有限公司	收款人	全称	江苏雨堰股份有限公司
	账号	41622124000123		账号	41622124827545
	开户行	中国建设银行南京市玄武区支行		开户行	中国建设银行常州市新北区支行
金额		(大写) 人民币 陆拾贰万叁仟贰佰贰拾元整			(小写) ¥623220.00
凭证种类		网银	凭证号码		
结算方式		转账	用途		结算余款

打印柜员: 320425584257
打印机构: 中国建设银行常州市新北区支行
打印卡号: 41622124827545

(印章:中国建设银行 电子回单 专用章)

第二联 贷方(回单)

打印时间: 2020-12-12　交易柜员: 320425584268　交易机构: 320420598

表 3-11-1 是中国建设银行客户专用回单的第二联贷方回单,此联应作为收款方收取款项的记账依据。该原始凭证注明,“收款人”是本公司,“账号”是 41622124827545,这表明本公司已收到款项并存入账号 41622124827545 的基本户,进行会计核算时,应记入“银行存款——建行(41622124827545)”科目的借方;同时,“付款人”是江苏昌和股份有限公司,“用途”是结算余款,这表明本公司收到江苏昌和股份有限公司的尚未结清货款,进行会计核算

时,应记入“合同负债——江苏昌和股份有限公司”科目的贷方。

因此,该笔业务在T+系统中的操作流程如下:

(1) 以02会计朱胜利的身份登录。“总账”→“日常业务”,单击“填制凭证”,打开记账凭证编制界面。

(2) 单击“新增”按钮,输入数据。凭证类别“记账凭证”,凭证编号“0011”,制单日期“2020-12-12”,附单据数“1”。

(3) 输入摘要“收到昌和公司销售款”。

(4) 输入借方科目名称“银行存款——建行(41622124827545)”,输入借方金额“623 220.00”。

(5) 输入贷方科目名称“合同负债——江苏昌和股份有限公司”,输入贷方金额“623 220.00”。

(6) 单击“保存”按钮,如图3-12所示。

已分配

记账凭证

* 凭证类别 记账凭证　* 凭证编号 0011　* 制单日期 2020-12-12　附单据数 1

明细　汇总

序号	*摘要	*科目名称	辅助项	借方											贷方										
				亿	千	百	十	万	千	百	十	元	角	分	亿	千	百	十	万	千	百	十	元	角	分
1	收到昌和公司销售款	银行存款——建行(41622124827545)					6	2	3	2	2	0	0	0											
2	收到昌和公司销售款	合同负债——江苏昌和股份有限公司																6	2	3	2	2	0	0	0
3																									
4																									
5																									
6																									
合计	大写合计	陆拾贰万叁仟贰佰贰拾元整					6	2	3	2	2	0	0	0				6	2	3	2	2	0	0	0

记账人　审核人　出纳　* 制单人 朱胜利

图3-12　记账凭证界面

【业务3-12】 (共1张原始凭证,于12月13日取得)

表3-12-1

中国建设银行客户专用回单

币别:人民币　　2020 年 12 月 13 日　　流水号 320420027J0500810024

付款人	全称	常州申远股份有限公司	收款人	全称	江苏雨堰股份有限公司
	账号	41622124052680		账号	41622124827545
	开户行	中国建设银行常州市钟楼区支行		开户行	中国建设银行常州市新北区支行
金额		(大写) 人民币壹拾万元整		(小写) ¥100000.00	
凭证种类		网银	凭证号码		
结算方式		转账	用途		捐赠
			打印柜员:320425584257 打印机构:中国建设银行常州市新北区支行 打印卡号:105117921244		

中国建设银行 电子回单 专用章

第二联 贷方(回单)

打印时间:2020-12-13　交易柜员:320425584268　交易机构:320410500541133430

表 3-12-1 是中国建设银行客户专用回单的第二联贷方回单，此联应作为收款方收取款项的记账依据。该原始凭证注明，“收款人”是本公司，“账号”是 41622124827545，这表明本公司已收到款项并存入账号 41622124827545 的基本户，进行会计核算时，应记入“银行存款——建行(41622124827545)”科目的借方；同时，“付款人”是常州申远股份有限公司，“用途”是捐赠，这表明本公司收到常州申远股份有限公司捐赠的款项，进行会计核算时，应记入“营业外收入——捐赠利得”科目的贷方。

因此，该笔业务在 T＋系统中的操作流程如下：

(1) 以 02 会计朱胜利的身份登录。“总账”→“日常业务”，单击“填制凭证”，打开记账凭证编制界面。

(2) 单击“新增”按钮，输入数据。凭证类别“记账凭证”，凭证编号“0012”，制单日期“2020-12-13”，附单据数“1”。

(3) 输入摘要“收到申远公司捐赠款”。

(4) 输入借方科目名称“银行存款——建行(41622124827545)”，输入借方金额：“100 000.00”。

(5) 新增并输入贷方科目名称：“营业外收入——捐赠利得”，输入贷方金额：“100 000.00”。

(6) 单击“保存”按钮，如图 3-13 所示。

已分配

记账凭证

*凭证类别 记账凭证　　*凭证编号 0012　　*制单日期 2020-12-13　　附单据数 1

明细　汇总

序号	*摘要	*科目名称	辅助项	借方											贷方										
				亿	千	百	十	万	千	百	十	元	角	分	亿	千	百	十	万	千	百	十	元	角	分
1	收到申远公司捐赠款	银行存款—建行（41622124827545）					1	0	0	0	0	0	0	0											
2	收到申远公司捐赠款	营业外收入—捐赠利得																1	0	0	0	0	0	0	0
3																									
4																									
5																									
6																									
合计	大写合计	壹拾万元整					1	0	0	0	0	0	0	0				1	0	0	0	0	0	0	0

记账人　　审核人　　出纳　　*制单人 朱胜利

图 3-13　记账凭证界面

【业务 3-13】　(共 1 张原始凭证，于 12 月 13 日取得)

表 3-13-1 是中国建设银行客户专用回单的第一联借方回单联，此联应作为付款方支付款项的记账依据。该原始凭证注明，“付款人”是本公司，“账号”是 41622124827545，这表明本公司已通过账号为 41622124827545 的基本户支付了款项，进行会计核算时，应记入“银行存款——建行(41622124827545)”科目的贷方；同时，“收款人”是江苏陆勤股份有限公司，“用途”是支付货款，而“应付账款——江苏陆勤股份有限公司”科目 2020 年 11 月 30 日的贷方余额为 261 030 元，这表明本公司向江苏陆勤股份有限公司支付了前欠货款，进行会计核算时，应记入“应付账款——江苏陆勤股份有限公司”科目的借方。

表 3-13-1

中国建设银行客户专用回单

币别：人民币　　2020 年 12 月 13 日　　流水号 320420027J0500810090

付款人	全称	江苏雨堰股份有限公司	收款人	全称	江苏陆勤股份有限公司
	账号	41622124827545		账号	41622124039331
	开户行	中国建设银行常州市新北区支行		开户行	中国建设银行苏州市虎丘区支行
金额		（大写）人民币 贰拾陆万壹仟零叁拾元整		（小写）	¥261030.00
凭证种类		网银	凭证号码		
结算方式		转账	用途		支付货款
			打印柜员：32042558425 打印机构：中国建设银行常州市新北区支行 打印卡号：41622124827545		

中国建设银行 专用章

第一联借方（回单）

打印时间：2020-12-13　　交易柜员：320425584268　　交易机构：320410500541133403

因此，该笔业务在 T十系统中的操作流程如下：

(1) 以 02 会计朱胜利的身份登录。“总账”→“日常业务”，单击“填制凭证”，打开记账凭证编制界面。

(2) 单击“新增”按钮，输入数据。凭证类别“记账凭证”，凭证编号“0013”，制单日期“2020-12-13”，附单据数“1”。

(3) 输入摘要“偿还江苏陆勤公司货款”。

(4) 输入借方科目名称“应付账款——江苏陆勤股份有限公司”，输入借方金额“261 030.00”。

(5) 输入贷方科目名称“银行存款——建行(41622124827545)”，输入贷方金额“261 030.00”。

(6) 单击“保存”按钮，如图 3-14 所示。

已分配

记账凭证

* 凭证类别 记账凭证　　* 凭证编号 0013　　* 制单日期 2020-12-13　　附单据数 1

明细　汇总

序号	*摘要	*科目名称	辅助项	借方											贷方										
				亿	千	百	十	万	千	百	十	元	角	分	亿	千	百	十	万	千	百	十	元	角	分
1	偿还江苏陆勤公司货款	应付账款—江苏陆勤股份有限公司					2	6	1	0	3	0	0	0											
2	偿还江苏陆勤公司货款	银行存款—建行（41622124827545）																2	6	1	0	3	0	0	0
3																									
4																									
5																									
6																									
合计	大写合计	贰拾陆万壹仟零叁拾元整					2	6	1	0	3	0	0	0				2	6	1	0	3	0	0	0

记账人　　审核人　　出纳　　* 制单人 朱胜利

图 3-14　记账凭证界面

【业务 3-14】（共 3 张原始凭证，于 12 月 15 日取得）

表 3-14-1

3204161140　江苏增值税专用发票　№ 10933674　3204161140 10933674

抵扣联

开票日期：2020年12月15日

购买方	名　　称：江苏雨堰股份有限公司 纳税人识别号：913204116047842554 地 址、电 话：江苏省常州市新北工业园区1008号 0519-68528852 开户行及账号：中国建设银行常州市新北区支行 41622124827545			密码区	63*3187<4/+1669<+95-59+7<986 1516<0—>>-6>525<452757->7*7 87*3187<4/+8490<+53531122376 9+<712/<1+9016>4931++>84>293		
货物或应税劳务、服务名称	规格型号	单位	数量	单价	金额	税率	税额
展览费		笔	1	120000.00	120000.00	6%	7200.00
合　计					￥120000.00		￥7200.00
价税合计（大写）	⊗壹拾贰万柒仟贰佰元整				（小写）￥127200.00		
销售方	名　　称：创翔股份有限公司 纳税人识别号：913204054782759601 地 址、电 话：江苏省常州市戚墅堰区白永街李东路73号 0519-77623942 开户行及账号：中国建设银行常州市戚墅堰区支行 41622124387586			备注	创翔股份有限公司 913204054782759601 发票专用章		

收款人：　　复核：　　开票人：李秋花　　销售方：（章）

第二联：抵扣联　购买方扣税凭证

税总函【XXXX】XXX号 XXXXXXXX公司

表 3-14-2

3204161140　江苏增值税专用发票　№ 10933674　3204161140 10933674

发票联

开票日期：2020年12月15日

购买方	名　　称：江苏雨堰股份有限公司 纳税人识别号：913204116047842554 地 址、电 话：江苏省常州市新北工业园区1008号 0519-68528852 开户行及账号：中国建设银行常州市新北区支行 41622124827545			密码区	63*3187<4/+1669<+95-59+7<986 1516<0—>>-6>525<452757->7*7 87*3187<4/+8490<+53531122376 9+<712/<1+9016>4931++>84>293		
货物或应税劳务、服务名称	规格型号	单位	数量	单价	金额	税率	税额
展览费		笔	1	120000.00	120000.00	6%	7200.00
合　计					￥120000.00		￥7200.00
价税合计（大写）	⊗壹拾贰万柒仟贰佰元整				（小写）￥127200.00		
销售方	名　　称：创翔股份有限公司 纳税人识别号：913204054782759601 地 址、电 话：江苏省常州市戚墅堰区白永街李东路73号 0519-77623942 开户行及账号：中国建设银行常州市戚墅堰区支行 41622124387586			备注	创翔股份有限公司 913204054782759601 发票专用章		

收款人：　　复核：　　开票人：李秋花　　销售方：（章）

第三联：发票联　购买方记账凭证

税总函【XXXX】XXX号 XXXXXXXX公司

表 3-14-3

中国建设银行客户专用回单

币别：人民币　　2020 年 12 月 15 日　　流水号 320420027J0500810095

付款人	全称	江苏雨堰股份有限公司	收款人	全称	创翔股份有限公司
	账号	41622124827545		账号	41622124387586
	开户行	中国建设银行常州市新北区支行		开户行	中国建设银行常州市戚墅堰区支行
金额		（大写）人民币 壹拾贰万柒仟贰佰元整		（小写）¥127200.00	
凭证种类		网银	凭证号码		
结算方式		转账	用途		展览费
			打印柜员：320425584257 打印机构：中国建设银行常州市新北区支行 打印卡号：41622124827545		

中国建设银行 回单 专用章

第一联借方（回单）

打印时间：2020-12-15　　交易柜员：320425584268　　交易机构：320410559

表 3-14-1 是江苏增值税专用发票的第二联抵扣联，此联应作为购买方抵扣进项税额的依据。该抵扣联不能作为记账凭证的附件，专门用于在规定期限内到税务机关办理认证或在平台办理勾选确认，并在认证通过或勾选确认的次月申报期内，向主管税务机关申报抵扣进项税额。

表 3-14-2 是江苏增值税专用发票的第三联发票联，此联应作为购买方的记账依据。该原始凭证注明，“购买方”是本公司，“销售方”是创翔股份有限公司，“货物或应税劳务、服务名称”是展览费，这表明翔股份有限公司向本公司提供了展览服务。进行会计核算时，“金额”应分别记入“销售费用——展览费”科目的借方，“税额”应记入“应交税费——应交增值税——进项税额”科目的借方。

表 3-14-3 是中国建设银行客户专用回单的第一联借方回单，此联应作为付款方支付款项的记账依据。该原始凭证注明，“付款人”是本公司，“账号”是 41622124827545，“用途”是展览费，这表明本公司通过账号为 41622124827545 的基本户支付了款项。进行会计核算时，应记入“银行存款——建行(41622124827545)”科目的贷方。

因此，该笔业务在 T+系统中的操作流程如下：

(1) 以 02 会计朱胜利的身份登录。“总账”→“日常业务”，单击“填制凭证”，打开记账凭证编制界面。

(2) 单击“新增”按钮，输入数据。凭证类别“记账凭证”，凭证编号“0014”，制单日期“2020-12-15”，附单据数“2”。

(3) 输入摘要“支付展览费”。

(4) 新增并输入借方科目名称“销售费用——展览费”，输入借方金额“120 000.00”，输入借方科目名称“应交税费——应交增值税——进项税额”，输入借方金额“7 200.00”。

(5) 输入贷方科目名称“银行存款——建行(41622124827545)”，输入贷方金额“127 200.00”。

(6) 单击“保存”按钮，如图 3-15 所示。

记账凭证

* 凭证类别 记账凭证　* 凭证编号 0014　* 制单日期 2020-12-15　附单据数 2

明细　汇总

序号	*摘要	*科目名称	辅助项	借方（亿千百十万千百十元角分）	贷方（亿千百十万千百十元角分）
1	支付展览费	销售费用—展览费		12000000	
2	支付展览费	应交税费—应交增值税—进项税额		720000	
3	支付展览费	银行存款—建行（41622124827545）			12720000
4					
5					
6					
7					
合计	大写合计	壹拾贰万柒仟贰佰元整		12720000	12720000

记账人　审核人　出纳　* 制单人 朱胜利

图 3-15　记账凭证界面

【业务 3-15】（共 1 张原始凭证，于 12 月 16 日取得）

表 3-15-1

收 款 收 据

NO.000822

2020 年 12 月 16 日

今 收 到 刘建国

交 来：因违反公司规章制度的罚款

现金收讫

金额（大写）　零佰　零拾　零万　零仟　贰佰　零拾　零元　零角　零分

¥ 200.00　☑ 现金　☐ 转账支票　☐ 其他　收款单位(盖章)

第三联交财务

核准　会计　记账　出纳 刘宁　经手人 刘建国

表 3-15-1 是收款收据，此联应作为收款方收到款项的记账依据。该原始凭证注明，收款方式是现金，表明本公司收到了现金，进行会计核算时，应记入“库存现金”科目的借方。同时，交款人是职工刘建国，收款事由是因违反公司规章制度的罚款，这表明本公司收到的是职工刘建国的罚款，进行会计核算时，应记入“营业外收入——罚款收入”科目的贷方。

因此，该笔业务在 T+系统中的操作流程如下：

(1) 以 02 会计朱胜利的身份登录。“总账”→“日常业务”，单击“填制凭证”，打开记账凭证编制界面。

(2) 单击“新增”按钮，输入数据。凭证类别“记账凭证”，凭证编号“0015”，制单日期

“2020-12-16”,附单据数“1”。

(3) 输入摘要“收到职工刘建国的罚款”。

(4) 输入借方科目名称“库存现金”,输入借方金额:“200.00”。

(5) 新增并输入贷方科目名称“营业外收入——罚款收入”,输入贷方金额“200.00”。

(6) 单击“保存”按钮,如图 3-16 所示。

已分配

记账凭证

* 凭证类别 记账凭证　* 凭证编号 0015　* 制单日期 2020-12-16　附单据数 1

明细　汇总

序号	*摘要	*科目名称	借方											贷方										
			亿	千	百	十	万	千	百	十	元	角	分	亿	千	百	十	万	千	百	十	元	角	分
1	收到职工刘建国的罚款	库存现金							2	0	0	0	0											
2	收到职工刘建国的罚款	营业外收入——罚款收入																		2	0	0	0	0
3																								
4																								
5																								
6																								
合计	大写合计	贰佰元整							2	0	0	0	0							2	0	0	0	0

记账人　审核人　出纳　* 制单人 朱胜利

图 3-16　记账凭证界面

【业务 3-16】(共 4 张原始凭证,于 12 月 18 日取得)

表 3-16-1

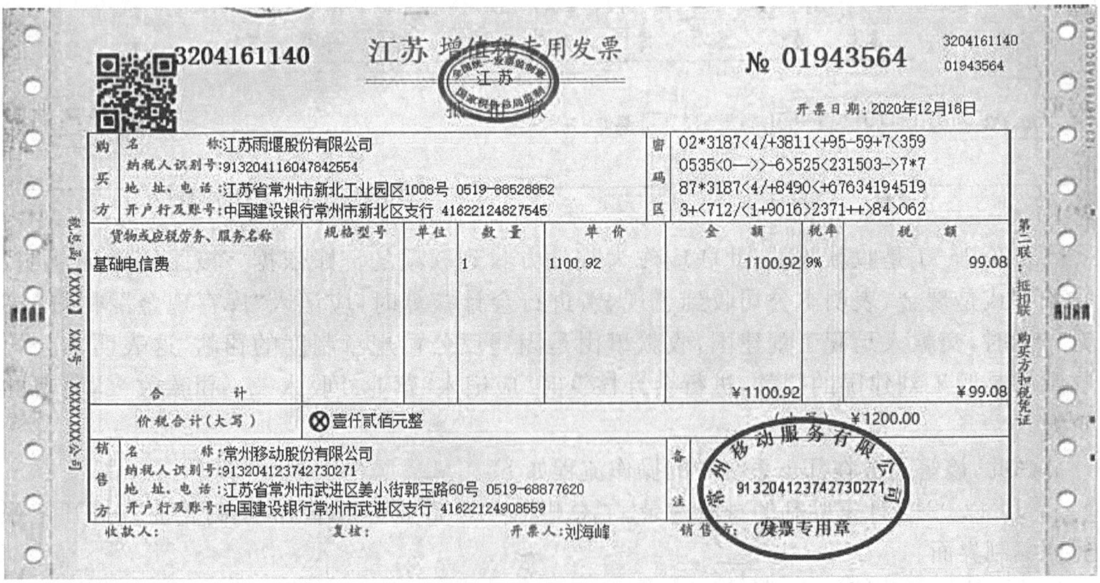

3204161140　江苏增值税专用发票　№ 01943564　3204161140 01943564

抵扣联

开票日期:2020年12月18日

购买方　名称:江苏雨堰股份有限公司
纳税人识别号:913204116047842554
地址、电话:江苏省常州市新北工业园区1008号 0519-88528852
开户行及账号:中国建设银行常州市新北区支行 41622124827545

密码区　02*3187<4/+3811<+95-59+7<359
0535<0—>>-6>525<231503->7*7
87*3187<4/+8490<+67634194519
3+<712/<1+9016>2371++>84>062

货物或应税劳务、服务名称	规格型号	单位	数量	单价	金额	税率	税额
基础电信费			1	1100.92	1100.92	9%	99.08
合计					¥1100.92		¥99.08

价税合计(大写) ⊗壹仟贰佰元整　(小写) ¥1200.00

销售方　名称:常州移动股份有限公司
纳税人识别号:913204123742730271
地址、电话:江苏省常州市武进区姜小街郭玉路60号 0519-68877620
开户行及账号:中国建设银行常州市武进区支行 41622124908559

备注　常州移动服务有限公司 913204123742730271 发票专用章

收款人:　复核:　开票人:刘海峰　销售方:(章)

第二联:抵扣联 购买方扣税凭证

税总函【XXXX】XXX号 XXXXXXXX公司

表 3-16-2

江苏增值税专用发票

3204161140　　№ 01943564　　3204161140　01943564

发票联

开票日期：2020年12月18日

购买方	名称：江苏雨堰股份有限公司 纳税人识别号：913204116047842554 地址、电话：江苏省常州市新北工业园区1008号 0519-68528852 开户行及账号：中国建设银行常州市新北区支行 41622124827545				密码区	02*3187<4/+3811<+95-59+7<359 0535<0—>>-6>525<231503->7*7 87*3187<4/+8490<+67634194519 3+<712/<1+9016>2371++>84>062	
货物或应税劳务、服务名称	规格型号	单位	数量	单价	金额	税率	税额
基础电信费			1	1100.92	1100.92	9%	99.08
合　　计					¥1100.92		¥99.08
价税合计（大写）	⊗壹仟贰佰元整				（小写）¥1200.00		
销售方	名称：常州移动股份有限公司 纳税人识别号：913204123742730271 地址、电话：江苏省常州市武进区姜小街郭玉路60号 0519-68877620 开户行及账号：中国建设银行常州市武进区支行 41622124908559				备注		

收款人：　　复核：　　开票人：刘海峰　　销售方：（章）

第三联：发票联　购买方记账凭证

税总函【XXXX】XXX号 XXXXXXXX公司

常州移动服务有限公司 913204123742730271 发票专用章

表 3-16-3

费用分配表

2020 年 12 月 18 日

部门	分配金额	小计
办公室	320.39	320.39
财务部	499.67	499.67
采购部	280.86	280.86
合计	1 100.92	1 100.92

表 3-16-4

中国建设银行客户专用回单

币别：人民币　　2020 年 12 月 18 日　　流水号 320420027J0500810101

付款人	全称	江苏雨堰股份有限公司	收款人	全称	常州移动服务有限公司
	账号	41622124827545		账号	41622124908559
	开户行	中国建设银行常州市新北区支行		开户行	中国建设银行常州市武进区支行
金额	（大写）人民币 壹仟贰佰元整			（小写）¥1200.00	
凭证种类	网银		凭证号码		
结算方式	转账		用途	基础电信费	
			打印柜员：320425584257 打印机构：中国建设银行常州市新北区支行 打印卡号：41622124827545		

第一联 借方（回单）

中国建设银行 电子回单 专用章

打印时间：2020-12-18　　交易柜员：320425584268　　交易机构：320410591

表 3-16-1 是江苏增值税专用发票的第二联抵扣联，此联应作为购买方抵扣进项税额的依据。该抵扣联不能作为记账凭证的附件，专门用于在规定期限内到税务机关办理认证或在平台办理勾选确认，并在认证通过或勾选确认的次月申报期内，向主管税务机关申报抵扣进项税额。

表 3-16-2 是江苏增值税专用发票的第三联发票联，此联应作为购买方的记账依据。该原始凭证注明，“购买方”是本公司，“销售方”是常州移动服务有限公司，“货物或应税劳务、服务名称”是基础电信费，这表明本公司在生产经营过程中发生基础电信费。

表 3-16-3 是费用分配表，该表应作为核算基础电信费的记账依据。该原始凭证注明，各个部门所使用的基础电信费的金额，表中的部门都为管理部门。所以，进行会计核算时，“金额”应记入“管理费用——通讯费”科目的借方，“税额”应记入“应交税费——应交增值税——进项税额”科目的借方。

表 3-16-4 是中国建设银行客户专用回单的第一联借方回单，此联应作为付款方支付款项的记账依据。该原始凭证注明，“付款人”是本公司，“账号”为 41622124827545，这表明本公司已通过账号 41622124827545 的基本户支付了款项，进行会计核算时，应记入“银行存款——建行(41622124827545)”科目的贷方。

因此，该笔业务在 T+系统中的操作流程如下：

(1) 以 02 会计朱胜利的身份登录。“总账”→“日常业务”，单击“填制凭证”，打开记账凭证编制界面。

(2) 单击“新增”按钮，输入数据。凭证类别“记账凭证”，凭证编号“0016”，制单日期“2020-12-18”，附单据数“3”。

(3) 输入摘要“支付基础电信费”。

(4) 新增并输入借方科目名称“管理费用——通讯费”，输入借方金额“1 100.92”。输入借方科目名称“应交税费——应交增值税——进项税额”，输入借方金额“99.08”。

(5) 输入贷方科目名称“银行存款——建行(41622124827545)”，输入贷方金额“1 200.00”。

(6) 单击“保存”按钮，如图 3-17 所示。

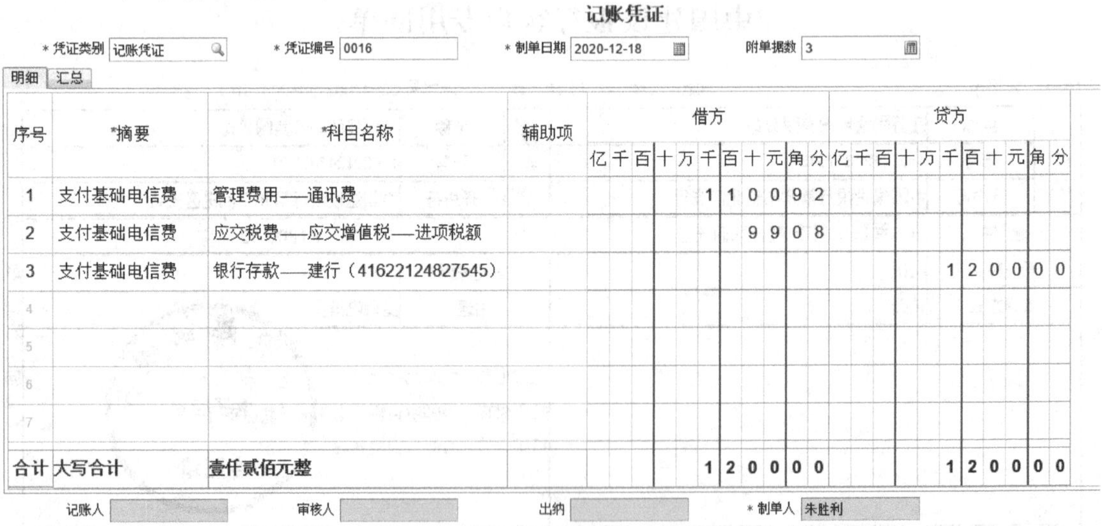

记账凭证

*凭证类别 记账凭证　*凭证编号 0016　*制单日期 2020-12-18　附单据数 3

明细　汇总

序号	*摘要	*科目名称	辅助项	借方	贷方
1	支付基础电信费	管理费用——通讯费		110092	
2	支付基础电信费	应交税费——应交增值税——进项税额		9908	
3	支付基础电信费	银行存款——建行（41622124827545）			120000
4					
5					
6					
7					
合计	大写合计	壹仟贰佰元整		120000	120000

记账人　审核人　出纳　*制单人 朱胜利

图 3-17　记账凭证界面

【业务 3-17】（共 1 张原始凭证，于 12 月 19 日取得）

表 3-17-1

中华人民共和国印花税票销售凭证　　现金付讫

填发日期:2020 年12 月19 日　　2020苏 印字 68800258 号

购买单位	江苏西榕股份有限公司		购买人	刘宁	
购买印花税票					
面值种类	数量	金额	面值种类	数量	金额
壹角票			伍元票		
贰角票			拾元票	2	20.00
伍角票			伍拾元票		
壹元票			壹百元票	2	200.00
贰元票			总计		220.00
金额总计(大写)	零佰 零拾 零万 零仟 贰佰 贰拾 零元 零角 零分				
销售单位 征税专用章 (盖章)	售票人 宋建梅 (盖章)		备注		

撕毁、涂改号码无效

第二联（收据）购票单位作报销凭证

表 3-17-1 是中华人民共和国印花税票销售凭证的第二联收据联，此联应作为购买方核算印花税的记账依据。该原始凭证注明，“购买单位”本公司，“印花税票”总计 220 元，这表明该公司购买了印花税票。进行会计核算时，应记入“税金及附加——印花税”科目的借方；同时，原始单据是盖有“现金付讫”章，表明本公司用库存现金支付上述款项。进行会计核算时，应记入“库存现金”科目的贷方。

因此，该笔业务在 T+系统中的操作流程如下：

(1) 以 02 会计朱胜利的身份登录。“总账”→“日常业务”，单击“填制凭证”，打开记账凭证编制界面。

记账凭证

* 凭证类别 记账凭证　* 凭证编号 0017　* 制单日期 2020-12-19　附单据数 1

明细　汇总

序号	*摘要	*科目名称	借方											贷方										
			亿	千	百	十	万	千	百	十	元	角	分	亿	千	百	十	万	千	百	十	元	角	分
1	购买印花税票	税金及附加——印花税							2	2	0	0	0											
2	购买印花税票	库存现金																		2	2	0	0	0
3																								
4																								
5																								
6																								
7																								
合计	大写合计	贰佰贰拾元整							2	2	0	0	0							2	2	0	0	0

记账人　　审核人　　出纳　　* 制单人 朱胜利

图 3-18　记账凭证界面

(2) 单击“新增”按钮,输入数据。凭证类别“记账凭证”,凭证编号“0017”,制单日期“2020-12-19”,附单据数“1”。

(3) 输入摘要“购买印花税票”。

(4) 新增并输入借方科目名称“税金及附加——印花税”,输入借方金额“220.00”。

(5) 输入贷方科目名称“库存现金”,输入贷方金额“220.00”。

(6) 单击“保存”按钮,如图 3-18 所示。

【业务 3-18】 (共 2 张原始凭证,于 12 月 21 日取得)

表 3-18-1

中国银行股份有限公司贷款还息凭证

打印日期 2020 年 12 月 20 日

客户号: 05276148		机构代码: 105	
借款单位: 江苏雨堰股份有限公司			
产生利息账号	还息金额	Osp现有余额	备 注
41924996324858	483.33元		合同号: 00093
金额合计	(大写) 人民币 肆佰捌拾叁元叁角叁分 (小写) CNY****483.33		
付款账号: 41235716888264			
合同编号: 00093			
交易业务号: 105LAA110089008			

开票:刘维新　　记账　　复核　　(盖章)

(印章:中国银行 常州市新北区支行 2020-12-21 转讫 (01))

表 3-18-2

03204071202　　**江苏增值税普通发票**　　№ 45570580　　03204071202　45570580

(江苏 / 全国统一发票监制章 / 国家税务总局监制)　发票联

校验码 61250 58824 46533 51143　　开票日期:2020年12月20日

购买方	名　　称:江苏雨堰股份有限公司 纳税人识别号:913204116047842554 地 址、电 话:江苏省常州市新北工业园区1008号 0519-88528852 开户行及账号:中国建设银行常州市新北区支行 41622124827545			密码区	15*3187<4/+3895<+95-59+7<245 4597<0—>>-6>525<137135->7*7 87*3187<4/+8490<+36696399324 6+<712/<1+9016>5356++>84>233		
货物或应税劳务、服务名称	规格型号	单位	数量	单价	金额	税率	税额
贷款服务			1	455.97	455.97	6%	27.36
合　　计					¥455.97		¥27.36
价税合计(大写)	⊗肆佰捌拾叁元叁角叁分				(小写) ¥483.33		
销售方	名　　称:中国银行股份有限公司常州市分行 纳税人识别号:913204113981941227 地 址、电 话:江苏省常州市新北区刘菲街喻军路74号 0519-661408835 开户行及账号:中国银行股份有限公司常州市营业部 32041159586278128154				备注		

收款人:　　复核:　　开票人:李菊花　　销售方:(章)

(印章:中国银行股份有限公司常州市分行 913204113981941227 发票专用章)

税总函【XXXX】XXX号 XXXXXXXX公司

第二联:发票联 购买方记账凭证

表 3-18-1 是中国银行股份有限公司贷款还息凭证,此凭证应作为借款方支付利息的记

账依据。该原始凭证注明,“借款单位”是本公司,“付款账号”是 41235716888264,这表明本公司已从账号为 41235716888264 的结算户支付了款项,进行会计核算时,应记入“银行存款——中行(41235716888264)”科目的贷方。

表 3-18-2 是江苏增值税普通发票的第二联发票联,此联应作为购买方的记账依据。该原始凭证注明,“购买方”是本公司,“销售方”是中国银行股份有限公司常州分行,“货物或应税劳务、服务名称”是贷款服务,这表明本公司向中国银行借款产生利息支出。进行会计核算时,“价税合计”应记入“应付利息——短期借款(中国银行)”科目的借方。

因此,该笔业务在 T+系统中的操作流程如下:

(1) 以 02 会计朱胜利的身份登录。“总账”→“日常业务”,单击“填制凭证”,打开记账凭证编制界面。

(2) 单击“新增”按钮,输入数据。凭证类别“记账凭证”,凭证编号“0018”,制单日期“2020-12-20”,附单据数“2”。

(3) 输入摘要“支付短期借款利息”。

(4) 新增并输入借方科目名称“应付利息——短期借款(中国银行)”,输入借方金额“483.33”。

(5) 输入贷方科目名称“银行存款——中行(41235716888264)”,输入贷方金额“483.33”。

(6) 单击“保存”按钮,如图 3-19 所示。

记账凭证

*凭证类别 记账凭证　*凭证编号 0018　*制单日期 2020-12-20　附单据数 2

明细　汇总

序号	*摘要	*科目名称	辅助项	借方											贷方										
				亿	千	百	十	万	千	百	十	元	角	分	亿	千	百	十	万	千	百	十	元	角	分
1	支付短期借款利息	应付利息——短期借款(中国银行)								4	8	3	3	3											
2	支付短期借款利息	银行存款——中行(41235716888264)																			4	8	3	3	3
3																									
4																									
5																									
6																									
7																									
合计	大写合计	肆佰捌拾叁元叁角叁分								4	8	3	3	3							4	8	3	3	3

记账人　审核人　出纳　*制单人 朱胜利

图 3-19　记账凭证界面

【业务 3-19】　(共 2 张原始凭证,于 12 月 20 日取得)

表 3-19-1 是中国建设银行客户专用回单,此单作为收款方收取款项的记账依据。该原始凭证注明,“户名”是本公司,“账号”是 41622124827545,“计息项目”是活期存款,这表明本公司收到了账号为 41622124827545 基本户的存款利息。进行会计核算时,应记入“银行存款——建行(41622124827545)”科日的借方。同时,因收到的是存款利息收入,进行会计核算时,应记入“财务费用——利息收入”科目的贷方。

表 3-19-1

中国建设银行客户专用回单

币别：人民币　　　　2020 年12 月20 日　　　　流水号：320420027J05008100

户名：江苏雨堰股份有限公司			账号：41622124827545		
计息项目	起息日	结息日	本金/积数	利率（%）	利息金额
活期存款	2020-11-01	2020-12-20	*** ***	0.385%	3355.02
合计金额	（大写）叁仟叁佰伍拾伍元零贰分			￥3355.02	
上列存款利息，已照收你单位 41622124827545 账户			打印柜员：320425584257 打印机构：中国建设银行常州市新北区支行 打印卡号：41622124827545		

打印时间：2020-12-20　　　　交易柜员：320425584268　　　　交易机构：320410509

表 3-19-2

中国银行客户专用回单

币别：人民币　　　　2020 年12 月20 日　　　　流水号：320420027J05009600

户名：江苏雨堰股份有限公司			账号：41235716888264		
计息项目	起息日	结息日	本金/积数	利率（%）	利息金额
活期存款	2020-12-01	2020-12-20	*** ***	0.385%	30.65
合计金额	（大写）叁拾元陆角伍分			￥30.65	
上列存款利息，已照收你单位 41235716888264 账户			打印柜员：320425587654 打印机构：中国银行常州市新北区支行 打印卡号：41235716888264		

打印时间：2020-12-20　　　　交易柜员：320425587654　　　　交易机构：320410436

表 3-19-2 是中国银行客户专用回单，此单作为收款方收取款项的记账依据。该原始凭证注明，“户名”是本公司，“账号”是 41235716888264，“计息项目”是活期存款，这表明本公司收到了账号为 41235716888264 一般户的存款利息。进行会计核算时，应记入“银行存款——中行(41235716888264)”科目的借方。同时，因收到的是存款利息收入，进行会计核算时，应记入“财务费用——利息收入”科目的贷方。

因此，该笔业务在 T+系统中的操作流程如下：

(1) 以 02 会计朱胜利的身份登录。“总账”→“日常业务”，单击“填制凭证”，打开记账凭证编制界面。

(2) 单击“新增”按钮，输入数据。凭证类别“记账凭证”，凭证编号“0019”，制单日期“2020-12-20”，附单据数“2”。

(3) 输入摘要“收到活期存款利息”。

(4) 输入借方科目名称“银行存款——建行(41622124827545)”，输入借方金额“3 355.02”。输入借方科目名称“银行存款——中行(41235716888264)”，输入借方金额“30.65”。

(5) 新增并输入贷方科目名称“财务费用——利息收入”，输入借方金额“－3 385.67”。

(6) 单击“保存”按钮，如图 3-20 所示。

记账凭证

* 凭证类别 记账凭证　　* 凭证编号 0019　　* 制单日期 2020-12-20　　附单据数 2

明细　汇总

序号	*摘要	*科目名称	辅助项	借方											贷方										
				亿	千	百	十	万	千	百	十	元	角	分	亿	千	百	十	万	千	百	十	元	角	分
1	收到活期存款利息	银行存款——建行（41622124827545）							3	3	5	5	0	2											
2	收到活期存款利息	银行存款——中行（41235716888264）									3	0	6	5											
3	收到活期存款利息	财务费用——利息收入							3	3	8	5	6	7											
4																									
5																									
6																									
7																									
合计	大写合计	零元整										0	0	0											

记账人　　审核人　　出纳　　* 制单人 朱胜利

图 3-20　记账凭证界面

【业务 3-20】 (共 4 张原始凭证，于 12 月 23 日取得)

表 3-20-1

3204182140　　江苏增值税专用发票　　№ 01794389　　3204182140 01794389

江苏

此联不作报销、扣税凭证使用

开票日期：2020年12月23日

购买方	名称：江苏跃达股份有限公司 纳税人识别号：913203126972116537 地址、电话：江苏省徐州市铜山区何书街杨同路28号 0516-51289142 开户行及账号：中国建设银行徐州市铜山区支行 41438840377197	密码区	83*3187<4/+0261<+95-59+7<8703383<0-->>-6>525<174751->7*787*3187<4/+849 0<+133789647872+<712/<1+9016>0996++>84>698<+95-59+7<9395310<0-->>-6>

货物或应税劳务、服务名称	规格型号	单位	数量	单价	金额	税率	税额
X		件	19500	42	819000.00	13%	106470.00
Y		件	24000	35	840000.00	13%	109200.00
合计					¥1659000.00		¥215670.00
价税合计（大写）	⊗ 壹佰捌拾柒万肆仟陆佰柒拾元整				（小写） ¥1874670.00		

销售方	名称：江苏雨堰股份有限公司 纳税人识别号：913204115576606923 地址、电话：江苏省常州市新北工业园区1008号 0519-88528852 开户行及账号：中国建设银行常州市新北区支行 41622124827545	备注	

收款人：　　复核：　　开票人：　　销售方：（章）

第一联：记账联　销售方记账凭证

表 3-20-2 **销 售 单**

购货单位:江苏跃达股份有限公司　地址和电话:江苏省徐州市铜山区何书街杨同路 28 号 0516-51289142　单据编号:xs156

纳税识别号:913203126972116537　开户行及账号:中国建设银行徐州市铜山区支行 41438840377197　制单日期:2020-12-23

编码	产品名称	规格	单位	单价	数量	金额	备注
01	X		件	47.46	19 500	925 470.00	
02	Y		件	39.55	24 000	949 200.00	
合计	人民币(大写):壹佰捌拾柒万肆仟陆佰柒拾元整				—	¥1 874 670.00	

会计联

销售经理:　　经手人:　　会计:　　签收人:

表 3-20-3

经理办公会议经要

企业根据销售及退货情况分析,各产品的退货率为 5%。

闫瑞　李连仲　王颖宏

2020 年 12 月 23 日

表 3-20-4 **购销合同**

购方:江苏跃达股份有限公司　合同编号:0212

销方:江苏雨堰股份有限公司　签订地点:常州市

供需双方本着互利互惠、长期合作的原则,根据《中华人民共和国合同法》及双方的实际情况,就需方向供方采购事宜,订立本合同,以使双方在合同履行中共同遵守。

一、产品名称、数量、单价、金额:

产品名称	规模型号	计量单位	数量	单价	金额	备注
X		件	19 500	47.46	925 470.00	含税金额
Y		件	24 000	39.55	949 200.00	
合计					¥1 874 670.00	
合计人民币(大写):壹佰捌拾柒万肆仟陆佰柒拾元整						

二、质量要求、技术标准、供方对质量负责的条件和期限:按合同企业标准。
三、(1) 交(提)货地点、方式:江苏省常州市新北工业园区 1008 号
(2) 交货日期:2020-12-23
四、付款时间与付款方式:
五、运输方式及到站、港和费用负担:销售方承担
六、合理损耗及计算方法:以实际数量验收。
七、包装标准、包装物的供应与回收:普通包装,不回收包装物。
八、验收标准、方法及提出异议期限:
货到需方七天内提出质量异议,不包括运输过程中造成的质量问题。
自收到货物的 60 天内可以提出退货,运费由购货方承担。
九、违约责任:按《合同法》
十、解决合同纠纷的方式:双方协商解决。
十一、其他约定事项:
本合同一式两份,需、供双方各一份,经双方盖章后即生效。

购方(盖章):江苏跃达股份有限公司	销方(盖章):江苏雨堰股份有限公司
单位地址:江苏省徐州市铜山区何书街杨同路 28 号	单位地址:江苏省常州市新北工业园区 1008 号
电　　话:0516-51289142	电　　话:0519-88528852
签订日期:2020-11-01	签订日期:2020-11-01
开户银行:中国建设银行徐州市铜山区支行	开户银行:中国建设银行常州市新北区支行
账　　号:41438840327197	账　　号:41622124827545

表 3-20-1 是江苏增值税专用发票的第一联记账联,此联应作为销售方的记账依据。该原始凭证注明,“销售方”是本公司,“购买方”是江苏跃达股份有限公司,“货物或应税劳务、服务名称”是 X 和 Y,这表明本公司销售了 X 和 Y 产品给江苏跃达股份有限公司。

表 3-20-2 是销售单。

表 3-20-3 是经理办公会议纪要。

表 3-20-4 是购销合同,销售产品是本公司的主营业务。

因此,根据这 4 张原始单据,进行会计核算时,“金额”的 95%应分别记入“主营业务收入——X”和“主营业务收入——Y”科目的贷方,“金额”的 5%应分别记入“预计负债——应付退货款——X”和“预计负债——应付退货款——Y”科目的贷方,“税额”应记入“应交税费——应交增值税——销项税额”科目的贷方。

此外,本业务没有收取款项的原始凭证,2020 年 11 月末也没有相关预收款项的金额,进行会计核算时,应记入“应收账款——江苏跃达股份有限公司”科目的借方。

因此,该笔业务在 T+系统中的操作流程如下:

(1) 以 02 会计朱胜利的身份登录。“总账”→“日常业务”,单击“填制凭证”,打开记账凭证编制界面。

(2) 单击“新增”按钮,输入数据。凭证类别“记账凭证”,凭证编号“0020”,制单日期“2020-12-23”,附单据数“4”。

(3) 输入摘要“销售产品,款项未收”。

(4) 新增并输入借方科目名称“应收账款——江苏跃达股份有限公司”,输入借方金额“1 874 670.00”。

(5) 输入贷方科目名称“主营业务收入——X”,输入贷方金额“778 050.00”,输入贷方科目名称“主营业务收入——Y”,输入贷方金额“798 000.00”,输入贷方科目名称“预计负债——应付退货款——X”,输入贷方金额“40 950.00”,输入贷方科目名称“预计负债——应付退货款——Y”,输入贷方金额“42 000.00”,输入贷方科目名称“应交税费——应交增值税——销项税额”,输入贷方金额“215 670.00”。

(6) 单击“保存”按钮,如图 3-21 所示。

记账凭证

*凭证类别 记账凭证　　*凭证编号 0020　　*制单日期 2020-12-23　　附单据数 4

明细　汇总

序号	*摘要	*科目名称	借方（亿千百十万千百十元角分）	贷方（亿千百十万千百十元角分）
1	销售产品，款项未收	应收账款——江苏跃达股份有限公司	187467000	
2	销售产品，款项未收	主营业务收入——X		77805000
3	销售产品，款项未收	主营业务收入——Y		79800000
4	销售产品，款项未收	预计负债——应付退货款——X		4095000
5	销售产品，款项未收	预计负债——应付退货款——Y		4200000
6	销售产品，款项未收	应交税费——应交增值税——销项税额		21567000
7				
合计	大写合计	壹佰捌拾柒万肆仟陆佰柒拾元整	187467000	187467000

记账人　　审核人　　出纳　　*制单人 朱胜利

图 3-21　记账凭证界面

【业务 3-21】(共 2 张原始凭证,于 12 月 24 日取得)

表 3-21-1

3204161140　江苏增值税专用发票　№ 01794295　3204161140　01794295

此联不作报销、扣税凭证使用　　开票日期:2020年12月24日

购买方　名称:苏州宏程股份有限公司
纳税人识别号:913205097142532062
地址、电话:江苏省苏州市吴江区何书街吴梅路38号 0512-87290974
开户行及账号:中国建设银行苏州市吴江区支行 41622124822738

密码区　55*3187<4/+6045<+95-59+7<662
8136<0—>>-6>525<302431->7*7
87*3187<4/+8490<+27282740571
2+<712/<1+9016>3440++>84>371

货物或应税劳务、服务名称	规格型号	单位	数量	单价	金额	税率	税额
乙		千克	8000	25.00	200000.00	13%	26000.00
合计					¥200000.00		¥26000.00

价税合计(大写)　⊗贰拾贰万陆仟元整　　(小写)¥226000.00

销售方　名称:江苏雨堰股份有限公司
纳税人识别号:913204116047842554
地址、电话:江苏省常州市新北工业园区1008号 0519-88528852
开户行及账号:中国建设银行常州市新北区支行 41622124827545

备注

收款人:　　复核:　　开票人:朱胜利　　销售方:(章)

税总函【XXXX】XXX号 XXXXXXXX公司

第一联:记账联　销售方记账凭证

表 3-21-2　　销　售　单

购货单位：苏州宏健股份有限公司　地址和电话：江苏省苏州市吴江区何书街吴梅路 38 号 0512-87290974　单据编号：XS047
纳税识别号：913205097142532062　开户行及账号：中国建设银行苏州市吴江区支行 41622124822738　制单日期：2020-12-24

编码	产品名称	规格	单位	单价	数量	金额	备注
	乙		千克	28.25	8 000	226 000.00	含税价
合计	人民币(大写)：贰拾贰万陆仟元整				—	¥226 000.00	

会计联

销售经理：钟国钊　　经手人：赵爱东　　会计：朱胜利　　签收人：刘素静

表 3-21-3

中国建设银行客户专用回单

币别：人民币　　2020 年 12 月 24 日　　流水号 320420027J0500810048

付款人	全称	苏州宏程股份有限公司	收款人	全称	江苏雨堰股份有限公司
	账号	41622124822738		账号	41622124827545
	开户行	中国建设银行苏州市吴江区支行		开户行	中国建设银行常州市新北区支行
金额		(大写) 人民币 贰拾贰万陆仟元整			(小写) ¥226000.00
凭证种类		电汇凭证	凭证号码		
结算方式		电汇	用途		货款
			打印柜员：320425584257 打印机构：中国建设银行常州市新北区支行 打印卡号：41622124827545		

中国建设银行 电子回单 专用章

第二联贷方(回单)

打印时间：2020-12-24　　交易柜员：320425584268　　交易机构：320420713

表 3-21-1 是江苏增值税专用发票的第一联记账联，此联应作为销售方的记账依据。该原始凭证注明，“销售方”是本公司，“购买方”是苏州宏程股份有限公司，“货物或应税劳务、服务名称”是乙，这表明本公司销售了乙材料给苏州宏程股份有限公司。销售材料是本公司的其他业务，因此，进行会计核算时，“金额”应记入“其他业务收入——材料销售”科目的贷方，“税额”应记入“应交税费——应交增值税——销项税额”科目的贷方。

表 3-21-2 是中国建设银行客户专用回单的第二联贷方回单，此联应作为收款方收取款项的记账依据。该原始凭证注明，“收款人”是本公司，“账号”是 41622124827545，这表明本公司已通过账号 41622124827545 的基本户收取了款项，进行会计核算时，应记入“银行存款——建行(41622124827545)”科目的借方。

因此，该笔业务在 T+系统中的操作流程如下：

(1) 以 02 会计朱胜利的身份登录。“总账”→“日常业务”，单击“填制凭证”，打开记账

凭证编制界面。

(2) 单击“新增”按钮,输入数据。凭证类别“记账凭证”,凭证编号“0021”,制单日期“2020-12-24”,附单据数“2”。

(3) 输入摘要“销售原材料乙,收到款项”。

(4) 输入借方科目名称“银行存款——建行(41622124827545)”,输入借方金额“226 000.00”。

(5) 新增并输入贷方科目名称“其他业务收入——材料销售”,输入贷方金额“200 000.00”,输入贷方科目名称“应交税费——应交增值税——销项税额”,输入贷方金额“26 000.00”。

(6) 单击“保存”按钮,如图 3-22 所示。

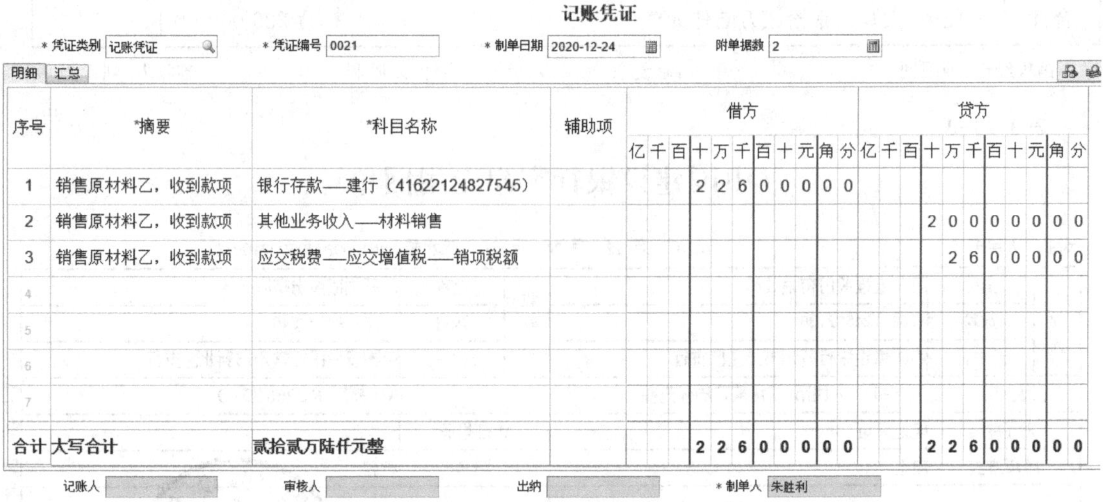
记账凭证

* 凭证类别 记账凭证　* 凭证编号 0021　* 制单日期 2020-12-24　附单据数 2

明细 汇总

序号	*摘要	*科目名称	辅助项	借方 (亿千百十万千百十元角分)	贷方 (亿千百十万千百十元角分)
1	销售原材料乙,收到款项	银行存款—建行(41622124827545)		2 2 6 0 0 0 0 0	
2	销售原材料乙,收到款项	其他业务收入—材料销售			2 0 0 0 0 0 0 0
3	销售原材料乙,收到款项	应交税费—应交增值税—销项税额			2 6 0 0 0 0 0
4					
5					
6					
7					
合计	大写合计	贰拾贰万陆仟元整		2 2 6 0 0 0 0 0	2 2 6 0 0 0 0 0

记账人　审核人　出纳　* 制单人 朱胜利

图 3-22　记账凭证界面

【业务 3-22】 (共 2 张原始凭证,于 12 月 31 日取得)

表 3-22-1　**工资费用分配表**

2020 年 12 月 31 日

应借科目	直接计入	分配计入			合计
		生产工时	分配率	分配金额	
生产成本——X	31 300				31 300
——Y	42 500				42 500
小计					
制造费用	22 600				22 600
管理费用	63 900				63 900
销售费用	12 300				12 300
合计	172 600				172 600

制表:朱胜利　　审核:王颖宏

表 3-22-2　　12 月工资及应扣款项计算表

2020 年 12 月 31 日

职员姓名	部门	职位	应付工资	养老保险	医疗保险	失业保险	住房公积金	个人所得税	扣款合计	实发工资
闫　瑞	办公室	法定代表人	8 300	664	166	41.5	830	47.96	1 749.46	6 550.54
李连仲	办公室	主任	8 000	640	160	40	800	40.80	1 680.80	6 319.20
李　杰	办公室	办事员	6 500	520	130	32.5	650	5.03	1 337.53	5 162.47
曹建国	办公室	仓管员	5 700	456	114	28.5	570	0.00	1 168.50	4 531.50
王颖宏	财务部	财务经理	6 700	536	134	33.5	670	9.80	1 383.30	5 316.70
朱胜利	财务部	总账会计	5 700	456	114	28.5	570	0.00	1 168.50	4 531.50
苏建朝	财务部	业务会计	5 700	456	114	28.5	570	0.00	1 168.50	4 531.50
刘　宁	财务部	出纳	5 000	400	100	25	500	0.00	1 025.00	3 975.00
王群忠	采购部	采购经理	6 600	528	132	33	660	7.41	1 360.41	5 239.59
李　津	采购部	采购员	5 700	456	114	28.5	570	0.00	1 168.50	4 531.50
钟国钊	销售门市部	销售经理	6 700	536	134	33.5	670	9.80	1 383.30	5 316.70
赵爱东	销售门市部	销售员	5 600	448	112	28	560	0.00	1 148.00	4 452.00
吴鹏英	生产车间	车间主任	6 400	512	128	32	640	2.64	1 314.64	5 085.36
伊　翔	生产车间	车间副主任	5 800	464	116	29	580	0.00	1 189.00	4 611.00
姜志忠	生产车间	质检	5 100	408	102	25.5	510	0.00	1 045.50	4 054.50
刘泽军	生产车间	设计	5 300	424	106	26.5	530	0.00	1 086.50	4 213.50
刘建国	生产车间	X 生产工人	5 100	408	102	25.5	510	0.00	1 045.50	4 054.50
宣祥顺	生产车间	X 生产工人	5 700	456	114	28.5	570	0.00	1 168.50	4 531.50
吴晓珺	生产车间	X 生产工人	4 800	384	96	24	480	0.00	984.00	3 816.00
晁国忠	生产车间	X 生产工人	5 200	416	104	26	520	0.00	1 066.00	4 134.00
张志峰	生产车间	X 生产工人	5 800	464	116	29	580	0.00	1 189.00	4 611.00
刘永强	生产车间	X 生产工人	4 700	376	94	23.5	470	0.00	963.50	3 736.50
王贺喜	生产车间	Y 生产工人	5 700	456	114	28.5	570	0.00	1 168.50	4 531.50
邓　亮	生产车间	Y 生产工人	5 700	456	114	28.5	570	0.00	1 168.50	4 531.50
褚信飞	生产车间	Y 生产工人	5 000	400	100	25	500	0.00	1 025.00	3 975.00
刘培霞	生产车间	Y 生产工人	5 300	424	106	26.5	530	0.00	1 086.50	4 213.50
金廖祥	生产车间	Y 生产工人	5 100	408	102	25.5	510	0.00	1 045.50	4 054.50
夏少斌	生产车间	Y 生产工人	5 000	400	100	25	500	0.00	1 025.00	3 975.00
霍廷茂	生产车间	Y 生产工人	5 200	416	104	26	520	0.00	1 066.00	4 134.00
赵　猛	生产车间	Y 生产工人	5 500	440	110	27.5	550	0.00	1 127.50	4 372.50
合计			172 600	13 808	3 452	863	17 260	123.44	35 506.44	137 093.56

制表:朱胜利　　　　审核:王颖宏

表 3-22-1 是工资费用分配表。

表 3-22-2 是 12 月工资及应扣款项计算表，此表应作为期末计算分配工资费用的记账依据。该原始凭证注明的内容表明，本月支付给职工的工资总额是 127 000 元，进行会计核算时，“应付工资”的合计金额应记入“应付职工薪酬——工资”科目的贷方；同时，生产 X，Y 产品分别发生了工资费用 31 300 元和 42 500 元，应分别记入“生产成本——X——直接人工”和“生产成本——Y——直接人工”科目的借方；此外，生产车间、管理部门（包括办公室、财务部和采购部）和销售门市部分别发生了工资费用 22 600 元、63 900 元和 12 300 元，进行会计核算时，应分别记入“制造费用——工资”“管理费用——工资”和“销售费用——工资”科目的借方。

因此，该笔业务在 T+系统中的操作流程如下：

(1) 以 02 会计朱胜利的身份登录。“总账”→“日常业务”，单击“填制凭证”，打开记账凭证编制界面。

(2) 单击“新增”按钮，输入数据。凭证类别“记账凭证”，凭证编号“0022”，制单日期“2020-12-31”，附单据数“2”。

(3) 输入摘要“工资费用分配”。

(4) 输入借方科目名称“生产成本——X——直接人工”，输入借方金额“31 300.00”；输入借方科目名称“生产成本——Y——直接人工”，输入借方金额“42 500.00”，输入借方科目名称“制造费用——工资”，输入借方金额“22 600.00”，输入借方科目名称“管理费用——工资”，输入借方金额“63 900.00”，输入借方科目名称“销售费用——工资”，输入借方金额“12 300.00”。

(5) 输入贷方科目名称“应付职工薪酬——工资”，输入贷方金额“172 600.00”。

(6) 单击“保存”按钮，如图 3-23 所示。

记账凭证

* 凭证类别 记账凭证　* 凭证编号 0022　* 制单日期 2020-12-31　附单据数 2

明细　汇总

序号	*摘要	*科目名称	借方											贷方										
			亿	千	百	十	万	千	百	十	元	角	分	亿	千	百	十	万	千	百	十	元	角	分
1	工资费用分配	生产成本—X—直接人工					3	1	3	0	0	0	0											
2	工资费用分配	生产成本—Y—直接人工					4	2	5	0	0	0	0											
3	工资费用分配	制造费用—工资					2	2	6	0	0	0	0											
4	工资费用分配	管理费用—工资					6	3	9	0	0	0	0											
5	工资费用分配	销售费用—工资					1	2	3	0	0	0	0											
6	工资费用分配	应付职工薪酬—工资															1	7	2	6	0	0	0	0
7																								
合计	大写合计	壹拾柒万贰仟陆佰元整				1	7	2	6	0	0	0	0				1	7	2	6	0	0	0	0

记账人　审核人　出纳　* 制单人 朱胜利

图 3-23　记账凭证界面

【业务 3-23】（共 1 张原始凭证，于 12 月 31 日取得）

表 3-23-1　　　　四险一金计算表

2020 年 12 月 31 日

应借科目	工资总额	养老保险	医疗保险	失业保险	工伤保险	住房公积金	合计
生产成本——X	31 300	5 008	2 817	156.5	313	3 130	11 424.5
生产成本——Y	42 500	6 800	3 825	212.5	425	4 250	15 512.5
小计							
制造费用	22 600	3 616	2 034	113	226	2 260	8 249
管理费用	63 900	10 224	5 751	319.5	639	6 390	23 323.5
销售费用	12 300	1 968	1 107	61.5	123	1 230	4 489.5
合计	172 600	27 616	15 534	863	1 726	17 260	62 999

制表:朱胜利　　　　审核:王颖宏

表 3-23-1 是四险一金计算表,此表应作为期末计算分配四险一金的记账依据。该原始凭证注明的内容表明,本月应承担的四险一金为 62 999 元,进行会计核算时,合计金额应分别记入"应付职工薪酬——社会保险费""应付职工薪酬——设定提存计划"和"应付职工薪酬——住房公积金"科目的贷方;同时,生产 X,Y 产品分别发生了四险一金费用11 424.5元和 15 512.5 元,进行会计核算时,应分别记入"生产成本——X——直接人工"和"生产成本——Y——直接人工"科目的借方;此外,生产车间、管理部门(包括办公室、财务部和采购部)和销售门市部分别发生了四险一金费用 8 249 元、23 323.5 元和 4 489.5 元,应分别记入"制造费用——四险一金""管理费用——四险一金"和"销售费用——四险一金"科目的借方。

因此,该笔业务在 T+系统中的操作流程如下:

(1) 以 02 会计朱胜利的身份登录。"总账"→"日常业务",单击"填制凭证",打开记账凭证编制界面。

(2) 单击"新增"按钮,输入数据。凭证类别"记账凭证",凭证编号"0023",制单日期"2020-12-31",附单据数"1"。

(3) 输入摘要"计提四险一金"。

(4) 输入借方科目名称"生产成本——X——直接人工",输入借方金额"11 424.50",输入借方科目名称"生产成本——Y——直接人工",输入借方金额"15 512.50",输入借方科目名称"制造费用——四险一金",输入借方金额"8 249.00",输入借方科目名称"管理费用——四险一金",输入借方金额"23 323.50",输入借方科目名称"销售费用——四险一金",输入借方金额"4 489.50"。

(5) 输入贷方科目名称"应付职工薪酬——设定提存计划——养老保险",输入贷方金额"27 616.00",输入贷方科日名称"应付职工薪酬——社会保险费——医疗保险",输入贷方金额"15 534.00",输入贷方科目名称"应付职工薪酬——设定提存计划——失业保险",

输入贷方金额“863.00”,输入贷方科目名称“应付职工薪酬——社会保险费——工伤保险”,输入贷方金额“1 726.00”,输入贷方科目名称“应付职工薪酬——住房公积金”,输入贷方金额“17 260.00”。

(6) 单击“保存”按钮,如图 3-24 和图 3-25 所示。

记账凭证

* 凭证类别 记账凭证　* 凭证编号 0023　* 制单日期 2020-12-31　附单据数 1

明细　汇总

序号	*摘要	*科目名称	借方											贷方										
			亿	千	百	十	万	千	百	十	元	角	分	亿	千	百	十	万	千	百	十	元	角	分
1	计提四险一金	生产成本—X—直接人工					1	1	4	2	4	5	0											
2	计提四险一金	生产成本—Y—直接人工					1	5	5	1	2	5	0											
3	计提四险一金	制造费用—四险一金						8	2	4	9	0	0											
4	计提四险一金	管理费用—四险一金					2	3	3	2	3	5	0											
5	计提四险一金	销售费用—四险一金						4	4	8	9	5	0											
6	计提四险一金	应付职工薪酬—设定提存计划—养老保险																2	7	6	1	6	0	0
7	计提四险一金	应付职工薪酬—社会保险费—医疗保险																1	5	5	3	4	0	0
合计	**大写合计**	**陆万贰仟玖佰玖拾玖元整**					**6**	**2**	**9**	**9**	**9**	**0**	**0**					**6**	**2**	**9**	**9**	**9**	**0**	**0**

记账人　审核人　出纳　* 制单人 朱胜利

图 3-24　记账凭证界面

记账凭证

* 凭证类别 记账凭证　* 凭证编号 0023　* 制单日期 2020-12-31　附单据数 1

明细　汇总

序号	*摘要	*科目名称	借方											贷方										
			亿	千	百	十	万	千	百	十	元	角	分	亿	千	百	十	万	千	百	十	元	角	分
8	计提四险一金	应付职工薪酬—设定提存计划—失业保险																		8	6	3	0	0
9	计提四险一金	应付职工薪酬—社会保险费—工伤保险																	1	7	2	6	0	0
10	计提四险一金	应付职工薪酬—住房公积金																1	7	2	6	0	0	0
11																								
12																								
13																								
14																								
合计	**大写合计**	**陆万贰仟玖佰玖拾玖元整**					**6**	**2**	**9**	**9**	**9**	**0**	**0**					**6**	**2**	**9**	**9**	**9**	**0**	**0**

记账人　审核人　出纳　* 制单人 朱胜利

图 3-25　记账凭证界面

【业务 3-24】(共 5 张原始凭证,于 12 月 31 日取得)

表 3-24-1

3204165140　江苏增值税专用发票　№ 91692447　3204165140　91692447

抵扣联

开票日期:2020年12月31日

购买方	名称:江苏雨堰股份有限公司 纳税人识别号:913204116047842554 地址、电话:江苏省常州市新北工业园区1008号 0519-68528852 开户行及账号:中国建设银行常州市新北区支行 41622124627545			密码区	57*3187<4/+3942<+95-59+7<280 2035<0—>>-6>525<181161->7*7 87*3187<4/+8490<+58357068887 2+<712/<1+9016>3855++>84>432		
货物或应税劳务、服务名称	规格型号	单位	数量	单价	金额	税率	税额
水费		吨	600	2.02	1212.00	3%	36.36
合计					¥1212.00		¥36.36
价税合计(大写)	⊗壹仟贰佰肆拾捌元叁角陆分				(小写) ¥1248.36		
销售方	名称:江苏常州水务股份有限公司 纳税人识别号:913204111167476863 地址、电话:江苏省常州市新北区解红街胡春路01号 0519-246439372 开户行及账号:中国建设银行江苏省常州市新北区支行 41621526485817			备注	江苏水务股份有限公司 913204111167476863 发票专用章		

收款人:　复核:　开票人:徐津铭　销售方:(章)

第二联:抵扣联　购买方扣税凭证

表 3-24-2

3204165140　江苏增值税专用发票　№ 91692447　3204165140　91692447

发票联

开票日期:2020年12月31日

购买方	名称:江苏雨堰股份有限公司 纳税人识别号:913204116047842554 地址、电话:江苏省常州市新北工业园区1008号 0519-68528852 开户行及账号:中国建设银行常州市新北区支行 41622124627545			密码区	57*3187<4/+3942<+95-59+7<280 2035<0—>>-6>525<181161->7*7 87*3187<4/+8490<+58357068887 2+<712/<1+9016>3855++>84>432		
货物或应税劳务、服务名称	规格型号	单位	数量	单价	金额	税率	税额
水费		吨	600	2.02	1212.00	3%	36.36
合计					¥1212.00		¥36.36
价税合计(大写)	⊗壹仟贰佰肆拾捌元叁角陆分				(小写) ¥1248.36		
销售方	名称:江苏常州水务股份有限公司 纳税人识别号:913204111167476863 地址、电话:江苏省常州市新北区解红街胡春路01号 0519-246439372 开户行及账号:中国建设银行江苏省常州市新北区支行 41621526485817			备注	江苏水务股份有限公司 913204111167476863 发票专用章		

收款人:　复核:　开票人:徐津铭　销售方:(章)

第三联:发票联　购买方记账凭证

表 3-24-1 是江苏增值税专用发票的第二联抵扣联,此联应作为购买方抵扣进项税额的依据。该抵扣联不能作为记账凭证的附件,专门用于在规定期限内到税务机关办理认证或在平台办理勾选确认,并在认证通过或勾选确认的次月申报期内,向主管税务机关申报抵扣进项税额。

表 3-24-2 是江苏增值税专用发票的第三联发票联,此联应作为购买方的记账依据。该原始凭证注明,“购买方”是本公司,“销售方”是江苏常州水务股份有限公司,“货物或应税劳务、服务名称”是水费,这表明本公司在生产经营过程中使用了自来水。

表 3-24-3

3204166120　　**江苏增值税普通发票**　　№ 91691187　　3204166120　91691187

江苏　发票联

校验码 06914 42278 60066 37091　　开票日期：2020年12月31日

购买方	名　　称：江苏雨堰股份有限公司 纳税人识别号：913204116047842554 地 址、电 话：江苏省常州市新北工业园区1008号 0519-88528852 开户行及账号：中国建设银行常州市新北区支行 41622124827545				密码区	43*3187<4/+4756<+95-59+7<546 9680<0—>>-6>525<088784->7*7 87*3187<4/+8490<+18789652300 3+<712/<1+9016>4942++>84>413	
货物或应税劳务、服务名称	规格型号	单位	数量	单价	金额	税率	税额
污水处理费		吨	600	1.35	810.00	0%	***
合　　计					¥810.00		¥0
价税合计（大写）	⊗捌佰壹拾元整				（小写）¥810.00		
销售方	名　　称：江苏常州水务股份有限公司 纳税人识别号：913204111167476863 地 址、电 话：江苏省常州市新北区解红街胡春路01号 0519-246439372 开户行及账号：中国建设银行江苏省常州市新北区支行 41621526485817				备注	江苏水务股份有限公司 913204111167476863 发票专用章	

收款人：　　复核：　　开票人：赵想飞　　销售方：（章）

税总函【XXXX】XXX号 XXXXXXX公司

第二联：发票联　购买方记账凭证

表 3-24-4　　　　**水费分配表**

2020 年 12 月 31 日　　　　单位：元

部门	吨	自来水单价	自来水分配金额	污水处理费单价	污水处理费金额	合计分配金额
办公室	12	2.02	24.24	1.35	16.2	40.44
财务部	10	2.02	20.2	1.35	13.5	33.7
采购部	10	2.02	20.2	1.35	13.5	33.7
销售门市部	18	2.02	36.36	1.35	24.3	60.66
生产车间	550	2.02	1 111	1.35	742.5	1 853.5
合计	600	2.02	1 212	1.35	810	2 022

制表：朱胜利　　　　审核：王颖宏

表 3-24-5

中国建设银行客户专用回单

币别：人民币　　2020 年 12 月 31 日　　流水号 320420027J0500810112

付款人	全称	江苏雨堰股份有限公司	收款人	全称	江苏常州水务股份有限公司
	账号	41622124827545		账号	41621526485817
	开户行	中国建设银行常州市新北区支行		开户行	中国建设银行江苏省常州市新北区支行
金额		（大写）人民币 贰仟零伍拾捌元叁角陆分			（小写）¥2058.36
凭证种类		网银	凭证号码		
结算方式		转账	用途		支付水费

打印柜员：320425584257
打印机构：中国建设银行常州市新北区支行
打印卡号：41622124827545

中国建设银行 电子回单 专用章

打印时间：2020-12-31　　交易柜员：320425584268　　交易机构：320410505

第一联 借方（回单）

表 3-24-3 是江苏增值税普通发票的第二联发票联，此联应作为购货方的记账依据。该原始凭证注明，“购买方”是本公司，“销售方”是江苏常州水务股份有限公司，“货物或应税劳务、服务名称”是污水处理费，这表明本公司在生产经营过程中使用的自来水而发生污水处理费。根据表 3-24-2 和表 3-24-3，进行会计核算时，“金额”的合计数应根据使用部门分配记入成本、费用等科目的借方，“税额”记入“应交税费——应交增值税——进项税额”科目的借方。

表 3-24-4 是水费分配表，此表应作为分配水费的记账依据。该原始凭证的内容表明，管理部门(包括办公室、财务部和采购部)、销售门市部和生产车间分配的金额，应分别记入“管理费用——水费”“销售费用——水费”和“制造费用——水费”科目的借方。

表 3-24-5 是中国建设银行客户专用回单的第一联借方回单，此联应作为付款方支付款项的记账依据。该原始凭证注明，“付款人”是本公司，“账号”是 41622124827545，这表明本公司已通过账号 41622124827545 的基本户支付了款项，进行会计核算时，应记入“银行存款——建行(41622124827545)”科目的贷方。

因此，该笔业务在 T+系统中的操作流程如下：

(1) 以 02 会计朱胜利的身份登录。“总账”→“日常业务”，单击“填制凭证”，打开记账凭证编制界面。

(2) 单击“新增”按钮，输入数据。凭证类别“记账凭证”，凭证编号“0024”，制单日期“2020-12-31”，附单据数“4”。

(3) 输入摘要“分配本月水费”。

(4) 输入借方科目名称“管理费用——水费”，输入借方金额“107.84”，输入借方科目名称“销售费用——水费”，输入借方金额“60.66”，输入借方科目名称“制造费用——水费”，输入借方金额“1 853.50”，输入借方科目名称“应交税费——应交增值税——进项税额”，输入借方金额“36.36”。

(5) 输入贷方科目名称“银行存款——建行(41622124827545)”，输入贷方金额“2 058.36”。

(6) 单击“保存”按钮，如图 3-26 所示。

记账凭证

* 凭证类别 记账凭证　　* 凭证编号 0024　　* 制单日期 2020-12-31　　附单据数 4

明细　汇总

序号	*摘要	*科目名称	辅助项	借方											贷方										
				亿	千	百	十	万	千	百	十	元	角	分	亿	千	百	十	万	千	百	十	元	角	分
1	分配本月水费	管理费用—水费								1	0	7	8	4											
2	分配本月水费	销售费用—水费									6	0	6	6											
3	分配本月水费	制造费用—水费							1	8	5	3	5	0											
4	分配本月水费	应交税费—应交增值税—进项税额									3	6	3	6											
5	分配本月水费	银行存款—建行（41622124827545）																		2	0	5	8	3	6
6																									
7																									
合计	大写合计	贰仟零伍拾捌元叁角陆分							2	0	5	8	3	6						2	0	5	8	3	6

记账人　　审核人　　出纳　　* 制单人 朱胜利

图 3-26　记账凭证界面

【业务 3-25】(共 3 张原始凭证,于 12 月 31 日取得)

表 3-25-1

3204165140 江苏增值税专用发票 № 65150429

3204165140
65150429

抵扣联

开票日期:2020年12月31日

购买方	名称:江苏雨堰股份有限公司 纳税人识别号:913204116047842554 地址、电话:江苏省常州市新北工业园区1008号 0519-68528852 开户行及账号:中国建设银行常州市新北区支行 41622124827545	密码区	29*3187<4/+4321<+95-59+7<978 0491<0—>>-6>525<057351->7*7 87*3187<4/+8490<+84593914778 9+<712/<1+9016>0194++>84>474

货物或应税劳务、服务名称	规格型号	单位	数量	单价	金额	税率	税额
电					1650.00	13%	214.50
合计					¥1650.00		¥214.50
价税合计(大写)	⊗壹仟捌佰陆拾肆元伍角整				(小写) ¥1864.50		

销售方	名称:江苏省电力股份有限公司常州市分公司 纳税人识别号:913204110645002233 地址、电话:江苏省常州市新北区韩春街刘海路39号 0519-730497580 开户行及账号:中国建设银行江苏省常州市新北区支行 41247650539251	备注	江苏省电力股份有限公司常州市分公司 913204110645002233 发票专用章

收款人: 复核: 开票人:王斌 销售方:(章)

第二联:抵扣联 购买方扣税凭证

表 3-25-2

3204165140 江苏增值税专用发票 № 65150429

3204165140
65150429

发票联

开票日期:2020年12月31日

购买方	名称:江苏雨堰股份有限公司 纳税人识别号:913204116047842554 地址、电话:江苏省常州市新北工业园区1008号 0519-68528852 开户行及账号:中国建设银行常州市新北区支行 41622124827545	密码区	29*3187<4/+4321<+95-59+7<978 0491<0—>>-6>525<057351->7*7 87*3187<4/+8490<+84593914778 9+<712/<1+9016>0194++>84>474

货物或应税劳务、服务名称	规格型号	单位	数量	单价	金额	税率	税额
电					1650.00	13%	214.50
合计					¥1650.00		¥214.50
价税合计(大写)	⊗壹仟捌佰陆拾肆元伍角整				(小写) ¥1864.50		

销售方	名称:江苏省电力股份有限公司常州市分公司 纳税人识别号:913204110645002233 地址、电话:江苏省常州市新北区韩春街刘海路39号 0519-730497580 开户行及账号:中国建设银行江苏省常州市新北区支行 41247650539251	备注	江苏省电力股份有限公司常州市分公司 913204110645002233 发票专用章

收款人: 复核: 开票人:王斌 销售方:(章)

第三联:发票联 购买方记账凭证

表 3-25-3

电费分配表

2020 年 12 月 31 日

部门	耗用数量(度)	单位成本(元)	金额(元)
办公室	25		37.5
财务部	20		30
采购部	20		30
销售门市部	22		33
生产车间	1 013		1 519.5
合计	1 100	1.5	1 650

制表:朱胜利 审核:王颖宏

表 3-25-1 是江苏增值税专用发票的第二联抵扣联，此联应作为购买方抵扣进项税额的依据。该抵扣联不能作为记账凭证的附件，专门用于在规定期限内到税务机关办理认证或在平台办理勾选确认，并在认证通过或勾选确认的次月申报期内，向主管税务机关申报抵扣进项税额。

表 3-25-2 是江苏增值税专用发票的第三联发票联，此联应作为购买方的记账依据。该原始凭证注明，“购买方”是本公司，“销售方”是江苏省电力股份有限公司常州市分公司，“货物或应税劳务、服务名称”是电，这表明本公司在生产经营过程中使用了电。进行会计核算时，“金额”的应根据使用部门分配记入成本、费用等科目的借方，“税额”记入“应交税费——应交增值税——进项税额”科目的借方。

表 3-25-3 是电费分配表，此表应作为分配电费的记账依据。该原始凭证的内容表明，管理部门(包括办公室、财务部和采购部)、销售门市部和生产车间分配的金额，应分别记入“管理费用——电费”“销售费用——电费”和“制造费用——电费”科目的借方。

此外，本业务中没有支付款项的原始凭证，而“预付账款——供电公司”科目 2020 年 11 月 30 日有借方余额，表明本公司已经预付了电费。因此，进行会计核算时，应记入“预付账款——供电公司”科目的贷方。

因此，该笔业务在 T+系统中的操作流程如下：

(1) 以 02 会计朱胜利的身份登录。“总账”→“日常业务”，单击“填制凭证”，打开记账凭证编制界面。

(2) 单击“新增”按钮，输入数据。凭证类别“记账凭证”，凭证编号“0025”，制单日期“2020-12-31”，附单据数“2”。

(3) 输入摘要“分配本月电费”。

(4) 输入借方科目名称“管理费用——电费”，输入借方金额“97.50”，输入借方科目名称“销售费用——电费”，输入借方金额“33.00”，输入借方科目名称“制造费用——电费”，输入借方金额“1 519.50”，输入借方科目名称“应交税费——应交增值税——进项税额”，输入借方金额“214.50”。

(5) 输入贷方科目名称“预付账款——供电公司”，输入贷方金额“1 864.50”。

(6) 单击“保存”按钮，如图 3-27 所示。

记账凭证

*凭证类别 记账凭证　*凭证编号 0025　*制单日期 2020-12-31　附单据数 2

明细　汇总

序号	*摘要	*科目名称	借方											贷方										
			亿	千	百	十	万	千	百	十	元	角	分	亿	千	百	十	万	千	百	十	元	角	分
1	分配本月电费	管理费用—电费								9	7	5	0											
2	分配本月电费	销售费用—电费								3	3	0	0											
3	分配本月电费	制造费用—电费						1	5	1	9	5	0											
4	分配本月电费	应交税费—应交增值税—进项税额							2	1	4	5	0											
5	分配本月电费	预付账款—供电公司																	1	8	6	4	5	0
6																								
7																								
合计	大写合计	壹仟捌佰陆拾肆元伍角						1	8	6	4	5	0						1	8	6	4	5	0

记账人　审核人　出纳　*制单人 朱胜利

图 3-27　记账凭证界面

【业务 3-26】（共 1 张原始凭证，于 12 月 31 日取得）

表 3-26-1　　银行借款利息计算单

2020 年 12 月 31 日

借款种类	借款金额	年贷款利率	月利息额	备　注
3 个月周转借款	200 000	4.35%	749.17	2020 年 12 月 1 日借入
合　计			749.17	

制表：朱胜利　　审核：王颖宏

表 3-26-1 是银行借款利息计算单，此单应作为借款方期末计算利息支出的记账依据。该原始凭证注明，“借款种类”是 3 个月周转借款，这表明本公司发生短期借款利息支出，进行会计核算时，应记入“财务费用——利息支出”科目的借方；同时，由于本业务没有支付利息的原始凭证，因此，进行会计核算时，应记入“应付利息——短期借款(中国银行)”科目的贷方。

因此，该笔业务在 T+系统中的操作流程如下：

(1) 以 02 会计朱胜利的身份登录。“总账”→“日常业务”，单击“填制凭证”，打开记账凭证编制界面。

(2) 单击“新增”按钮，输入数据。凭证类别“记账凭证”，凭证编号“0026”，制单日期“2020-12-31”，附单据数“1”。

(3) 输入摘要：“计算本月借款利息”。

(4) 新增并输入借方科目名称“财务费用——利息支出”，输入借方金额“749.17”。

(5) 输入贷方科目名称“应付利息——短期借款(中国银行)”，输入贷方金额“749.17”。

(6) 单击“保存”按钮，如图 3-28 所示。

记账凭证

* 凭证类别 记账凭证　* 凭证编号 0026　* 制单日期 2020-12-31　附单据数 1

明细　汇总

序号	*摘要	*科目名称	借方											贷方										
			亿	千	百	十	万	千	百	十	元	角	分	亿	千	百	十	万	千	百	十	元	角	分
1	计算本月借款利息	财务费用——利息支出							7	4	9	1	7											
2	计算本月借款利息	应付利息——短期借款（中国银行）																		7	4	9	1	7
3																								
4																								
5																								
6																								
7																								
合计	大写合计	柒佰肆拾玖元壹角柒分							7	4	9	1	7							7	4	9	1	7

记账人　审核人　出纳　* 制单人 朱胜利

图 3-28　记账凭证界面

【业务 3-27】（共 8 张原始凭证，于 12 月 31 日取得）

表 3-27-1

中国建设银行客户专用回单

币别：人民币　　2020 年 12 月 03 日　　流水号 320420027J0500810088

付款人	全称	江苏雨堰股份有限公司	收款人	全称	中国建设银行常州市新北区支行
	账号	41622124827545		账号	41027066338214
	开户行	中国建设银行常州市新北区支行		开户行	中国建设银行常州市新北区支行
金额		（大写）人民币 壹拾伍元整		（小写）¥15.00	
凭证种类		电汇	凭证号码		
结算方式		转账	用途		电汇手续费
			打印柜员：320425584257 打印机构：中国建设银行常州市新北区支行 打印卡号：105486495834		

中国建设银行 电子回单 专用章

第一联 借方（回单）

打印时间：2020-12-03　　交易柜员：320425584268　　交易机构：3204105005411334436

表 3-27-2

中国建设银行客户专用回单

币别：人民币　　2020 年 12 月 07 日　　流水号 320420027J0500810089

付款人	全称	江苏雨堰股份有限公司	收款人	全称	中国建设银行常州市新北区支行
	账号	41622124827545		账号	41027066338214
	开户行	中国建设银行常州市新北区支行		开户行	中国建设银行常州市新北区支行
金额		（大写）人民币 壹拾伍元整		（小写）¥15.00	
凭证种类		电汇	凭证号码		
结算方式		转账	用途		电汇手续费
			打印柜员：320425584257 打印机构：中国建设银行常州市新北区支行 打印卡号：105486495834		

中国建设银行 电子回单 专用章

第一联 借方（回单）

打印时间：2020-12-07　　交易柜员：320425584268　　交易机构：3204105005411334436

表 3-27-3

中国建设银行客户专用回单

币别：人民币　　2020 年 12 月 13 日　　流水号 320420027J0500810091

付款人	全称	江苏雨堰股份有限公司	收款人	全称	中国建设银行常州市新北区支行
	账号	41622124827545		账号	41027066338214
	开户行	中国建设银行常州市新北区支行		开户行	中国建设银行常州市新北区支行
金额		（大写）人民币 贰拾伍元整		（小写）¥25.00	
凭证种类		网银	凭证号码		
结算方式		转账	用途		网银手续费
			打印柜员：320425584257 打印机构：中国建设银行常州市新北区支行 打印卡号：105486495834		

中国建设银行 电子回单 专用章

第一联 借方（回单）

打印时间：2020-12-13　　交易柜员：320425584268　　交易机构：3204105005411334436

表 3-27-4

中国建设银行客户专用回单

币别：人民币　　2020　年 12　月 15　日　　流水号 320420027J0500810096

付款人	全称	江苏雨堰股份有限公司	收款人	全称	中国建设银行常州市新北区支行
	账号	41622124827545		账号	41027066338214
	开户行	中国建设银行常州市新北区支行		开户行	中国建设银行常州市新北区支行
金额		（大写）人民币 捌角整			（小写）￥0.80
凭证种类		网银	凭证号码		
结算方式		转账	用途		网银手续费
			打印柜员：320425584257 打印机构：中国建设银行常州市新北区支行 打印卡号：105486495834		

中国建设银行 电子回单 专用章

第一联 借方（回单）

打印时间：2020-12-15　　交易柜员：320425584268　　交易机构：3204105005411334436

表 3-27-5

中国建设银行客户专用回单

币别：人民币　　2020　年 12　月 18　日　　流水号 320420027J0500810102

付款人	全称	江苏雨堰股份有限公司	收款人	全称	中国建设银行常州市新北区支行
	账号	41622124827545		账号	41027066338214
	开户行	中国建设银行常州市新北区支行		开户行	中国建设银行常州市新北区支行
金额		（大写）人民币 捌角整			（小写）￥0.80
凭证种类		网银	凭证号码		
结算方式		转账	用途		网银手续费
			打印柜员：320425584257 打印机构：中国建设银行常州市新北区支行 打印卡号：105486495834		

中国建设银行 电子回单 专用章

第一联 借方（回单）

打印时间：2020-12-18　　交易柜员：320425584268　　交易机构：3204105005411334436

表 3-27-6

中国建设银行客户专用回单

币别：人民币　　2020　年 12　月 31　日　　流水号 320420027J0500810113

付款人	全称	江苏雨堰股份有限公司	收款人	全称	中国建设银行常州市新北区支行
	账号	41622124827545		账号	41027066338214
	开户行	中国建设银行常州市新北区支行		开户行	中国建设银行常州市新北区支行
金额		（大写）人民币 捌角整			（小写）￥0.80
凭证种类		网银	凭证号码		
结算方式		转账	用途		网银手续费
			打印柜员：320425584257 打印机构：中国建设银行常州市新北区支行 打印卡号：105486495834		

中国建设银行 电子回单 专用章

第一联 借方（回单）

打印时间：2020-12-31　　交易柜员：320425584268　　交易机构：3204105005411334436

表 3-27-7

3204163140　江苏增值税专用发票　№ 06499169

3204163140
06499169

抵扣联　　开票日期：2020年12月31日

购买方	名称：江苏雨堰股份有限公司 纳税人识别号：913204116047842554 地址、电话：江苏省常州市新北工业园区1008号 0519-88528852 开户行及账号：中国建设银行常州市新北区支行 41622124827545				密码区	24*3187<4/+4374<+95-59+7<048 7940<0—>>-6>525<523593->7*7 87*3187<4/+8490<+35579665799 2+<712/<1+9016>3109++>84>555	
货物或应税劳务、服务名称	规格型号	单位	数量	单价	金额	税率	税额
直接收费金融服务			1	54.15	54.15	6%	3.25
合计					¥54.15		¥3.25
价税合计(大写)	⊗伍拾柒元肆角整				(小写) ¥57.40		
销售方	名称：中国建设银行股份有限公司常州市分行 纳税人识别号：913204118554830878 地址、电话：江苏省常州市新北区彭怀街孟立路29号 0519-579043198 开户行及账号：中国建设银行股份有限公司常州市营业部 41027066338214				备注	中国建设银行股份有限公司常州市分行 913204118554830878 发票专用章	

收款人：　复核：　开票人：徐书景　销售方：(章)

税总函【XXXX】XXX号 XXXXXXXX公司

第二联：抵扣联　购买方扣税凭证

表 3-27-8

3204163140　江苏增值税专用发票　№ 06499169

3204163140
06499169

发票联　　开票日期：2020年12月31日

购买方	名称：江苏雨堰股份有限公司 纳税人识别号：913204116047842554 地址、电话：江苏省常州市新北工业园区1008号 0519-88528852 开户行及账号：中国建设银行常州市新北区支行 41622124827545				密码区	24*3187<4/+4374<+95-59+7<048 7940<0—>>-6>525<523593->7*7 87*3187<4/+8490<+35579665799 2+<712/<1+9016>3109++>84>555	
货物或应税劳务、服务名称	规格型号	单位	数量	单价	金额	税率	税额
直接收费金融服务			1	54.15	54.15	6%	3.25
合计					¥54.15		¥3.25
价税合计(大写)	⊗伍拾柒元肆角整				(小写) ¥57.40		
销售方	名称：中国建设银行股份有限公司常州市分行 纳税人识别号：913204118554830878 地址、电话：江苏省常州市新北区彭怀街孟立路29号 0519-579043198 开户行及账号：中国建设银行股份有限公司常州市营业部 41027066338214				备注	中国建设银行股份有限公司常州市分行 913204118554830878 发票专用章	

收款人：　复核：　开票人：徐书景　销售方：(章)

税总函【XXXX】XXX号 XXXXXXXX公司

第三联：发票联　购买方记账凭证

表 3-27-1 和表 3-27-2 是中国建设银行客户专用回单的第一联借方回单，此联应作为付款方支付款项的记账依据。该原始凭证注明，“付款人”是本公司，“账号”为 41622124827545，“用途”是电汇手续费，这表明本公司已通过账号 41622124827545 的基本户支付了款项，进行会计核算时，应分别记入“银行存款——建行(41622124827545)”科目的贷方。

表 3-27-3 至表 3-27-6 是中国建设银行客户专用回单的第一联借方回单，此联应作为付款方支付款项的记账依据。该原始凭证注明，“付款人”是本公司，“账号”为 41622124827545，“用途”是网银手续费，这表明本公司已通过账号 41622124827545 的基本户支付了款项，进行会计核算时，应分别记入“银行存款——建行(41622124827545)”科目的贷方。

表 3-27-7 是江苏增值税专用发票的第二联抵扣联，此联应作为购买方抵扣进项税额的依据。该抵扣联不能作为记账凭证的附件，专门用于在规定期限内到税务机关办理认证或在平台办理勾选确认，并在认证通过或勾选确认的次月申报期内，向主管税务机关申报抵扣进项税额。

表 3-27-8 是江苏增值税专用发票的第三联发票联，此联应作为购买方的记账依据，该原始凭证注明，“购买方”是本公司，“销售方”是中国建设银行股份有限公司常州分行，“货物或应税劳务、服务名称”是直接收费金融服务，这表明本公司取得了中国建设银行股份有限公司常州分行的金融服务，并于月末汇总后提请中国建设银行股份有限公司常州分行开具了增值税专用发票。进行会计核算时，“金额”应记入“财务费用——工本及手续费”科目的借方，“税额”应记入“应交税费——应交增值税——进项税额”科目的借方。

因此，该笔业务在 T+系统中的操作流程如下：

(1) 以 02 会计朱胜利的身份登录。“总账”→“日常业务”，单击“填制凭证”，打开记账凭证编制界面。

(2) 单击“新增”按钮，输入数据。凭证类别“记账凭证”，凭证编号“0027”，制单日期“2020-12-31”，附单据数“7”。

(3) 输入摘要“支付电汇、网银等手续费”。

(4) 输入借方科目名称“财务费用——工本及手续费”，输入借方金额“54.15”，输入借方科目名称“应交税费——应交增值税——进项税额”，输入借方金额“3.25”。

(5) 分 6 行输入贷方科目名称“银行存款——建行(41622124827545)”，分别输入贷方金额“15.00”“15.00”“25.00”“0.80”“0.80”和“0.80”。

(6) 单击“保存”按钮，如图 3-29 所示。

记账凭证

*凭证类别 记账凭证　*凭证编号 0027　*制单日期 2020-12-31　附单据数 7

明细 汇总

序号	*摘要	*科目名称	辅助项	借方(亿千百十万千百十元角分)	贷方(亿千百十万千百十元角分)
1	支付电汇、网银等手续费	财务费用—工本及手续费		5415	
2	支付电汇、网银等手续费	应交税费—应交增值税—进项税额		325	
3	支付电汇、网银等手续费	银行存款—建行(41622124827545)			1500
4	支付电汇、网银等手续费	银行存款—建行(41622124827545)			1500
5	支付电汇、网银等手续费	银行存款—建行(41622124827545)			2500
6	支付电汇、网银等手续费	银行存款—建行(41622124827545)			080
7	支付电汇、网银等手续费	银行存款—建行(41622124827545)			080
合计	大写合计	伍拾柒元肆角		5740	5740

记账人　审核人　出纳　*制单人 朱胜利

图 3-29　记账凭证界面

【业务 3-28】 (共 1 张原始凭证，于 12 月 31 日取得)

表 3-28-1 是原材料发出汇总表，此表应作为期末计算分配材料费用的记账依据。该原始凭证的内容表明，本月发出甲、乙材料的成本分别为 326 592 元和 925 520 元，进行会计核算时，应分别记入“原材料——甲”和“原材料——乙”科目的贷方；同时，生产 X，Y 产品发生

表 3-28-1

原材料发出汇总表

2020 年 12 月 31 日

类别 / 产品	甲材料		乙材料		合计
	数量	金额	数量	金额	
X 产品	9 600	145 152	18 000	362 160	507 312
Y 产品	12 000	181 440	20 000	402 400	58 3840
销售			8 000	160 960	160 960
合计	21 600	326 592	46 000	925 520	1 252 112

制表:朱胜利　　审核:王颖宏

原材料费用分别为 507 312 元和 583 840 元,销售原材料乙成本为 160 960 元。进行会计核算时,应分别记入“生产成本——X——直接材料”“生产成本——Y——直接材料”和“其他业务成本——材料销售”科目的借方。

因此,该笔业务在 T+系统中的操作流程如下:

(1) 以 02 会计朱胜利的身份登录。“总账”→“日常业务”,单击“填制凭证”,打开记账凭证编制界面。

(2) 单击“新增”按钮,输入数据。凭证类别“记账凭证”,凭证编号“0028”,制单日期“2020-12-31”,附单据数“1”。

(3) 输入摘要“结转发出材料成本”。

(4) 输入借方科目名称“生产成本——X——直接材料”,输入借方金额“507 312.00”,输入借方科目名称“生产成本——Y——直接材料”,输入借方金额“583 840.00”,新增并输入借方科目名称“其他业务成本——材料销售”,输入借方金额“160 960.00”。

(5) 输入贷方科目名称“原材料——甲”,输入数量“21 600.00”,单价“15.12”,金额“326 592.00”,输入贷方科目名称“原材料——乙”,输入数量“46 000.00”,单价“20.12”,金额“925 520.00”。

(6) 单击“保存”按钮,如图 3-30 所示。

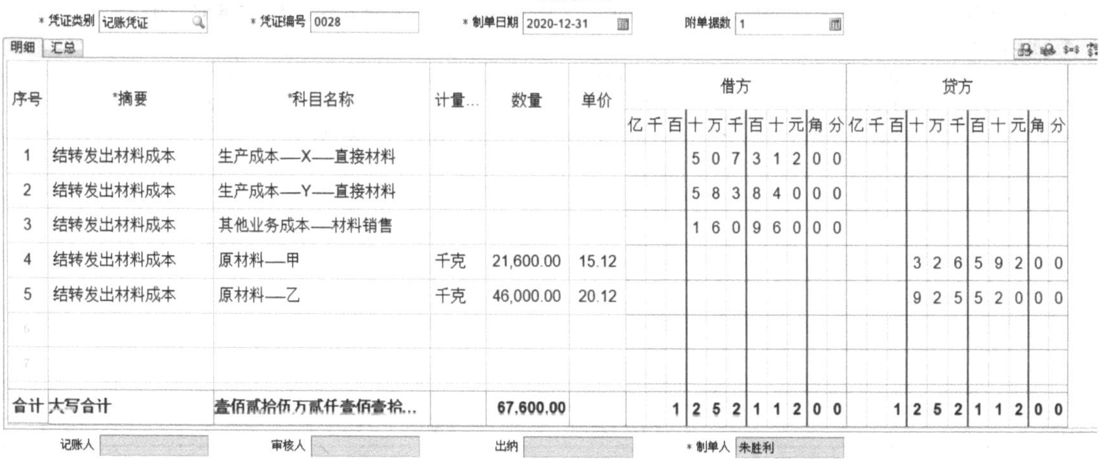
记账凭证

* 凭证类别 记账凭证　* 凭证编号 0028　* 制单日期 2020-12-31　附单据数 1

明细　汇总

序号	*摘要	*科目名称	计量...	数量	单价	借方	贷方
1	结转发出材料成本	生产成本—X—直接材料				50731200	
2	结转发出材料成本	生产成本—Y—直接材料				58384000	
3	结转发出材料成本	其他业务成本—材料销售				16096000	
4	结转发出材料成本	原材料—甲	千克	21,600.00	15.12		32659200
5	结转发出材料成本	原材料—乙	千克	46,000.00	20.12		92552000
6							
7							
合计	大写合计	壹佰贰拾伍万贰仟壹佰壹拾...		67,600.00		125211200	125211200

记账人　审核人　出纳　* 制单人 朱胜利

图 3-30　记账凭证界面

【业务 3-29】（共 1 张原始凭证，于 12 月 31 日取得）

表 3-29-1

固定资产折旧计算表

2020 年 12 月 31 日　　单位：元

固定资产类别	使用部门	品名	单位	数量	原值	月折旧率	月折旧额
机器设备	生产车间	W	台	3	600 000	0.80%	4 800
	生产车间	P	台	2	300 000	0.80%	2 400
运输工具	管理部门	汽车	辆	1	220 150	2.00%	4 402.5
电子设备	管理部门	电脑	台	6	32 400	2.67%	864
	销售门市部	电脑	台	2	10 800	2.67%	288
	生产车间	电脑	台	2	10 800	2.67%	288
合计	—				1 174 125		13 042.5

制表：朱胜利　　审核：王颖宏

表 3-29-1 是固定资产折旧计算表，此表应作为期末计提固定资产折旧的记账依据。该原始凭证的内容表明，本公司计提了折旧，进行会计核算时，应记入“累计折旧”科目的贷方；同时，还表明管理部门（包括办公室、财务部和采购部）承担了折旧费用 5 266.5 元，进行会计核算时，应记入“管理费用——折旧费”科目的借方，销售门市部承担了折旧费用 288 元，进行会计核算时，应记入“销售费用——折旧费”科目的借方，生产车间承担了折旧费用 7 488元，进行会计核算时，应记入“制造费用——折旧费”科目的借方。

因此，该笔业务在 T+系统中的操作流程如下：

(1) 以 02 会计朱胜利的身份登录。“资产管理”→“业务处理”，单击“计提折旧与摊销”，进入计提折旧与摊销界面，输入数据。单据日期“2020-12-31”，计提期间“2020.12”。

(2) 单击“快速计提”按钮，生成 11 月份的“折旧/摊销清单”（生成的折旧/摊销清单里没有数据，因为固定资产 11 月份新增，12 月才计提折旧，但是必须有 11 月份的折旧/摊销清单，才可以生成 12 月的）。单击“新增”按钮，生成 12 月份的“折旧/摊销清单”，如图 3-31 所

序号	资产编码	资产名称	规格型号	原值	期初累计折旧/摊销	*本月折旧/摊销	月折旧率/摊销率	期末累计折旧/摊销
1	01-02-0001	设备W		600,000.00	0.00	4,800.00	0.0080	4,800.00
2	01-02-0002	设备P		300,000.00	0.00	2,400.00	0.0080	2,400.00
3	01-04-0001	本田小汽车		220,125.00	0.00	4,402.50	0.0200	4,402.50
4	01-05-0001	HP电脑		54,000.00	0.00	1,440.00	0.0267	1,440.00
5								
6								
7								
8								
9								
10								
11								
12								
13								
合计				1,174,125.00	0.00	13,042.50		13,042.50

图 3-31　折旧/摊销清单生成后界面

示。单击“保存”按钮，点击“退出”按钮。

(3)“基础设置”→“财务信息”，点击“科目”，进入科目界面，分别增加“管理费用——折旧费”“销售费用——折旧费”“制造费用——折旧费”科目。

(4)“总账”→“日常业务”，点击“科目设置”，进入科目设置界面。点击“累计/摊销对方科目”右边的“设置”按钮，打开“累计折旧/摊销科目扩展设置”对话框，增加的“部门”分别为“办公室”“财务部”“采购部”“销售门市部”和“生产车间”；资产属性：“固定资产”；科目名称分别为“管理费用——折旧费”“管理费用——折旧费”“管理费用——折旧费”“销售费用——折旧费”和“制造费用——折旧费”，如图 3-32 所示。单击“保存”按钮，点击“退出”按钮。回到科目设置界面，点击“退出”按钮。

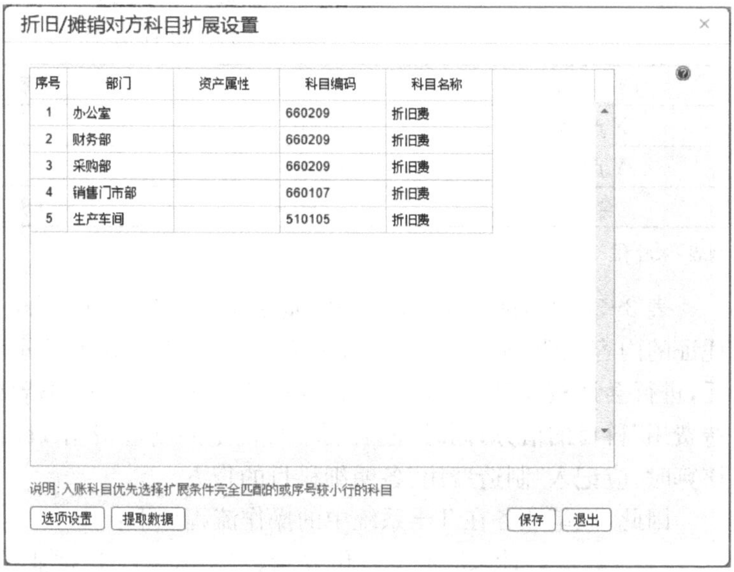

序号	部门	资产属性	科目编码	科目名称
1	办公室		660209	折旧费
2	财务部		660209	折旧费
3	采购部		660209	折旧费
4	销售门市部		660107	折旧费
5	生产车间		510105	折旧费

图 3-32　折旧/摊销对方科目扩展设置界面

(5)“总账”→“日常业务”，点击“单据生凭证”，进入单据生凭证界面。选择“折旧/摊销清单”前面的复选框，点击“下一步”，再点击“下一步”，点击“生成凭证”按钮，生成记账凭证。输入附单据数“1”。

(6) 单击“保存”按钮，如图 3-33 所示。

序号	*摘要	*科目名称	借方	贷方
1	计提折旧/摊销	销售费用——折旧费	28800	
2	计提折旧/摊销	管理费用——折旧费	526650	
3	计提折旧/摊销	制造费用——折旧费	748800	
4	计提折旧/摊销	累计折旧		1304250
5				
6				
合计	大写合计	壹万叁仟零肆拾贰元伍角	1304250	1304250

图 3-33　记账凭证界面

【业务 3-30】(共 1 张原始凭证，于 12 月 31 日取得)

表 3-30-1 **制造费用分配表**

2020 年 12 月 31 日

产品名称	生产工时	分配率	分配金额
X 产品	1 000		16 680.00
Y 产品	1 500		25 030.00
合计	2 500	16.68	41 710.00

制表:朱胜利　　审核:王颖宏

表 3-30-1 是制造费用分配表,此表应作为期末计算分配制造费用的记账依据。该原始凭证的内容表明,本月生产 X, Y 产品应承担的制造费用分别为 16 680.00 元和 25 030.00 元,进行会计核算时,应分别记入"生产成本——X——制造费用"和"生产成本——Y——制造费用"科目的借方;同时,还表明本月发生的制造费用 41710.00 元已分配结转,进行会计核算时,应记入"制造费用"各明细科目的贷方。

因此,该笔业务在 T+系统中的操作流程如下:

(1) 以 02 会计朱胜利的身份登录。"总账"→"日常业务",单击"填制凭证",打开记账凭证编制界面。

(2) 单击"新增"按钮,输入数据。凭证类别"记账凭证",凭证编号"0030",制单日期"2020-12-31",附单据数"1"。

(3) 输入摘要"结转制造费用"。

(4) 输入借方科目名称"生产成本——X——制造费用",输入借方金额"16 680.00",输入借方科目名称"生产成本——Y——制造费用",输入借方金额"25 030.00"。

(5) 输入贷方科目名称"制造费用——工资",输入贷方金额"22 600.00",输入贷方科目名称"制造费用——四险一金",输入贷方金额"8 249.00",输入贷方科目名称"制造费用——水费",输入贷方金额"1 853.50",输入贷方科目名称"制造费用——电费",输入贷方金额"1 519.50",输入贷方科目名称"制造费用——折旧费",输入贷方金额"7 488.00"。

(6) 单击"保存"按钮,如图 3-34 所示。

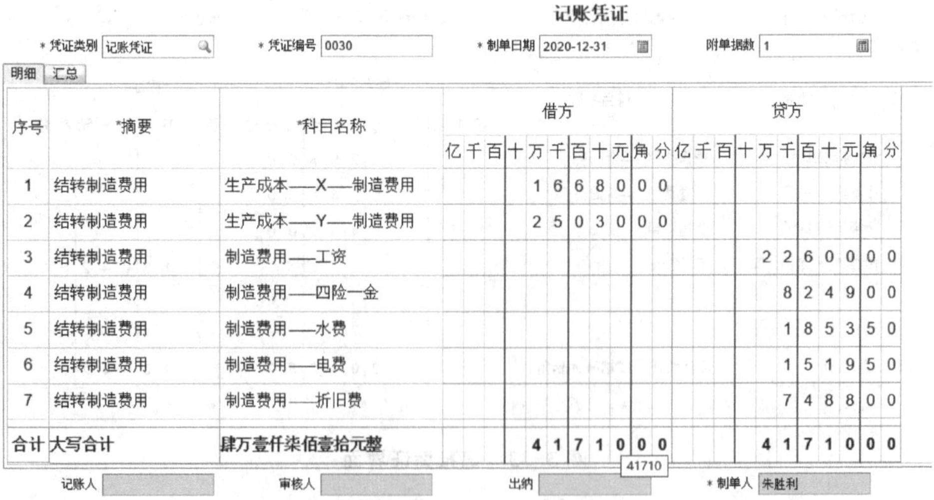

记账凭证

* 凭证类别 记账凭证　* 凭证编号 0030　* 制单日期 2020-12-31　附单据数 1

明细　汇总

序号	*摘要	*科目名称	借方	贷方
1	结转制造费用	生产成本—X—制造费用	1668000	
2	结转制造费用	生产成本—Y—制造费用	2503000	
3	结转制造费用	制造费用—工资		2260000
4	结转制造费用	制造费用—四险一金		824900
5	结转制造费用	制造费用—水费		185350
6	结转制造费用	制造费用—电费		151950
7	结转制造费用	制造费用—折旧费		748800
合计	大写合计	肆万壹仟柒佰壹拾元整	4171000	4171000

41710

记账人　审核人　出纳　* 制单人 朱胜利

图 3-34　记账凭证界面

【业务 3-31】（共 3 张原始凭证，于 12 月 31 日取得）

表 3-31-1　　产成品入库单

2020 年 12 月 31 日　　编号：2012001

产品编号	名称	规格	计量单位	数量	单价	金额	备注
00001	X 产品		件	24 000	23.61	566 716.50	
00002	Y 产品		件	40 000	16.67	666 882.50	

制表：朱胜利　　审核：王颖宏

表 3-31-2　　产品成本计算单

产品：X 产品　　2020 年 12 月 31 日

本月完工产品　24 000　月末在产品 0

项目	直接材料	直接人工	制造费用	合计
月初在产品成本	0	0	0	0
本月生产费用	507 312.00	42 724.50	16 680.00	566 716.50
生产费用合计	507 312.00	42 724.50	16 680.00	566 716.50
完工产品成本	507 312.00	42 724.50	16 680.00	566 716.50
月末在产品成本	0	0	0	0

制表：朱胜利　　审核：王颖宏

表 3-31-3　　产品成本计算单

产品：Y 产品　　2020 年 12 月 31 日

本月完工产品 40 000　月末在产品　0

项目	直接材料	直接人工	制造费用	合计
月初在产品成本	0	0	0	0
本月生产费用	583 840.00	58 012.50	25 030.00	666 882.50
生产费用合计	583 840.00	58 012.50	25 030.00	666 882.50
完工产品成本	583 840.00	58 012.50	25 030.00	666 882.50
月末在产品成本	0	0	0	0

制表：朱胜利　　审核：王颖宏

表 3-31-1 是产成品入库单第二联记账联，此联应作为完工产品验收入库的记账依据。该原始凭证的内容表明，本月本公司有 24 000 件 X 产品和 40 000 件 Y 产品已经完工验收入库，进行会计核算时，应分别记入“库存商品——X”和“库存商品——Y”科目的借方。

表 3-31-2 是产品成本计算单，此单应作为期末结转完工产品成本的记账依据。该原始凭证的内容表明，本月完工 X 产品的成本 566 716.50 元应予以结转，进行会计核算时，应记入“生产成本——X”各明细科目的贷方。

表 3-31-3 是产品成本计算单,此单应作为期末结转完工产品成本的记账依据。该原始凭证的内容表明,本月完工 Y 产品的成本 666 882.50 元应予以结转,进行会计核算时,应记入“生产成本——Y”各明细科目的贷方。

因此,该笔业务在 T+系统中的操作流程如下:

(1) 以 02 会计朱胜利的身份登录。“总账”→“日常业务”,单击“填制凭证”,打开记账凭证编制界面。

(2) 单击“新增”按钮,输入数据。凭证类别“记账凭证”,凭证编号“0031”,制单日期“2020-12-31”,附单据数“3”。

(3) 输入摘要“结转完工产品成本”。

(4) 输入借方科目名称“库存商品——X”,并输入数据,数量“24 000.00”,金额“566 716.50”;输入借方科目名称“库存商品——Y”,并输入数据,数量“40 000.00”,金额“666 882.50”。

(5) 输入贷方科目名称“生产成本——X——直接材料”,输入贷方金额“507 312.00”,输入贷方科目名称“生产成本——X——直接人工”,输入贷方金额“42 724.50”,输入贷方科目名称“生产成本——X——制造费用”,输入贷方金额“16 680.00”,输入贷方科目名称“生产成本——Y——直接材料”,输入贷方金额“583 840.00”,输入贷方科目名称“生产成本——Y——直接人工”,输入贷方金额“58 012.50”,输入贷方科目名称“生产成本——Y——制造费用”,输入贷方金额“25 030.00”。

(6) 单击“保存”按钮,如图 3-35 所示。

记账凭证

* 凭证类别 记账凭证　* 凭证编号 0031　* 制单日期 2020-12-31　附单据数 3

明细 汇总

序号	*摘要	*科目名称	计量...	数量	单价	借方	贷方
1	结转完工产品成本	库存商品——X	件	24,000.00	23.61	56671650	
2	结转完工产品成本	库存商品——Y	件	40,000.00	16.67	66688250	
3	结转完工产品成本	生产成本——X——直接材料					50731200
4	结转完工产品成本	生产成本——X——直接人工					4272450
5	结转完工产品成本	生产成本——X——制造费用					1668000
6	结转完工产品成本	生产成本——Y——直接材料					58384000
7	结转完工产品成本	生产成本——Y——直接人工					5801250
合计	大写合计	壹佰贰拾叁万叁仟伍佰玖拾...		64,000.00		123359900	123359900

记账人　审核人　出纳　* 制单人 朱胜利

图 3-35　记账凭证界面

【业务 3-32】 (共 1 张原始凭证,于 12 月 31 日取得)

表 3-32-1 是汽车保险费摊销表,此表应作为确认本期保险费摊销金额的记账依据。该原始凭证的内容表明,本公司管理部门(办公室)本月应承担的保险费为 450 元,进行会计核算时,应记入“管理费用——保险费”科目的借方;同时,2020 年 11 月 30 日本公司“预付账款——汽车保险费”科目有借方余额,表明本公司已预付了汽车保险费,现摊销保险费时,应

表 3-32-1　　　　　　　　**汽车保险费分摊表**

2020 年 12 月 31 日　　　　　　　　单位:元

部门	实际发生金额	受益起始日期	受益截止日期	受益期限(月)	月分摊金额
办公室	5 400.00	2020-11-02	2021-11-01	12	450.00
合计	5 400.00				450.00

制表:朱胜利　　　　　　　　审核:王颖宏

记入“预付账款——汽车保险费”科目的贷方。

因此,该笔业务在 T+系统中的操作流程如下:

(1) 以 02 会计朱胜利的身份登录。“总账”→“日常业务”,单击“填制凭证”,打开记账凭证编制界面。

(2) 单击“新增”按钮,输入数据。凭证类别“记账凭证”,凭证编号“0032”,制单日期“2020-12-31”,附单据数“1”。

(3) 输入摘要“摊销汽车保险费”。

(4) 输入借方科目名称“管理费用——保险费”,输入借方金额“450.00”。

(5) 输入贷方科目名称“预付账款——汽车保险费”,输入贷方金额“450.00”。

(6) 单击“保存”按钮,如图 3-36 所示。

记账凭证

* 凭证类别 记账凭证　　* 凭证编号 0032　　* 制单日期 2020-12-31　　附单据数 1

明细　汇总

序号	*摘要	*科目名称	借方											贷方										
			亿	千	百	十	万	千	百	十	元	角	分	亿	千	百	十	万	千	百	十	元	角	分
1	摊销汽车保险费	管理费用——保险费							4	5	0	0	0											
2	摊销汽车保险费	预付账款——汽车保险费																		4	5	0	0	0
3																								
4																								
5																								
6																								
7																								
合计	大写合计	肆佰伍拾元整							4	5	0	0	0							4	5	0	0	0

记账人　　审核人　　出纳　　* 制单人 朱胜利

图 3-36　记账凭证界面

【业务 3-33】（共 1 张原始凭证,于 12 月 31 日取得）

表 3-33-1 库存现金盘点表

2020 年 12 月 31 日 编号:202001

账存金额	实存金额	盘盈	盘亏	备注
3 180.00	3 260.00	80.00		

监盘人(签章):朱胜利 盘点人(签章):刘宁

表 3-33-1 是库存现金盘点表,此表应作为核算盘点库存现金的记账依据。该原始凭证的内容表明,“账存金额”是 3 180 元,“实存金额”是 3 260 元,“盘盈”是 80 元,表明本公司期末库存现金长款 80 元,进行会计核算时,应分别记入“库存现金”科目的借方和“待处理财产损溢——待处理流动资产损溢”科目的贷方。

因此,该笔业务在 T+系统中的操作流程如下:

(1) 以 02 会计朱胜利的身份登录。“总账”→“日常业务”,单击“填制凭证”,打开记账凭证编制界面。

(2) 单击“新增”按钮,输入数据。凭证类别“记账凭证”,凭证编号“0033”,制单日期“2020-12-31”,附单据数“1”。

(3) 输入摘要“盘点现金,长款”。

(4) 输入借方科目名称“库存现金”,输入借方金额“80.00”。

(5) 新增并输入贷方科目名称“待处理财产损溢——待处理流动资产损溢”,输入贷方金额“80.00”。

(6) 单击“保存”按钮,如图 3-37 所示。

记账凭证

*凭证类别 记账凭证　*凭证编号 0033　*制单日期 2020-12-31　附单据数 1

明细　汇总

序号	*摘要	*科目名称	借方											贷方										
			亿	千	百	十	万	千	百	十	元	角	分	亿	千	百	十	万	千	百	十	元	角	分
1	盘点现金,长款	库存现金								8	0	0	0											
2	盘点现金,长款	待处理财产损溢——待处理流动资产损溢																			8	0	0	0
3																								
4																								
5																								
6																								
7																								
合计	大写合计	捌拾元整								8	0	0	0								8	0	0	0

记账人　审核人　出纳　*制单人 朱胜利

图 3-37 记账凭证界面

【业务 3-34】 (共 1 张原始凭证,于 12 月 31 日取得)

表 3-34-1　　　　　　　　**现金盘盈盘亏处置结果表**

2020 年 12 月 31 日

账存金额	实存金额	盘盈	盘亏
3 180.00	3 260.00	80.00	
财务部门意见： 无法查明原因，按《企业会计准则》处理。 王颖宏 2020 年 12 月 31 日		公司领导意见： 同意 李连仲 2020 年 12 月 31 日	

表 3-34-1 是现金盘盈盘亏处理结果表，此表应作为企业期末处理现金盘盈盘亏的记账依据。该原始凭证的内容表明，库存现金盘盈 80 元，“处理意见”是无法查明原因，按企业会计准则处理，进行会计核算时，应分别记入“待处理财产损溢——待处理流动资产损溢”科目的借方和“营业外收入——盘盈利得”科目的贷方。

因此，该笔业务在 T+系统中的操作流程如下：

(1) 以 02 会计朱胜利的身份登录。“总账”→“日常业务”，单击“填制凭证”，打开记账凭证编制界面。

(2) 单击“新增”按钮，输入数据。凭证类别“记账凭证”，凭证编号“0034”，制单日期“2020-12-31”，附单据数“1”。

(3) 输入摘要“处理出纳长款”。

(4) 输入借方科目名称“待处理财产损溢——待处理流动资产损溢”，输入借方金额“80.00”。

(5) 新增并输入贷方科目名称“营业外收入——盘盈利得”，输入贷方金额“80.00”。

(6) 单击“保存”按钮，如图 3-38 所示。

记账凭证

*凭证类别 记账凭证　*凭证编号 0034　*制单日期 2020-12-31　附单据数 1

明细　汇总

序号	*摘要	*科目名称	借方 亿	千	百	十	万	千	百	十	元	角	分	贷方 亿	千	百	十	万	千	百	十	元	角	分
1	处理出纳长款	待处理财产损溢——待处理流动资产损溢								8	0	0	0											
2	处理出纳长款	营业外收入——盘盈利得																			8	0	0	0
3																								
4																								
5																								
6																								
7																								
合计	大写合计	捌拾元整								8	0	0	0								8	0	0	0

记账人　　审核人　　出纳　　*制单人 朱胜利

图 3-38　记账凭证界面

【业务 3-35】（共 1 张原始凭证，于 12 月 31 日取得）

表 3-35-1 **存货盘盈盘亏报告表**

2020 年 12 月 31 日 单位：元

编号	品名	单位	账面数量	实存数量	盘盈		盘亏		原因
01001	甲	千克	2 400	2 200			200	3 024.00	自然挥发
合计								3 024.00	

制表：朱胜利 审核：王颖宏

表 3-35-1 是存货盘盈盘亏报告表，此表应作为核算存货盘盈盘亏的记账依据。该原始凭证的内容表明，“品名”是甲，“账面数量”是 2 400 千克，“实存数量”是 2 200 千克，“金额”是 3 204 元。表明本公司期末原材料甲盘亏 200 千克，计 3 024 元。进行会计核算时，应分别记入“待处理财产损溢——待处理流动资产损溢”科目的借方和“原材料——甲”科目的贷方。

因此，该笔业务在 T+系统中的操作流程如下：

（1）以 02 会计朱胜利的身份登录。“总账”→“日常业务”，单击“填制凭证”，打开记账凭证编制界面。

（2）单击“新增”按钮，输入数据。凭证类别“记账凭证”，凭证编号“0035”，制单日期“2020-12-31”，附单据数“1”。

（3）输入摘要“盘点存货，短缺”。

（4）输入借方科目名称“待处理财产损溢——待处理流动资产损溢”，输入借方金额“3 024.00”。

（5）输入贷方科目名称“原材料——甲”，输入数量“200.00”，单价“15.12”，金额“3 024.00”。

（6）单击“保存”按钮，如图 3-39 所示。

记账凭证

*凭证类别 记账凭证 *凭证编号 0035 *制单日期 2020-12-31 附单据数 1

明细 汇总

序号	*摘要	*科目名称	计量...	数量	单价	借方	贷方
1	盘点存货，短缺	待处理财产损溢—待处理流动资产损溢				302400	
2	盘点存货，短缺	原材料—甲	千克	200.00	15.12		302400
3							
4							
5							
6							
7							
合计	大写合计	叁仟零贰拾肆元整		200.00		302400	302400

记账人 审核人 出纳 *制单人 朱胜利

图 3-39 记账凭证界面

【业务 3-36】（共 1 张原始凭证，于 12 月 31 日取得）

表 3-36-1　　**存货盘盈盘亏核销报告表**

2020 年 12 月 31 日

编号	品名	单位	账面数量	实存数量	盘盈		盘亏		原因
01001	甲	千克	2 400	2 200			200	3 024.00	自然挥发
合计								3 024.00	

财务部门意见：	保管部门意见：	公司领导意见：
盘亏全部计入费用。 王颖宏 2020 年 12 月 31 日	同意 李连仲 2020 年 12 月 31 日	同意 闫瑞 2020 年 12 月 31 日

表 3-36-1 是存货盘盈盘亏核销报告表，此表应作为企业期末处理存货盘盈盘亏的记账依据。该原始凭证的内容表明，原材料甲盘亏 200 千克，总金额为金额 3 024 元，“原因”是自然挥发，属于非管理原因，“处理意见”是盘亏全部计入费用。进行会计核算时，应分别记入“管理费用——盘亏损失”科目的借方和“待处理财产损溢——待处理流动资产损溢”科目的贷方。

因此，该笔业务在 T＋系统中的操作流程如下：

(1) 以 02 会计朱胜利的身份登录。“总账”→“日常业务”，单击“填制凭证”，打开记账凭证编制界面。

(2) 单击“新增”按钮，输入数据。凭证类别“记账凭证”，凭证编号“0036”，制单日期“2020-12-31”，附单据数“1”。

(3) 输入摘要“处理存货盘点短缺”。

(4) 新增并输入借方科目名称“管理费用——盘亏损失”，输入借方金额“3 024.00”。

(5) 输入贷方科目名称“待处理财产损溢——待处理流动资产损溢”，输入贷方金额“3 024.00”。

(6) 单击“保存”按钮，如图 3-40 所示。

记账凭证

* 凭证类别 记账凭证　* 凭证编号 0036　* 制单日期 2020-12-31　附单据数 1

明细　汇总

序号	*摘要	*科目名称	借方	贷方
1	处理存货盘点短缺	管理费用—盘亏损失	302400	
2	处理存货盘点短缺	待处理财产损溢—待处理流动资产损溢		302400
3				
4				
5				
6				
7				
合计	大写合计	叁仟零贰拾肆元整	302400	302400

记账人　审核人　出纳　* 制单人 朱胜利

图 3-40　记账凭证界面

【业务 3-37】（共 3 张原始凭证，于 12 月 31 日取得）

表 3-37-1 **单位产品成本计算表**

2020 年 12 月 31 日

产品名称	期初产成品		本月完工产品		加权平均单价
	数量	金额	数量	金额	
X 产品	3 000	73 398.50	24 000	566 716.50	23.71
Y 产品	5 000	90 396.50	40 000	666 882.50	16.83

制表：朱胜利　　审核：王颖宏

表 3-37-2 **产品销售成本计算表**

2020 年 12 月 31 日

产品名称	销售数量(件)	单位成本(元)	总成本(元)
X 产品	26 500	23.71	628 315.00
Y 产品	44 000	16.83	740 520.00

制表：朱胜利　　审核：王颖宏

表 3-37-3 **产成品出库汇总表**

2020 年 12 月 31 日

产品名称	发出数量(件)	单位成本(元)	总成本(元)
X 产品	26 500		
Y 产品	44 000		

制表：朱胜利　　审核：王颖宏

表 3-37-1 是单位产品成本计算表，此表作为期末计算产成品销售成本的记账依据。该原始凭证注明的内容表明，X，Y 产品的单位销售成本分别为 23.71 元和 16.83 元。

表 3-37-2 是产品销售成本计算表，此表也作为期末计算产成品销售成本的记账依据。该原始凭证注明的内容表明，本公司本月销售 X，Y 产品总成本分别为 628 315 元和 740 520元，进行会计核算时，考虑退货率 5%的情况，其中总成本的 95%应分别记入“主营业务成本——X”和“主营业务成本——Y”科目的借方，总成本的 5%应分别记入“应收退货成本——X”和“应收退货成本——Y”科目的借方。

表 3-37-3 是产成品出库汇总表，此表应作为确定本期发出产成品的记账依据。该原始凭证注明的内容表明，本公司本月发出 X、Y 产品。进行会计核算时，应分别记入“库存商品——X”和“库存商品——Y”科目的贷方。

因此，该笔业务在 T+系统中的操作流程如下：

(1) 以 02 会计朱胜利的身份登录。“总账”→“日常业务”，单击“填制凭证”，打开记账凭证编制界面。

(2) 单击“新增”按钮，输入数据。凭证类别“记账凭证”，凭证编号“0037”，制单日期

"2020-12-31",附单据数"3"。

(3) 输入摘要"结转已销产品成本"。

(4) 输入借方科目名称"主营业务成本——X",输入借方金额"596 899.25",输入借方科目名称"应收退货成本——X",输入借方金额"31 415.75",输入借方科目名称"主营业务成本——Y",输入借方金额"703 494.00",输入借方科目名称"应收退货成本——Y",输入借方金额"37 026.00"。

(5) 输入贷方科目名称"库存商品——X",并输入数据,数量"26 500.00",金额"628 315.00";新输入贷方科目名称"库存商品——Y",并输入数据,数量"44 000.00"金额"740 520.00"。

(6) 单击"保存"按钮,如图 3-41 所示。

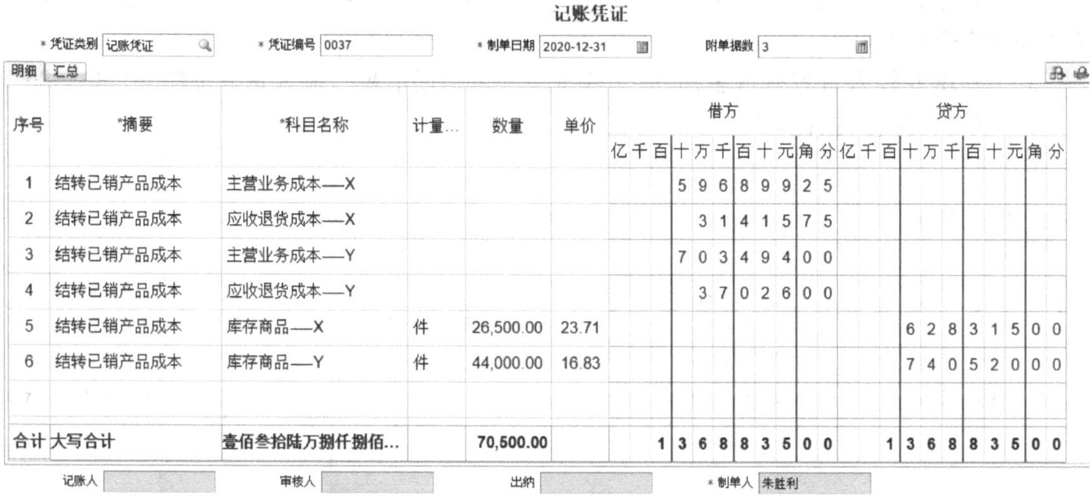
记账凭证

* 凭证类别 记账凭证　　* 凭证编号 0037　　* 制单日期 2020-12-31　　附单据数 3

明细　汇总

序号	*摘要	*科目名称	计量...	数量	单价	借方	贷方
1	结转已销产品成本	主营业务成本—X				59689925	
2	结转已销产品成本	应收退货成本—X				3141575	
3	结转已销产品成本	主营业务成本—Y				70349400	
4	结转已销产品成本	应收退货成本—Y				3702600	
5	结转已销产品成本	库存商品—X	件	26,500.00	23.71		62831500
6	结转已销产品成本	库存商品—Y	件	44,000.00	16.83		74052000
7							
合计	大写合计	壹佰叁拾陆万捌仟捌佰...		70,500.00		136883500	136883500

记账人　　审核人　　出纳　　* 制单人 朱胜利

图 3-41　记账凭证界面

【业务 3-38】 (共 1 张原始凭证,于 12 月 31 日取得)

表 3-38-1　　**应交增值税计算表**

2020 年 12 月 31 日

一、增值税	金额
销项税额	370 890.00
进项税额	137 150.39
上期留抵税额	136 384.72
进项税额转出	
应纳税额	97 354.89
期末留抵税额	
简易征收办法计算的应纳税额	
应纳税额减征额	
应纳税额合计	97 354.89

制表:朱胜利　　　　审核:王颖宏

表 3-38-1 是应交增值税计算表,此表应作为期末计算应交增值税的记账依据。该原始凭证注明的内容表明,本公司本月应交的增值税额是 97 354.89 元,进行会计核算时,应记入“应交税费——应交增值税——转出未交增值税”科目的借方。同时,本业务中没有上缴税费的原始凭证,进行会计核算时,应记入“应交税费——未交增值税”科目的贷方。

因此,该笔业务在 T+系统中的操作流程如下:

(1) 以 02 会计朱胜利的身份登录。“总账”→“日常业务”,单击“填制凭证”,打开记账凭证编制界面。

(2) 单击“新增”按钮,输入数据。凭证类别“记账凭证”,凭证编号“0038”,制单日期“2020-12-31”,附单据数“1”。

(3) 输入摘要“计算本月应交增值税”。

(4) 新增并输入借方科目名称“应交税费——应交增值税——转出未交增值税”,输入借方金额“97 354.89”。

(5) 新增并输入贷方科目名称“应交税费——未交增值税”,输入贷方金额“97 354.89”。

(6) 单击“保存”按钮,如图 3-42 所示。

记账凭证

* 凭证类别 记账凭证　* 凭证编号 0038　* 制单日期 2020-12-31　附单据数 1

明细　汇总

序号	*摘要	*科目名称	借方											贷方										
			亿	千	百	十	万	千	百	十	元	角	分	亿	千	百	十	万	千	百	十	元	角	分
1	计算本月应交增值税	应交税费—应交增值税—转出未交增值税					9	7	3	5	4	8	9											
2	计算本月应交增值税	应交税费—未交增值税																9	7	3	5	4	8	9
3																								
4																								
5																								
6																								
7																								
合计	大写合计	玖万柒仟叁佰伍拾肆元捌角玖分					9	7	3	5	4	8	9					9	7	3	5	4	8	9

记账人　审核人　出纳　* 制单人 朱胜利

图 3-42　记账凭证界面

【业务 3-39】 (共 1 张原始凭证,于 12 月 31 日取得)

表 3-39-1　　**城市维护建设税及教育费附加计算表**

2020 年 12 月 31 日

税种	计税依据	税率	应交金额
城市维护建设税	97 354.89	7%	6 814.84
教育费附加	97 354.89	3%	2 920.65
地方教育费附加	97 354.89	2%	1 947.10
合计			11 682.59

制表:朱胜利　　审核:王颖宏

表 3-39-1 是城市维护建设税及教育费附加计算表,此表应作为企业期末计算城市维护建设税及教育费附加的记账依据。该原始凭证注明,“城市维护建设税”的“应交金额”是 6 814.84 元,“教育费附加”的“应交金额”是 2 920.65 元,“地方教育费附加”的“应交金额”是 1 947.10 元,这表明本公司本月发生了税金及附加费用,进行会计核算时,“应交金额”应记入“税金及附加”各明细科目的借方。本业务中没有上缴相关税费的原始凭证,进行会计核算时,“城市维护建设税”“教育费附加”和“地方教育费附加”的“应交金额”应分别记入“应交税费——应交城市维护建设税”“应交税费——应交教育费附加”和“应交税费——应交地方教育费附加”科目的贷方。

因此,该笔业务在 T+系统中的操作流程如下:

(1) 以 02 会计朱胜利的身份登录。“总账”→“日常业务”,单击“填制凭证”,打开记账凭证编制界面。

(2) 单击“新增”按钮,输入数据。凭证类别“记账凭证”,凭证编号“0039”,制单日期“2020-12-31”,附单据数“1”。

(3) 输入摘要“计算城建税及教育费附加”。

(4) 新增并输入借方科目名称“税金及附加——城市维护建设税”,输入借方金额“6 814.84”,新增并输入借方科目名称“税金及附加——教育费附加”,输入借方金额“2 920.65”,新增并输入借方科目名称“税金及附加——地方教育费附加”,输入借方金额“1 947.10”。

(5) 新增并输入贷方科目名称“应交税费——应交城市维护建设税”,输入贷方金额“6 814.84”,新增并输入贷方科目名称“应交税费——应交教育费附加”,输入贷方金额“2 920.65”,新增并输入贷方科目名称“应交税费——应交地方教育费附加”,输入贷方金额“1 947.10”。

(6) 单击“保存”按钮,如图 3-43 所示。

记账凭证

*凭证类别 记账凭证　　*凭证编号 0039　　*制单日期 2020-12-31　　附单据数 1

明细　汇总

序号	*摘要	*科目名称	借方	贷方
			亿千百十万千百十元角分	亿千百十万千百十元角分
1	计算城建税及教育费附加	税金及附加——城市维护建设税	681484	
2	计算城建税及教育费附加	税金及附加——教育费附加	292065	
3	计算城建税及教育费附加	税金及附加——地方教育费附加	194710	
4	计算城建税及教育费附加	应交税费——应交城市维护建设税		681484
5	计算城建税及教育费附加	应交税费——应交教育费附加		292065
6	计算城建税及教育费附加	应交税费——应交地方教育费附加		194710
7				
合计	大写合计	壹万壹仟陆佰捌拾贰元伍角玖分	1168259	1168259

记账人　　审核人　　出纳　　*制单人 朱胜利

图 3-43　记账凭证界面

【业务 3-40】 (共 1 张原始凭证,于 12 月 31 日取得)

表 3-40-1 月度应交所得税计算表

2020 年 12 月 31 日

行次	项　目	本期金额
1	一、按照实际利润额预缴	
2	营业收入	2 720 350.00
3	营业成本	1 461 353.25
4	利润总额	1 113 334.69
5	加:特定业务计算的应纳税所得额	
6	减:不征税收入和税基减免应纳税所得额	
7	固定资产加速折旧(扣除)调减额	1 168 858.50
8	弥补以前年度亏损	
9	实际利润额(4 行+5 行−6 行−7 行−8 行)	−55 523.81
10	税率(25%)	
11	应纳所得税额	0

制表:朱胜利　　审核:王颖宏

表 3-40-1 是月度应交所得税计算表,此表应作为期末计算本期应交所得税费用的记账依据。该原始凭证注明的内容表明,本公司本月的实际利润额为−55 523.81 元,所以应纳所得税税额为 0 元。该金额可以在以后期间抵扣。

需要说明的是,财税〔2018〕54 号——《财政部、税务总局关于设备、器具扣除有关企业所得税政策的通知》,企业在 2018 年 1 月 1 日至 2020 年 12 月 31 日期间新购进的设备、器具,单位价值不超过 500 万元的,允许一次性计入当期成本费用在计算应纳税所得额时扣除,不再分年度计算折旧;本通知所称设备、器具,是指除房屋、建筑物以外的固定资产。国家税务总局公告 2018 年第 46 号——《关于设备、器具扣除有关企业所得税政策执行问题的公告》,第一条,企业在 2018 年 1 月 1 日至 2020 年 12 月 31 日期间新购进的设备、器具,单位价值不超过 500 万元的,允许一次性计入当期成本费用在计算应纳税所得额时扣除,不再分年度计算折旧;第二条,固定资产在投入使用月份的次月所属年度一次性税前扣除。计算出"固定资产加速折旧(扣除)调减额"的金额为 1 168 858.5 元(1 174 125−5 266.5)。

【业务 3-41】(共 1 张原始凭证,于 12 月 31 日取得)

表 3-41-1 损益类科目发生额表

2020 年 12 月 31 日

账户名称	借方发生额	贷方发生额
主营业务收入		2 520 350.00
其他业务收入		200 000.00
营业外收入		100 280.00
主营业务成本	1 300 393.25	
其他业务成本	160 960.00	
税金及附加	11 902.59	

（续表）

账户名称	借方发生额	贷方发生额
管理费用	99 450.66	
销售费用	137 171.16	
财务费用	−2 582.35	
所得税费用		
合计	1 707 295.31	2 820 630.00

制表：朱胜利　　　　审核：王颖宏

表 3-41-1 是损益类科目发生额表，此表应作为期末结转损益类科目的记账依据。该原始凭证注明的内容表明，本公司本月收入类科目发生额合计为 2 820 630 元，期末结转时，应从“主营业务收入”“其他业务收入”和“营业外收入”各明细科目的借方转入“本年利润”科目的贷方。

同时，本公司本月费用类科目发生额合计为 1 707 295.31 元，应分别从“主营业务成本”“其他业务成本”“税金及附加”“管理费用”“销售费用”和“财务费用”各明细科目贷方转入“本年利润”科目的借方。需要说明的是，因本期所得税税额为 0，所以结转时没有“所得税费用”科目。

因此，该笔业务在 T＋系统中的操作流程如下：

（1）以 02 会计朱胜利的身份登录，“总账”→“期末处理”，单击“期间损益结转”，打开期间损益结转界面，输入数据。结转期间“2020.12”，凭证类别“记账凭证”，选中“包含未记账凭证”复选框，设置方式“一级科目”，收支类型“收入”，选中“收入支出分别结转”复选框，本年利润科目“本年利润”。

（2）单击“生成凭证”按钮，生成凭证后，输入附单据数“1”，单击“保存”按钮，如图 3-44 所示。

记账凭证

*凭证类别 记账凭证　　*凭证编号 0040　　*制单日期 2020-12-31　　附单据数 1

明细　汇总

序号	*摘要	*科目名称	借方（亿千百十万千百十元角分）	贷方（亿千百十万千百十元角分）
1	结转期间损益	主营业务收入——X	105735000	
2	结转期间损益	主营业务收入——Y	146300000	
3	结转期间损益	其他业务收入——材料销售	20000000	
4	结转期间损益	营业外收入——捐赠利得	10000000	
5	结转期间损益	营业外收入——罚款收入	20000	
6	结转期间损益	营业外收入——盘盈利得	8000	
7	结转期间损益	本年利润		282063000
合计	大写合计	贰佰捌拾贰万零陆佰叁拾元整	282063000	282063000

记账人　　审核人　　出纳　　*制单人 朱胜利

图 3-44　记账凭证界面

(3)“总账”→“期末处理”，单击“期间损益结转”，打开期间损益结转界面，输入数据。结转期间“2020.12”，凭证类型“记账凭证”，选中“包含未记账凭证”复选框；设置方式“一级科目”，收支类型“支出”，选中“收入支出分别结转”复选框，本年利润科目“本年利润”。

(4)单击“生成凭证”按钮，生成凭证后，单击“保存”按钮，如图3-45至图3-48所示。

记账凭证

*凭证类别 记账凭证　*凭证编号 0041　*制单日期 2020-12-31　附单据数

明细　汇总

序号	*摘要	*科目名称	借方（亿千百十万千百十元角分）	贷方（亿千百十万千百十元角分）
1	结转期间损益	本年利润	170729531	
2	结转期间损益	主营业务成本——X		59689925
3	结转期间损益	主营业务成本——Y		70349400
4	结转期间损益	其他业务成本——材料销售		16096000
5	结转期间损益	税金及附加——印花税		22000
6	结转期间损益	税金及附加——城市维护建设税		681484
7	结转期间损益	税金及附加——教育费附加		292065
合计	大写合计	壹佰柒拾万柒仟贰佰玖拾伍元叁…	170729531	170729531

记账人　审核人　出纳　*制单人 朱胜利

图3-45　记账凭证界面

记账凭证

*凭证类别 记账凭证　*凭证编号 0041　*制单日期 2020-12-31　附单据数

明细　汇总

序号	*摘要	*科目名称	借方（亿千百十万千百十元角分）	贷方（亿千百十万千百十元角分）
8	结转期间损益	税金及附加——地方教育费附加		194710
9	结转期间损益	销售费用——工资		1230000
10	结转期间损益	销售费用——四险一金		448950
11	结转期间损益	销售费用——水费		6066
12	结转期间损益	销售费用——电费		3300
13	结转期间损益	销售费用——展览费		12000000
14	结转期间损益	销售费用——折旧费		28800
合计	大写合计	壹佰柒拾万柒仟贰佰玖拾伍元叁…	170729531	170729531

记账人　审核人　出纳　*制单人 朱胜利

图3-46　记账凭证界面

记账凭证

*凭证类别 记账凭证　　*凭证编号 0041　　*制单日期 2020-12-31　　附单据数

明细　汇总

序号	*摘要	*科目名称	借方											贷方										
			亿	千	百	十	万	千	百	十	元	角	分	亿	千	百	十	万	千	百	十	元	角	分
15	结转期间损益	管理费用——工资																6	3	9	0	0	0	0
16	结转期间损益	管理费用——四险一金																2	3	3	2	3	5	0
17	结转期间损益	管理费用——水费																		1	0	7	8	4
18	结转期间损益	管理费用——电费																			9	7	5	0
19	结转期间损益	管理费用——保险费																		4	5	0	0	0
20	结转期间损益	管理费用——差旅费																	2	1	8	0	4	0
21	结转期间损益	管理费用——通讯费																	1	1	0	0	9	2
合计	大写合计	壹佰柒拾万柒仟贰佰玖拾伍元叁…			1	7	0	7	2	9	5	3	1			1	7	0	7	2	9	5	3	1

记账人　　审核人　　出纳　　*制单人 朱胜利

图 3-47　记账凭证界面

记账凭证

*凭证类别 记账凭证　　*凭证编号 0041　　*制单日期 2020-12-31　　附单据数

明细　汇总

序号	*摘要	*科目名称	借方											贷方										
			亿	千	百	十	万	千	百	十	元	角	分	亿	千	百	十	万	千	百	十	元	角	分
21	结转期间损益	管理费用——通讯费																	1	1	0	0	9	2
22	结转期间损益	管理费用——折旧费																	5	2	6	6	5	0
23	结转期间损益	管理费用——盘亏损失																	3	0	2	4	0	0
24	结转期间损益	财务费用——工本及手续费																			5	4	1	5
25	结转期间损益	财务费用——利息收入																	3	3	8	5	6	7
26	结转期间损益	财务费用——利息支出																		7	4	9	1	7
合计	大写合计	壹佰柒拾万柒仟贰佰玖拾伍元叁…			1	7	0	7	2	9	5	3	1			1	7	0	7	2	9	5	3	1

记账人　　审核人　　出纳　　*制单人 朱胜利

图 3-48　记账凭证界面

【业务 3-42】（共 1 张原始凭证，于 12 月 31 日取得）

表 3-42-1　　**年度净利润计算及结转表**

2020 年 12 月 31 日

项目	金额
利润总额	1 453 315.20
所得税费用	84 995.13
净利润	1 368 320.07

制表：朱胜利　　审核：王颖宏

表 3-42-1 是年度净利润计算及结转表，该表应作为结转本年利润的记账依据。该原始凭证注明的内容表明，本公司本年度的利润总额为 1 453 315.20 元，所得税费用为 84 995.13 元，净利润为 1 368 320.07 元，进行会计核算时，净利润的金额应从“本年利润”科目的借方转入“利润分配——未分配利润”科目的贷方。

该笔业务在 T+系统中的操作流程如下：

(1) 以 02 会计朱胜利的身份登录。“总账”→“日常业务”，单击“填制凭证”，打开记账凭证编制界面。

(2) 单击“新增”按钮，输入数据。凭证类别“记账凭证”，凭证编号“0042”，制单日期“2020-12-31”，附单据数“1”。

(3) 输入摘要“结转本年利润”。

(4) 输入借方科目名称“本年利润”，输入借方金额“1 368 320.07”。

(5) 新增并输入贷方科目名称“利润分配——未分配利润”，输入贷方金额“1 368 320.07”。

(6) 单击“保存”按钮，如图 3-49 所示。

记账凭证

*凭证类别 记账凭证　*凭证编号 0042　*制单日期 2020-12-31　附单据数 1

明细　汇总

序号	*摘要	*科目名称	借方（亿千百十万千百十元角分）	贷方（亿千百十万千百十元角分）
1	结转本年利润	本年利润	1 3 6 8 3 2 0 0 7	
2	结转本年利润	利润分配—未分配利润		1 3 6 8 3 2 0 0 7
3				
4				
5				
6				
7				
合计	大写合计	壹佰叁拾陆万捌仟叁佰贰拾元零...	1 3 6 8 3 2 0 0 7	1 3 6 8 3 2 0 0 7

记账人　审核人　出纳　*制单人 朱胜利

图 3-49　记账凭证界面

【业务 3-43】 (共 1 张原始凭证，于 12 月 31 日取得)

表 3-43-1　**计提盈余公积计算表**

2020 年 12 月 31 日

项目	比例	金额
法定盈余公积	10%	136 832.01
任意盈余公积	5%	68 416.00
合计		205 248.01

制表：朱胜利　　审核：王颖宏

表 3-43-1 是计提盈余公积计算表，此表应作为企业期末计提盈余公积的记账依据。该原始凭证注明的内容表明，本公司按年度净利润的 10%提取法定盈余公积 136 832.01 元，

按年度净利润的5%提取任意盈余公积68 416元，进行会计核算时，应分别记入“利润分配”各明细科目的借方和“盈余公积”各明细科目的贷方。

因此，该笔业务在T+系统中的操作流程如下：

(1) 以02会计朱胜利的身份登录。“总账”→“日常业务”，单击“填制凭证”，打开记账凭证编制界面。

(2) 单击“新增”按钮，输入数据。凭证类别“记账凭证”，凭证编号“0043”，制单日期“2020-12-31”，附单据数“1”。

(3) 输入摘要“提取盈余公积”。

(4) 新增并输入借方科目名称“利润分配——提取法定盈余公积”，输入借方金额“136 832.01”，新增并输入借方科目名称“利润分配——提取任意盈余公积”，输入借方金额“68 416.00”。

(5) 新增并输入贷方科目名称“盈余公积——法定盈余公积”，输入贷方金额“136 832.01”，新增并输入贷方科目名称“盈余公积——任意盈余公积”，输入贷方金额“68 416.00”。

(6) 单击“保存”按钮，如图3-50所示。

记账凭证

*凭证类别 记账凭证　*凭证编号 0043　*制单日期 2020-12-31　附单据数 1

明细　汇总

序号	*摘要	*科目名称	借方											贷方										
			亿	千	百	十	万	千	百	十	元	角	分	亿	千	百	十	万	千	百	十	元	角	分
1	提取盈余公积	利润分配——提取法定盈余公积				1	3	6	8	3	2	0	1											
2	提取盈余公积	利润分配——提取任意盈余公积					6	8	4	1	6	0	0											
3	提取盈余公积	盈余公积——法定盈余公积															1	3	6	8	3	2	0	1
4	提取盈余公积	盈余公积——任意盈余公积																6	8	4	1	6	0	0
合计	**大写合计**	**贰拾万伍仟贰佰肆拾捌元零壹分**				**2**	**0**	**5**	**2**	**4**	**8**	**0**	**1**				**2**	**0**	**5**	**2**	**4**	**8**	**0**	**1**

记账人　审核人　出纳　*制单人 朱胜利

图3-50　记账凭证界面

【业务3-44】 (共1张原始凭证，于12月31日取得)

表3-44-1　**利润分配明细项目结转表**

2020年12月31日

项目	金额
提取法定盈余公积	136 832.01
提取任意盈余公积	68 416.00

制表：朱胜利　审核：王颖宏

表 3-44-1 是利润分配明细项目结转表,此表应作为企业期末结转利润分配各明细账的记账依据。该原始凭证注明的内容表明,本公司已经按年度净利润的 10%和 5%提取法定盈余公积 136 832.01 元和任意盈余公积 68 416 元,进行会计核算时,应分别从“利润分配——提取法定盈余公积”和“利润分配——提取任意盈余公积”科目的贷方转入“利润分配——未分配利润”科目的借方。

该笔业务在 T+系统中的操作流程如下:

(1) 以 02 会计朱胜利的身份登录。“总账”→“日常业务”,单击“填制凭证”,打开记账凭证编制界面。

(2) 单击“新增”按钮,输入数据。凭证类别“记账凭证”,凭证编号“0044”,制单日期“2020-12-31”,附单据数“1”。

(3) 输入摘要“结转利润分配明细账”。

(4) 输入借方科目名称“利润分配——未分配利润”,输入借方金额“205 248.01”。

(5) 输入贷方科目名称“利润分配——提取法定盈余公积”,输入贷方金额“136 832.01”,输入贷方科目名称“利润分配——提取任意盈余公积”,输入贷方金额“68 416.00”。

(6) 单击“保存”按钮,如图 3-51 所示。

记账凭证

* 凭证类别 记账凭证　　* 凭证编号 0044　　* 制单日期 2020-12-31　　附单据数 1

明细　汇总

序号	*摘要	*科目名称	借方											贷方										
			亿	千	百	十	万	千	百	十	元	角	分	亿	千	百	十	万	千	百	十	元	角	分
1	结转利润分配明细账	利润分配——未分配利润				2	0	5	2	4	8	0	1											
2	结转利润分配明细账	利润分配——提取法定盈余公积															1	3	6	8	3	2	0	1
3	结转利润分配明细账	利润分配——提取任意盈余公积																6	8	4	1	6	0	0
4																								
5																								
6																								
7																								
合计	大写合计	贰拾万伍仟贰佰肆拾捌元零壹分				2	0	5	2	4	8	0	1				2	0	5	2	4	8	0	1

记账人　　审核人　　出纳　　* 制单人 朱胜利

图 3-51　记账凭证界面

【业务 3-45】 记账凭证的期末处理

1. 出纳签字

(1) 以 03 刘宁身份登录。“总账”→“日常业务”,单击“凭证管理”,打开“查询条件”对话框,点击“确定”按钮,进入凭证管理界面。

(2) 单击“待出纳签字”按钮,再点击“全部凭证”。单击“操作”菜单中的“出纳签字”,完成出纳签字工作。

2. 凭证审核

(1) 以01王颖宏身份登录。“总账”→“日常业务”单击“凭证管理”,打开“查询条件”对话框,点击“确定”按钮,进入凭证管理界面。

(2) 单击“待审核”按钮,再点击“全部凭证”,单击“审核”按钮,完成记账凭证审核工作。

3. 凭证记账

以01王颖宏身份登录。“总账”→“日常业务”,单击“记账”,打开“记账”对话框,输入数据。会计期间“2020.12—2020.12”,凭证类型“记账凭证”。点击“确定”按钮,进入记账界面。选中全部凭证,单击“记账”按钮,完成凭证记账工作。

4. 账簿查询

凭证记账以后,可以查询所需要的账簿,具体操作步骤如下:

(1) 以01王颖宏身份登录。“总账”→“财务账表”,单击“科目总账”,打开“查询”对话框,输入所需查询条件“期间”“科目”和“级次”等;点击“确定”,就能打开所需查询的账簿。

(2) 同理,可以查询科目明细账、科目日记账、科目汇总表、辅助总账和辅助明细账等账簿。

5. 结账

(1) 以01王颖宏身份登录。“系统管理”→“基本设置”,单击“业务结账”,打开“业务结账”对话框,单击“期末结账”按钮,完成业务结账工作。

(2) “系统管理”→“基本设置”,单击“财务结账”,打开“财务结账”对话框,单击“下一步”,完成财务结账工作。

【业务3-46】 编制资产负债表

(1) 以01王颖宏身份登录。“T-UFO”→“TUFO”,单击“模板设计”,进入“模板设计”界面。双击“系统模板”中的“资产负债表”,打开资产负债表模板,在这里可以修改报表模板,包括报表结构和公式单元,修改完成后,单击“保存”按钮。

(2) “T-UFO”→“TUFO”,单击“报表数据”,点击“系统模板”里面的“资产负债表”,再点击“生成报表”按钮。打开“生成报表”对话框,输入数据。会计年“2020”,会计月“12”,单位“江苏雨堰股份有限公司”。单击“确定”按钮,生成资产负债表,单击“保存”按钮,如表3-46-1所示。

表3-46-1　　　　资产负债表

编制单位:江苏雨堰股份有限公司　　　2020年12月31日　　　单位:元

资产	期末余额	年初余额	负债和所有者权益(或股东权益)	期末余额	年初余额
流动资产:			流动负债:		
货币资金	7 177 139.08		短期借款	200 000.00	
交易性金融资产			交易性金融负债		
衍生金融资产			衍生金融负债		
应收票据			应付票据	810 250.00	
应收账款	1 874 670.00		应付账款		

（续表）

资产	期末余额	年初余额	负债和所有者权益（或股东权益）	期末余额	年初余额
应收款项融资			预收款项		
预付账款	505 940.50		合同负债		
其他应收款			应付职工薪酬	235 599.00	
存货	102 063.00		应交税费	109 160.92	
合同资产			其他应付款	265.84	
持有待售资产			持有待售负债		
一年内到期的非流动资产			一年内到期的非流动负债		
其他流动资产	97 900.75		其他流动负债	186 200.00	
流动资产合计	9 757 713.33		流动负债合计		
非流动资产：			非流动负债：	1 550 475.76	
债权投资			长期借款		
其他债权投资			应付债券		
长期应收款			其中:优先股		
长期股权投资			永续债		
其他权益工具投资			租赁负债		
其他非流动金融资产			长期应付款		
投资性房地产			预计负债		
固定资产	1 161 082.50		递延收益		
在建工程			递延所得税负债		
生产性生物资产			其他非流动负债		
油气资产			流动负债合计		
使用权资产			负债合计	1 550 475.76	
无形资产			所有者权益（或股东权益）:		
开发支出			实收资本(或股本)	8 000 000.00	
商誉			其他权益工具		
长期待摊费用			其中:优先股		
递延所得税资产			永续债		
其他非流动资产			资本公积		
非流动资产合计	1 161 082.50		减:库存股		
			其他综合收益		

（续表）

资产	期末余额	年初余额	负债和所有者权益（或股东权益）	期末余额	年初余额
			专项储备		
			盈余公积	205 248.01	
			未分配利润	1 163 072.06	
			所有者权益（或股东权益）合计	9 368 320.07	
资产总计	10 918 795.83		负债和所有者权益（或股东权益）总计	10 918 795.83	

公司法定代表人:闫瑞　　主管会计工作负责人:闫瑞　　会计机构负责人:王颖宏

【业务 3-47】 编制月度利润表

(1) 以 01 王颖宏身份登录。“T-UFO”→“TUFO”,单击“模板设计”,进入“模板设计”界面。双击“系统模板”中的“利润表”,打开利润表模板,在这里可以修改报表模板,包括报表结构和公式单元,修改完成后,单击“保存”按钮。

(2) “T-UFO”→“TUFO”,单击“报表数据”,点击“系统模板”里面的“利润表”,再点击“生成报表”按钮。打开“生成报表”对话框,输入数据。会计年“2020”,会计月“12”,单位“江苏雨堰股份有限公司”。单击“确定”按钮,生成利润表,单击“保存”按钮,如表 3-47-1 所示。

表 3-47-1　　利　润　表

编制单位:江苏雨堰股份有限公司　　2020 年 12 月　　单位:元

项　　目	本期数	上年同期数
一、营业收入	2 720 350.00	
减:营业成本	1 461 353.25	
税金及附加	11 902.59	
销售费用	137 171.16	
管理费用	99 450.66	
研发费用		
财务费用	−2 582.35	
其中:利息费用	54.15	
利息收入	3 385.67	
加:其他收益		
投资收益(损失以“—”填列)		
其中:对联营企业和合营企业的投资收益		
以摊余成本计量的金融资产终止确认收益		
净敞口套期收益(损失以“—”填列)		

（续表）

项　　目	本期数	上年同期数
公允价值变动收益(损失以“－”填列)		
信用减值损失(损失以“－”填列)		
资产减值损失(损失以“－”填列)		
资产处置收益(损失以“－”填列)		
二、营业利润(亏损以“－”填列)	1 013 054.69	
加:营业外收入	100 280.00	
减:营业外支出		
三、利润总额(亏损总额以“－”填列)	1 113 334.69	
减:所得税费用	0	
四、净利润(净亏损以“－”填列)	1 113 334.69	
(一) 持续经营净利润(损失以“－”填列)		
(二) 终止经营净利润(损失以“－”填列)		
五、其他综合收益的税后净额		
(一) 不能重分类进损益的其他综合收益		
1. 重新计量设定受益计划变动额		
2. 权益法下不能转损益的其他综合收益		
3. 其他权益工具投资公允价值变动		
4. 企业自身信用风险公允价值变动		
……		
(二) 将重分类进损益的其他综合收益		
1. 权益法下可转损益的其他综合收益		
2. 其他债权投资公允价值变动损益		
3. 金融资产重分类计入其他综合收益的金额		
4. 其他债权投资信用减值准备		
5. 现金流量套期储备		
6. 外币财务报表折算差额		
……		
六、综合收益总额	1 113 334.69	
七、每股收益		
(一) 基本每股收益		
(二) 稀释每股收益		

公司法定代表人:闫瑞　　　　主管会计工作负责人:闫瑞　　　　会计机构负责人:王颖宏

【业务 3-48】　编制年度利润表

(1) 以 01 王颖宏身份登录。“T-UFO”→“TUFO”,单击“模板设计”,进入“模板设计”界面。双击“系统模板”中的“利润表”,打开利润表模板,在这里可以修改报表模板,包括报表结构和公式单元,修改完成后,单击“保存”按钮。

(2) “T-UFO”→“TUFO”,单击“报表数据”,点击“系统模板”里面的“利润表”,再点击“生成报表”按钮。打开“生成报表”对话框,输入数据。会计年“2020”,单位“江苏雨堰股份有限公司”。单击“确定”按钮,生成利润表,单击“保存”按钮,如表 3-48-1 所示。

表 3-48-1　　　　**利　润　表**

编制单位:江苏雨堰股份有限公司　　　　2020 年　　　　单位:元

项　　目	本年数	上年数
一、营业收入	3 737 800.00	
减:营业成本	2 021 074.25	
税金及附加	12 142.59	
销售费用	166 058.06	
管理费用	187 503.94	
研发费用		
财务费用	−2 014.04	
其中:利息费用	622.46	
利息收入	3 385.67	
加:其他收益		
投资收益(损失以“—”填列)		
其中:对联营企业和合营企业的投资收益		
以摊余成本计量的金融资产终止确认收益		
净敞口套期收益(损失以“—”填列)		
公允价值变动收益(损失以“—”填列)		
信用减值损失(损失以“—”填列)		
资产减值损失(损失以“—”填列)		
资产处置收益(损失以“—”填列)		
二、营业利润(亏损以“—”填列)	1 353 035.20	
加:营业外收入	100 280.00	
减:营业外支出		
三、利润总额(亏损总额以“—”填列)	1 453 315.20	
减:所得税费用	84 995.13	
四、净利润(净亏损以“—”填列)	1 368 320.07	

（续表）

项　　目	本年数	上年数
（一）持续经营净利润(损失以“－”填列)		
（二）终止经营净利润(损失以“－”填列)		
五、其他综合收益的税后净额		
（一）不能重分类进损益的其他综合收益		
1. 重新计量设定受益计划变动额		
2. 权益法下不能转损益的其他综合收益		
3. 其他权益工具投资公允价值变动		
4. 企业自身信用风险公允价值变动		
……		
（二）将重分类进损益的其他综合收益		
1. 权益法下可转损益的其他综合收益		
2. 其他债权投资公允价值变动损益		
3. 金融资产重分类计入其他综合收益的金额		
4. 其他债权投资信用减值准备		
5. 现金流量套期储备		
6. 外币财务报表折算差额		
……		
六、综合收益总额		
七、每股收益	1 368 320.07	
（一）基本每股收益		
（二）稀释每股收益		

公司法定代表人:闫瑞　　　主管会计工作负责人:闫瑞　　　会计机构负责人:王颖宏